교실 수업 전문가를 위한

초등 국어 수업 관찰과 분석

초판 1쇄 2009년 2월 10일
초판 4쇄 2012년 4월 30일

지은이 박태호
펴낸이 정봉선
편 집 김민정

펴낸곳 **정인출판사** 서울시 동대문구 용두동 129-162
전 화 영업부 (02)922-1334 / 편집부 (02)2281-1335
팩 스 (02)925-1334
홈페이지 www.junginbook.com
블로그 blog.naver.com/junginbook

등록 제303-1999-000058호
ISBN 978-89-89432-81-4 (93370)

※ 값은 뒤표지에 있습니다.

교실 수업 전문가를 위

초등 국어 수
관찰과 분석

교실 수업 전문가를 위한

초등 국어 수업 관찰과 분석

박 태 호

정인출판사

INTRODUCTION

최근까지 선진 각국에서는 교육 개혁을 강력히 추진하였다. 그러나 그동안의 열정과 노력에 비하면 성과는 미흡한 편이다. 기존의 교육 개혁이 주로 교실 수업 외적 상황 개선에만 초점을 맞추었기 때문이다. 이에 교실 수업 내부 상황 개선에 교육 개혁의 초점을 맞추어야 한다는 의견이 점차 설득력을 얻고 있다. 우리나라에서도 교실 수업 개선을 위한 노력을 범국가적으로 추진하고 있고, 교육 현장 또한 교실 수업 개선 연수나 수업 실기 대회 개최 등으로 적극 호응하고 있다.

그러나 교육 현장의 열정만으로 한계가 있다. 과학적이고, 체계적 접근방식이 배제된 교육 현장의 실정만을 반영한 관습적인 수업 컨설팅으로 흐를 가능성이 농후하기 때문이다. 그 중 하나가 '국어'를 도외시한 '방법' 중심의 국어 수업 설계와 실천 방안 추구이다. '국어 수업' 관련 현장 연수, 워크숍 자료, 수업 실기 동영상 자료 등을 분석하면, 교과 교육 전반에서 보편적으로 추구하고, 중시하는 교사의 목표 제시 방식 발문, 학습 기회 참여 방식, 학생 지명 방식 등과 같은 수업 관련 요소가 중점 협의 대상이 되거나 강조된다. 이에 비해 낱말지도, 작품 이해 및 감상을 위한 교사의 발문, 문법이나 문학 요소, 고쳐쓰기, 띄어 읽기, 낭송하기 등과 같은 국어 표현과 이해 활동 요소는 협의 대상에서 제외되거나 소홀히 취급된다. 만약 이러한 문제가 개선되지 않는다면, 국어 수업 컨설팅은 국어 수업 전문성 신장을 위한 변화의 기회가 아닌 참아내야 할 조직의 의무로 전락한다. 또 이것이 상명하달식의 위계적 수업 장학 문화와 결합되면, 관습적이거나 타성적인 국어 수업 장학 문화로 변질될 수 있고, 교사들을 무기력하게 만들거나 타성에 젖게 할 수 있다.

이 책은 이러한 문제를 극복하기 위해 '국어'와 '수업'을 상호교섭의 관점에서 살펴보고자 한다. 이에 1장과 2장에서는 '좋은 수업'의 측면을, 3장에서는 '국어'와 '수업'을 동시에 아우를 수 있는 평가 요소를 추출하고자 한다. 이를 위해 1장에서는 좋은 국어 수업의 보편적 조건과 사례 및 수업 문화를, 2장에서는 수업 관찰 일반 도구 유형과 국어 수업 적용 사례를 살펴보고자 한다. 3장에서는 '국어'와 '수업'을 함께 아우를 수 있는 과정중심의 국어 수업 평가 요소를 추출하고자 한다. 그런 다음에 국어 수업 동영상 평가 예시를 바탕으로 좋은 국어 수업 실천 방안을 모색하고자 한다.

이 책이 나오기까지 많은 분들의 도움이 있었다. 우선, 현장 중심 국어 교육 연구의 소중함을 일깨워 주시고, 늘 사랑과 격려로 부족한 제자를 인도하시는 최현섭 교수님, 신헌재 교수님께 감사의 말씀을 드린다. 아울러 이 책의 편집을 맡아 열과 성을 다한 정인출판사의 김민정 편집 위원과 어려운 출판 상황에서도 이 책이 세상에 나올 수 있도록 도움을 주신 박찬익 · 정봉선 대표님께도 감사의 마음을 전한다.

CONTENTS

제1장 좋은 국어 수업이란 _ 11

제2장 국어 수업 관찰과 분석 _ 85

제3장 국어 수업 평가와 장학 _ 167

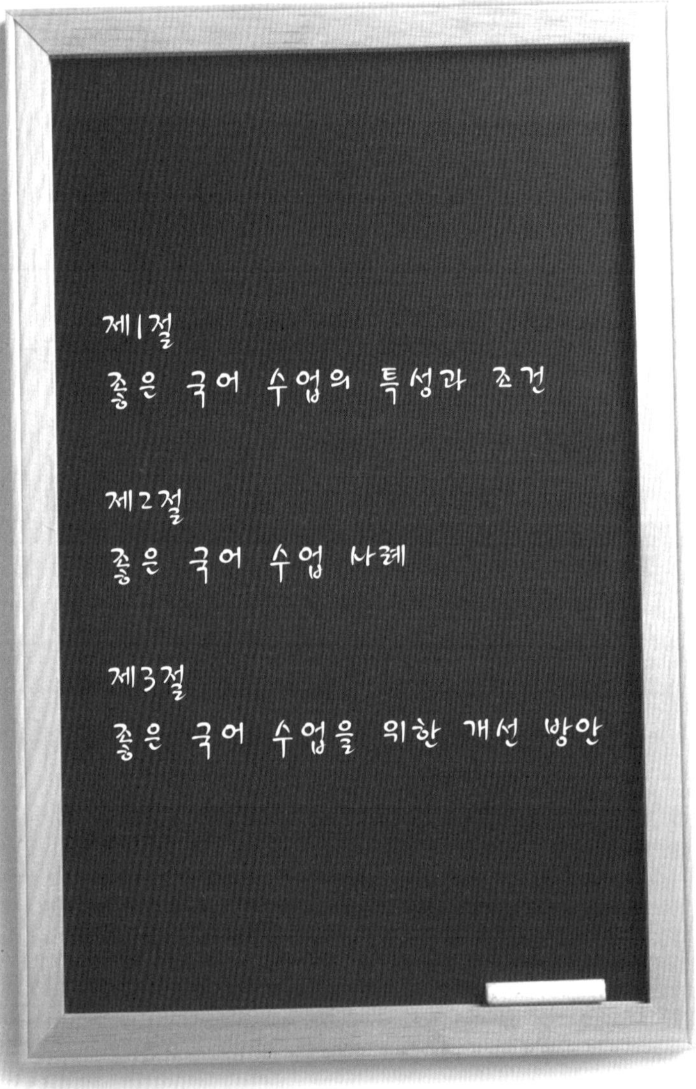
제1절
좋은 국어 수업의 특성과 조건
제2절
좋은 국어 수업 사례
제3절
좋은 국어 수업을 위한 개선 방안

1장

좋은 국어 수업이란

교실 수업 외부 상황 개선에만 초점을 두었던 기존 교육개혁의 문제를 비판하고, 교실 수업 내부 상황 개선에 교육개혁의 역량을 집중해야 한다는 의견이 점차 힘을 얻고 있다(Zemelman, Daniels, Hyde, 1998 ; NSTA, 1998 ; NCATE, 1998). 우리나라에서도 교실 수업 개선에 관심을 둔 연구물들이 점차 늘고 있다. 그중 하나가 질적 연구 방법을 적용한 좋은 수업에 대한 실체 규명이다.

좋은 수업에 대한 질적 연구 경향을 하향식 접근과 상향식 접근으로 구분할 수 있다. 하향식 접근에서는 좋은 교실 수업에 대한 선행 연구를 기반으로 좋은 교실 수업의 조건을 추출한 다음에 관련 수업 사례를 제시한다. 좋은 수업 이론에 기초한 연구자의 개념 정의와 예시라고 할 수 있다. 이 접근법에서는 학문 공동체의 목소리가 비교적 강하게 반영된다. INTASC(Interstate New Teacher Assessment and Support Consortium, 1992), Zemelman, Daniels, Hyde(1998), Brophy(1999), NBPTS(National Board for Professional Teaching Standards, 2001), Ribas(2005), 주삼환 외(1999), 원효헌(2002)

등이 제시한 좋은 수업의 조건이나 요소에 대한 연구 등은 하향식 접근법에 해당된다.

상향식 접근에서는 다양한 경로로 추천받아 검증한 좋은 수업 사례나 면담(교사나 학생) 결과를 분류하고, 범주화하여 이론으로 정립을 한다. 여기에는 교사나 학생의 목소리가 비교적 강하게 반영된다. 중학생을 대상으로 자신들이 좋아하는 좋은 수업의 조건에 대해 설문 조사를 한 이화진(2001)의 연구[1], '교실 수업 개선을 위한 학교교육 내실화 방안'에 대한 한국교육과정평가원의 연구(강대현 외, 2002 ; 곽영순 외, 2002 ; 김주훈 외, 2002 ; 양종모 외 2002 ; 유정애 외 2002 ; 이주섭 외 2002 ; 최승현 외 2002 ; 최윤원 외, 2002 ; 조난심 외, 2001) 등이 상향식 접근법에 해당된다.

이 연구에서는 초등학교 좋은 국어 수업의 실체를 하향식 접근법에 따라 규명하고자 한다[2]. 다만, 좋은 수업의 방향이나 조건 등을 이념태 차원에서만 연구하였던 선행 연구의 한계를 보완하여 실천태 차원의 교실 수업 장면도 추가하고자 한다. 이를 위해 초등학교 좋은 국어 수업의 보편적 특성과 조건을 추출한 다음에 관련 국어 수업 사례도 제시하고자 한다.

제1절 좋은 국어 수업의 특성과 조건

1. 좋은 국어 수업의 특성[3)]

'국어 수업'은 특수성과 보편성을 지닌다(최현섭 외, 2001)[4)]. 특수성은 '국어 활동'과, 보편성은 '수업 활동'과 관계가 깊고, 교실 수업 생태 측면에서 보면, '국어'와 '수업'은 긴장과 갈등 혹은 보완의 관계를 형성한다.

'국어 수업'의 특수성은 '국어' 활동과 관계가 깊다. 국어 교과의 국어 표현 및 이해 활동은 수학적 문제 해결 활동이나 과학 탐구 및 관찰 학습 활동과 구별되는 국어 수업 고유의 독자적 활동이다. 노명완 외(1988), 최현섭 외(1997), 이재승(1998), 박영목 외(1999), 한철우 외(2001), 이경화(2001), 이성은(2003), 이경화 외(2008) 등에 제시되어 있는 읽기 활동, 최현섭 · 박태호(1994), 박태호(1996), 최현섭 · 박태호 · 이정숙(2000), 이재승(2003), 이수진(2004), 최영환 외(2006) 등에 제시되어 있는 쓰기 활동, 이주섭(2001), 김재봉(2006) 등에 소개되어 있는 말하기 · 듣기 활동은 교육학이나 교과 교육학에서 추구하는 '수업' 활동과는 구별된다.

'국어 수업'의 보편성은 '수업' 활동과 관계가 깊다. 교육학이나 타 교과 수업 이론을 학문적 기반으로 하여 개발된 수업 방법 중에서 보편성을 획득한 것은 모두 국어 수업 활동이 될 수 있다. Zemelman, Daniels, Hyde(1998)가 제시한 좋은 수업의 방향, 심덕보(1995), 원효헌(2002), 주삼환 외(1999), 충청남도교육청(2000) 등이 제시한 수업 평가 요소(학습 분위기 조성 방식, 학습 목표 설정 방식, 학습 기회 제시 방식, 발문 방식, 지명과 피드백 방식, 학습 평가 방식, 판서 방식, 학습 환경 조성 방식, 학습 자료 작성 방식), INTASC(1992), NBPTS(2001), Ribas(2005) 등이 제시한 교사 평가 기준 등은 '좋은 국어 수업'의 보편적 조건(이하 좋은 수업의 조건으로 표기)이나 요소에 해당된다.

이어지는 부분에서는 국어교육학의 인접 학문인 교육학이나 교과 교육학에서 제안한 좋은 수업의 조건을 바탕으로 좋은 국어 수업의 조건을 추출하고자 한다.

2. 좋은 국어 수업의 조건

좋은 국어 수업의 조건은 교육학이나 교과 교육학에서 정의하는 '좋은 수업의 조건'에 해당한다. Zemelman, Daniels, Hyde(1998: 7~16)는 교사와 교육 전문가의 추천을 받아 좋은 수업의 지향점을 다음과 같이 제시하였다. 여기에는 ⓐ학생중심 수업, ⓑ경험중심 수업, ⓒ총체적 수업, ⓓ실생활을 반영하는 수업, ⓔ학생이 적극적으로 참여하는 표현중심 수업, ⓕ반성학습을 지향하는 수업, ⓖ비계 설정에 기초한 사회적 상호작용이 활발한 수업, ⓗ협동학습을 중시하는 수업, ⓘ민주적으로 운영하는 수업, ⓙ인지 경험을 중시하는 수업, ⓚ학생 발달수준을 고려하는 수업, ⓛ구성주의 학습을 중시하는 수업, ⓜ도전정신을 장려하는 수업이 해당된다.

INTASC(Interstate New Teacher Assessment and Support Consortium, 1992)[5]는 좋은 수업의 조건으로 ㉠교육 내용(개념이나 지식의 구조 등)에 근거한 수업, ㉡교과내용, 학생, 학문 공동체, 교육 과정 목표에 기초하여 설계된 수업, ㉢다양한 학생에게 학습 기회를 제공하고, 학생 개인차를 고려하는 수업, ㉣다양한 교수 전략을 활용하여 비판적 사고, 문제 해결력을 향상시키는 수업, ㉤학습 동기 유발과 학습 활동 참여, 사회적 상호작용, 협동학습을 장려하는 수업, ㉥질문, 협동학습, 사회적 상호작용을 유도하는 수업 대화와 매체를 사용하는 수업, ㉦학생의 학습 과정과 발달 수준을 고려하고, 인지 · 정의 · 사회적 측면의 발달을 도모하는 수업, ㉧공식 · 비공식 평가 전략을 활용하여 학생의 인지 · 정의 · 사회적 발달을 평가하는 수업의 여덟 가지를 들었다.

Ribas(2005)는 좋은 수업의 조건으로 ㉮교육 내용에 근거한 수업, ㉯학업 성취도에 대한 기대 수준을 명시적으로 제시하는 수업, ㉰효과적으로 가르치는 수업, ㉱학생과 상호 작용이 활발한 수업, ㉲적절한 교수법을 구사하는 수업, ㉳학습 기회를 균등하게 제공하는 수업, ㉴수업 행동, 상호 존중에 대한 규칙을 설정하고 적용하는 수업, ㉵학생의 학습을 효과적으로 평가하고 피드백을 주는 수업, ㉶학급 경영 기법을 효과적으로 적용하여 긍정적, 생산적 수업 환경을 만드는 수업을 제시하였다.

Zemelman, Daniels, Hyde(1998), INTASC(1992), Ribas(2005) 등의 의견을 종합하면, 좋은 수업의 유형을 수업 방법(㉢, ㉣, ㉤, ㉥, ㉦, ㉰, ㉱, ㉲, ㉳, ㉴), 수업 내용(㉠, ㉡, ㉮, ㉯), 수업 평가(㉧, ㉵), 좋은 수업 환경(㉶)의 네 가지로 분류할 수 있다. 여기에 한형식(1996), 이석주(2000), 조난심 외(2001) 등의 의견을 종합한 박태호(2006)의 의견을 추가하면, 아래의 항목을 추출할 수 있다.

수업 내용에는 ①교육과정에 근거한 수업, ②학습 목표를 명시적으로 제공하는 수업, ③범교과 통합 수업을 지향하는 수업이, 수업 방법에는 ①다양한 학습 기회 제공과 학생 수준차를 고려하는 수업, ②비판적 사고와 문제 해결력을 키우는 수업, ③안내자, 조력자로서의 교사 역할을 중시하는 수업, ④질문과 협동학습 및 사회적 상호작용을 장려하는 수업, ⑤학습 활동을 체계적으로 안내하는 수업이, 수업 환경에는 ①즐거운 마음으로 가르치는 수업, ②학생의 인격을 존중하는 수업, ③성취의 기쁨을 맛보게 하는 수업, ④다양한 교수 매체를 활용하는 수업, ⑤학교 도서관 등을 활용하여 소집단 협동학습을 운영하는 수업이, 수업 평가에는 ①수업 평가의 과정을 거치면서 스스로 점검하는 수업, ②수업과 수행 평가가 서로 연계되는 수업, ③자기 평가와 동료 평가 그리고 교사 평가가 상황에 맞게 적절히 활용되는 수업, ④공식 · 비공식 평가 전략을 활용하여 학생의 인지, 정의, 사회 발달을 평가하는 수업이 해당된다.

Zemelman, Daniels, Hyde(1998), INTASC(1992), Ribas(2005), 박태호(2006) 등의 연구 결과는 좋은 수업의 특성이나 방향에 초점을 둔 이념태 차원의 논의에 해당된다. 때문에 교실 차원에서 단위 학습을 설계하고 운영하며 평가하고자 하는 교사 입장에서 보면 다소 추상적이고 막연하다고 할 수 있다. '문제 해결력을 향상시키는 국어 수업'의 실체는 무엇이고, '학생의 인격을 존중하고 성취의 기쁨을 맛보게 하는 수업이나 학생의 지적 탐구심을 유발하는 수업의 실체' 는 무엇인지 등에 대한 구체적 사례가 없기 때문이다. 이어지는 부분에서는 좋은 국어 수업 사례를 살펴보고자 한다.

제2절 좋은 국어 수업 사례

위에서 제시한 좋은 수업의 조건이 국어 수업 장면에서는 어떤 양상으로 실현되는지 살펴볼 차례이다[6]. 국어 수업 관찰 결과, ①교육과정 재해석에 기초한 목표중심의 국어 수업, ②문제 해결력을 중시하는 국어 수업, ③안내자, 조력자로서의 교사 역할을 중시하는 국어 수업(국어 전문가인 교사의 설명과 시범), ④질문과 협동학습 및 사회적 상호작용을 장려하는 국어 수업, ⑤체계적인 학습활동 안내를 중시하는 국어 수업, ⑥학생의 수준차를 고려하는 국어 수업, ⑦즐거운 마음으로 가르치는 국어 수업, ⑧학생의 인격을 존중하는 국어 수업, ⑨교사와 학생 역할교대가 명시적인 국어 수업, ⑩수업 운영 대화 전략을 효과적으로 활용하는 국어 수업 장면을 발견할 수 있었다.

1. 교육과정 재해석에 기초한 목표 중심 국어 수업

교사는 자신의 교육관이나 교수 · 학습 상황에 맞게 교육과정을 재구성하는 교육과정 재해석자의 역할을 해야 한다(이용숙 · 조영태, 1989). 전문성을 갖춘 교사는 국어 교과서에 반영된 교육과정 내용과 근거(설정 의도, 학습 활동 내용과 유형 등)를 바탕으로 국가 수준에서 요구하는 학습 내용의 수준과 범위를 정확하게 파악한다. 그런 다음에 수업 상황과 학생 발달 수준에 맞게 교육과정 내용이나 교과서를 재구성하거나 관련 학습지를 새로 개발한다. 이러한 교사는 다음 사항에 유의하여 교육과정을 재구성한다.

첫째, 국가 수준에서 요구하는 학습 내용의 수준과 범위를 명확히 파악한 다음, 학생 발달 수준에 맞게 학습 내용의 수준과 범위를 조정한다. 국가 수준에서 제시한 교육 과정과 교과서를 맹목적으로 수용하여 실천하는 '주어진 교육과정' 운영자가 아니라, 교실 수업 상황에 맞게 재구성하여 가르치는 '만들어 가는 교육과정' 운영자의 역할을 한다.

1학년 2학기 읽기 첫째 마당 6차시 학습 목표를 보면 유능한 교사의 교육과정 재구성 능력이 돋보인다. 교과서에 제시된 6차시 학습 목표는 '이야기를 읽고, 느낀 점을 말하여 봅시다.' 이다. 그런데 지도안을 보면, '이야기에 나오는 인물의 모습과 성격을 말과 글로 표현할 수 있다.' 로 되어 있다. 교사가 차시 학습 목표를 재구성한 것이다. 그렇다면 교사가 재구성한 차시 학습 목표가 과연 타당한지, 아닌지를 검토해야 한다. 이에 대한 판단 기준은 교육과정 내용이다.

교육과정 해설서나 교사용 지도서를 보면, 이 차시의 교육과정 근거는 '작품에 나오는 인물의 모습이나 성격을 상상한다.' 이다. 1학년 문학 교육과정의 두 번째 요소로 학생이 흥미를 가지고 상상력을 발휘하여 작품을 즐겨 읽도록 하기 위해 설정되었다. 교육과정 해설서를 보면, 이러한 목표를 달성하기 위해서는 인물의 말과 행동으로 성격 파악하기, 인물이 살아가는 모습이나 인물의 유형 파악하기, 인물의 성격 바꾸어 말하기, 인물을 영상 매체에서 본 경험과 관련지어 말하기 등의 학습 활동을 하도록 제안하고 있다.

교육과정을 근거로 하여 살펴보면, '이야기를 읽고, 느낀 점을 이야기 하여 봅시다.' 라는 교과서 학습 목표보다는 '이야기에 나오는 인물의 모습과 성격을 말과 글로 표현하여 봅시다.' 라는 재구성 학습 목표가 교육과정 취지에 더 부합된다. 교과서를 집필한 전문가답게 교육과정 내용을 근거로 교과서를 바람직하게 재구성하였다고 말할 수 있다.

둘째, 해당 학생의 발달 특성에 맞게 교과서 내용을 재구성한다. 이때 학생의 능력 · 흥미 · 태도 · 취미 · 기호 등을 반영하여, 학생의 호기심을 충족시키는 교과서, 학생을 생각하게 만드는 교과서, 학습 방법의 학습이 가능하도록 명시적이고 체계적으로 안내하는 교과서, 학생의 흥미를 고려한 놀이 중심의 교과서 등으로 재구성한다.

2. 문제 해결력을 중시하는 국어 수업

문제 해결력을 중시하는 수업이란 교사의 도움(비계설정: scaffolding)을 받은 학생이 학습 주체가 되어 문제를 탐구하고 해결하는 수업이다. 이러한 수업에서는 문제 설정과 해결 과정이 중요하다. 문제 설정 부분에서는 학생이 새로운 과제에 도전하고 참여하도록 활동을 부추기거나 지적 호기심을 자극하고(Hogan & Pressley, 1997: 120), 문제 해결 단계에서는 학생의 오류 유형을 진단하고 분석하여 해결 방안을 모색한다[7]. 이때 알면서도 모른 척하는 딴청부리기 전략을 사용하면 중요 개념 파악에 도움을 줄 수 있고, 탐구심을 유발하는 전략을 사용하면 학생의 호기심을 자극하여 학습 활동 참여를 유도할 수 있다.

1) 딴청을 부리거나 책임 공유를 요구하면서 학습 참여 유도

딴청부리기는 수업 시간에 학습 동기를 유발시킬 때, 선수 학습 관련 내용을 확인하기 위해 배경지식을 활성화시킬 때, 학습자에게 긴장감을 조성하면서 새로운 내용을 학습시킬 때에 사용하는 수업대화 전략이다. 일명 모르는 척하기 전략, 잡아떼기 전략이라고 할 수 있다.

책임 공유하기는 동료와 사전에 답변을 의논하고, 그 결과에 대해서 책임을 지거나(조벽, 2001: 110), 공동 사고를 하면서 학습 과제를 해결하고, 그 결과에 대해서도 공동 책임을 지는 전략이다.

생각그물을 활용하여 내용 생성 과정을 시범보이는 5학년 쓰기 수업 장면을 보면, 교사가 학생에게 딴청을 부리거나 책임 공유를 요구하면서 학생의 학습 동기를 유발하거나 학습 활동 참여를 유도하는 장면이 나온다.

교 사	①글을 쓰기 전에 우리가 꼭 생각그물을 해야 할 필요가 있을까? 귀찮은데 생각그물을 만들지 말고, 바로 쓰면 안 되나? 이런 것 꼭 해야 하나?
학 생	②꼭 해야 합니다.
교 사	③자, 생각그물을 어떻게 만들어야 되는지는 물론 여러분들이 잘 알고 있겠지만, 여러분들이 혹시 모를까봐 선생님이 한 번 만들어 볼게요. 혹시 맞나 틀리나. 〈중략〉 ④어 비가 오면 개미가…….
학 생	⑤농작물 피해.
교 사	⑥어, 농작물 피해도 있어요. 개미가 많이 생기기도 해. 개미 하니깐 갑자기, 저 뒤에? ⑦지렁이, ⑧지렁이? 한 번 써보지 뭐. 어렵지 않아.

〈자료 1〉 딴청 부리기와 책임 공유하기 전략을 활용한 학습 활동 참여 유도

교사는 생각그물의 중요성과 방법에 대해서 이미 알고 있으나 마치 모르는 척하면서 딴청을 부리고(①, ②), 교사 시범을 관찰하는 도중에 오류를 발견하면 즉시 수정할 것을

정중하게 요청하면서 학생 참여를 유도한다(③). 이어서 자신이 없다고 도움을 요청하면서 공동 과제 해결을 슬쩍 제안한다(④). 이에 유능한 학생 중 일부가 교사의 시범 보이기에 적극 참여하고(⑤, ⑥), 교사는 맞장구를 치면서 학생과 함께 생각그물을 만드는 과정을 시범을 보인다(⑥, ⑧).

2) 흥미 있는 문제 상황 제시와 새로운 문제 해결 과정에 도전

흥미 있는 문제 상황을 제시할 때에는 학습 동기 유발이 중요하다. Lepper(1993)에 따르면 유능한 교사는 학생의 학습 동기를 유발시킬 때에 주로 자신감, 도전, 호기심, 통제의 네 가지 전략을 사용한다(Hogan & Pressley, 1997: 126~127). ①자신감은 자기 스스로 학습 과제를 해결할 수 있다는 믿음의 마음이자, 자아 존중의 마음이다. ②도전은 학생의 흥미, 취미, 능력 등을 고려하여 현재 발달 수준보다 다소 높은 수준의 과제를 제공하거나, 현재 수준보다 확장된 수준의 활동 참여를 유도하는 것이다. ③호기심은 주어진 과제에 대한 학생의 긍정적 반응과 자발적 참여를 유인하는 것이다. ④통제는 학생이 학습 활동에 자발적으로 참여하면서 학습 과정을 통제하고 결과에 대해 만족감을 느끼는 것이다.

다음은 1학년 학생에게 흥미 있는 문제 상황을 제시한 다음, 새로운 학습 과제에 도전하도록 유도하는 읽기 수업 장면이다.

교 사	①마법의 성에 누가 갇혔을까요? ②우리 유시열 어린이가 갇혔어요. 유시열 어린이가. ③(학생 웃음) ④그런데 이 마법의 성에서 유시열 어린이를 탈출을 시켜야 하는데, 마왕이 이런 주문을 했어요. "어, 너희들이 만약에 이야기를 읽고, 인물의 모습이나 성격을 제대로 파악하면 시열이를 살려 주겠다." 이런 이야기를 했습니다. ⑤그런데 선생님은 자신있어요. 우리 1학년 1반 아이들은 그 정도는 할 수 있다고 생각합니다. 여러분, 할 수 있겠어요?

학생들	예.

〈자료 2〉 흥미 있는 문제 상황 제시와 도전하게 하기

교사는 지난 시간에 배웠던 '마법의 성' 이야기를 바탕으로, 학생에게 친구가 마법의 성에 갇혔다.'는 흥미로운 문제 상황을 제시하였다. 학생에게 제시된 문제 상황을 추론하게 하여 학습 동기를 유발하고, 확인하였다(①, ②). 학생들이 웃음으로 화답하자(③), 마왕이 제시한 학습 문제를 알려주면서(④), 학생의 학습 참여를 유도하고, 자신감을 심어주면서 새로운 과제에 도전하도록 장려하고 있다(⑤).

학생의 호기심을 자극하면서 지적인 사고 활동을 유도하는 1학년 말하기 · 듣기 수업 장면이다.

교 사	①자, 그러면 무엇이 나올지 선생님과 한번 살펴보겠습니다. 선생님이 준비 해놓은...(만화 영화에서 볼 수 있는 요술봉을 교실 출입구 선반에 놓고, 집으러 간다.) ②자! 요술봉을 준비했어요(학생들에게 요술봉을 들면서 말한다). ③재미있는 공부야, 재미있는 공부야, 나와라(교사가 학생들을 보면서 춤을 추듯이, 주술을 외우듯이 움직이며 말한다). ④뭐가 나올까?
학 생	⑤우와~

〈자료 3〉 호기심 자극과 지적 사고 활동 유도

교사는 요술봉을 이용해서 학생 탐구심을 유발하였고(②), '재미있는 공부야 나와라'와 같은 마술 기법을 활용하여 학생이 재미있는 공부의 세계에 빠져들게 유도하였다(③).

3) 탐문과 듣기를 활용한 지적 탐구 과정 안내와 촉진

지적 탐구 과정이 살아 있는 수업이란 교사질의 학생응답이 활발한 수업이다. 이러한

수업에서는 '교사전달 학생암송', '교사주도 학생복종'의 일방적 대화 구조, 독백적 대화구조가[8] 아닌 '학생주도 교사조력', '학생주도 교사참관'의 대화구조가 주류를 이룬다. 이때에 교사에게 요구되는 대화 능력이 탐문이다. 탐문이란 초기 발문 후에 학생 반응에 기초하여 진행되는 후속 발문이다.

'학생주도 교사조력' 과정에서 교사의 탐문은 학생의 지적 활동을 촉진시키는 발판 제공의 역할을 한다. 해답을 찾지 못한 학생에게는 '암시'가, 개념이나 내용을 정확하게 이해하지 못한 학생에게는 '반복 설명이나 추가 정보 제공 및 보충 발문'이, 해답을 찾을 수 없는 학생에게는 '다른 학생에게 다시 물어보는 활동' 들이 탐문에 해당된다[9].

이병석(1999)에 따르면 수업 중 교사가 해야 할 첫 번째 탐문 활동은 기다리기이다. 교사는 발문을 한 다음에 해당 학생이 응답을 할 수 있도록 시간을 주고, 인내하면서 기다려야 한다. 그래도 반응이 없으면 반복하여 다시 발문을 하고, 여전히 반응이 없으면 다른 발문 전략을 활용해야 한다. 이때 학생의 수준에 따라 적용해야 할 발문 유형이 달라진다. 기다려도 학생의 응답을 기대할 수 없는 경우와 교사의 안내나 도움을 받으면 응답을 기대할 수 있는 경우이다. 전자의 경우에는 이중택일(완전 정답, 완전 오답)의 선택형 발문을 사용하여 학습자에게 성취감을 느낄 수 있는 기회를 제공한다. 그래도 반응이 없을 경우에는 다른 학생에게 동일 내용의 발문을 다시 한다. 후자의 경우에는 암시를 하거나 쉬운 용어로 다시 풀어서 발문을 할 수 있고, 도표나 그래프 혹은 예화 자료들을 사용하여 쉽게 다시 풀어서 발문을 할 수 있다.

'학생주도 교사참관'에서는 교사의 듣기 능력이 요구된다. 훌륭한 교사는 경청자이다. 이들은 말하기보다 듣기를, 가르치기보다는 깨우치기를, 간섭하기보다는 참여하기를, 주도하기보다는 협력하기를, 독식하기보다는 공유하기를 원한다. 이러한 교사가 되려면, ①가급적 말을 줄여야 한다. 주로 학생의 말을 경청하고, 그들의 제안과 견해를 존중하고, 적절히 반응을 해야 한다. ②듣기 도중에 학생의 말을 가로채지 말고, 끝까지 들어야 한다. 학생의 발표 내용이나 의도를 다 안다는 가정 하에 중도에 대화를 중단시키거나 가로채는 행위를 하지 말아야 한다. ③논박을 삼가고, 긍정적으로 지지하는 태도를 갖는다. 학생의 의견에 대해 논박하는 태도를 삼가고, 가급적 긍정적으로 수용하고 격려를 하면서, 부족한 부분을 보완해야 한다. ④요점을 정리하면서 경청한다. 핵심 정보와 뒷받침 정보를 찾으면서 듣거나 그것을 그래픽 조직자로 정리하면서 듣는다. ⑤책임을 공유한다. 모든 책임을 학생에게 전가하지 말고, 교사도 부분 참여자 혹은 구경꾼으로서 역할을 한다.

3. 안내자, 촉진자로서의 교사 역할을 중시하는 국어 수업

국어 수업과 관련하여 빈번하게 논의되는 것 중의 하나가 교사의 개입이 결여된 활동 중심의 수업이다. 진정한 의미의 국어 수업이라면 '배우는 학생 활동'과 '가르치는 교사 활동'이 서로 균형을 이루어야 하고, 이에 대한 교사와 학생의 역할 교대가 명시적으로 이루어져야 한다. 유능한 교사는 국어 활동의 전문가로서 차시 목표와 관련된 지식, 기능이나 전략, 태도를 설명하거나 시범을 보여야 한다.

1) 설명하기

설명이란 어떤 일이나 대상의 내용을 상대편이 잘 알 수 있도록 밝혀 말하는 것이다. 설명을 한다는 것은 언어나 도표, 상징을 이용하여 상대방이 어떤 현상에 대한 지식과 이해를 높이도록 도움을 주는 것이다. 교육의 측면에서 보면, 교과 내용에 대한 학생 이해를 증진시키기 위한 포괄적 해설이 된다. 설명에는 두 가지 요소가 작용한다. 설명할 내용과 방법이다. 전자에는 개념, 요소, 원리, 절차, 법칙이 해당되고, 후자에는 실물과 행동, 모형, 그림, 예화, 도표, 알고리즘, 언어나 상징을 이용한 묘사 등이 해당된다.

이병석(1999: 108~122)은 좋은 설명 방식으로 예시 자료를 활용한 설명과 학습을 용이하게 하는 설명의 두 가지 유형을 들었다. 전자에는 ①적절한 시각 자료를 예시 자료로 선택하여 학생의 이해를 촉진시키는 수업, ②학생에게 친숙한 경험이나 배경지식을 예시 자료로 활용하는 수업, ③동일한 내용에 대해서도 다양한 관점으로 접근할 수 있는 예시 자료를 활용하는 수업, ④하나씩 차근차근 예를 들면서 가르치는 수업의 네 가지를 제시하였다.

김 교사의 1학년 말하기 · 듣기 수업 장면을 보면, 예시 자료를 활용하여 '끝말 이어가기' 의 개념을 가르치는 장면이 나온다.

교 사	㉠우리가 살고 있는 지구입니다. (낱말카드 보면서) 지구. 그 다음, 구로 끝났네요? 구로 시작하는 말……. 하늘을 한번 보자. 하늘에는 뭐가 떠다닐까? 엄세환?
학 생1	㉡제가 발표하겠습니다. 구름입니다.
교 사	네~ 잘했어요. ㉢말 주고받기라고 하는 것은 모자, 끝말을 이어서 자전거, 끝말을 이어서 거지, 끝말을 이어서 지구, 끝말을 이어서 구름, 이런 식으로 이어나가는 것을 말해요.

〈자료 4〉 예시 자료를 활용한 설명하기 수업 장면

교사가 학생에게 '지구' 라는 낱말 카드를 제시한 뒤에 '구' 로 끝난다는 것을 알려주면서 '구로 시작하는 말…….' 이 무엇인지 물어보았고, 학생이 반응을 할 때까지 기다리기를 하였다(㉠). 그러나 반응이 없자, '하늘을 한번 보자. 하늘에는 뭐가 떠다닐까?' 와 같은 실마리 제공하기 전략을 사용하여 학생이 구로 시작하는 낱말을 떠올리게 유도하였다(㉡). 그러자 학생이 반응을 하였고, 교사는 작게 나누어 설명하는 방식을 취하여 '말 주고받기' 놀이 방법을 상세하게 설명하였다(㉢). 이 수업 장면에 사용된 교사의 예시 방식은 '학생에게 친숙한 경험이나 배경지식을 예시 자료로 활용하는 수업과 하나씩 차근차근 예를 들며 가르치는 수업' 이다(②, ④).

이병석(1999: 108~122)은 학습을 용이하게 하는 설명 방식으로 ①학습 목표 도달에 필요한 내용과 절차를 미리 알려주는 수업, ②새로운 교과 내용을 가르치기 전에 관련 배경 지식이나 기초 개념을 알려주는 수업, ③설명 초기에 학생의 관심을 끄는 머리말을 사용하는 수업, ④새로운 교과 내용을 설명하면서 하나씩 차근차근 가르쳐주는 수업, ⑤주요 학습 내용을 미리 분석하고, 관련성을 파악하게 하는 수업, ⑥학생들에게 친숙한 일상 용어를 사용하여 복잡한 교과 내용을 쉽게 가르치는 수업, ⑦단순 도표나 차트, 선, 도형 등을 이용하여 체계적이고 쉽게 가르치는 수업, ⑧학생의 반응을 살피면서 눈높이에 맞게 가르치는 수업, ⑨학생 주의를 집중시키면서 설명을 하는 수업 등을 제시하였다.

오 교사의 1학년 수업 장면에는 학습을 용이하게 하는 좋은 설명 유형 중 일부가 드러난다.

교 사	자, 이번에는 친구들 칭찬을 많이 해주고 싶죠?
학 생	네.
교 사	㉠여러분 이어달리기 알아요?
학 생	네.
교 사	㉡칭찬 릴레이도 알아요?
학 생	네.
교 사	㉢텔레비전에서 선생님은 봤는데, 칭찬릴레이. 칭찬을 받은 사람이 또 다른 사람을 칭찬하고 이렇게 칭찬을 이어가는 그러한 방법이거든요. 할 수 있겠어요?
학 생	네.
교 사	㉣선생님이 먼저 한 사람을 칭찬할 거예요. 모두 다 칭찬하고 싶지만 그 중에 한 사람. 선생님은 김다영을 칭찬하고 싶습니다. 다영이는 항상 자기가 할 일을 열심히 잘하는 친구입니다. 자 다영이 나오세요.

〈자료 5〉 학습을 용이하게 하는 설명 방식

오 교사는 배경지식(이어달리기의 개념)을 활용하여 '칭찬 릴레이' 의 개념을 차근차근 설명하고(㉠, ㉡), 시범을 보인다(㉢). 그런 다음에는 다영이를 지명하여 칭찬 릴레이 운영 방법에 대해 시범을 보인다(㉣). 오 교사가 활용한 설명 방식은 새로운 교과 내용을 가르치기 전에 관련 배경 지식이나 기초 개념을 알려주는 수업, 설명 초기에 학생의 관심을 끄는 머리말을 사용하는 수업, 학생들에게 친숙한 일상용어를 사용하여 복잡한 교과 내용을 쉽게 가르치는 수업이다(②, ③, ⑥).

2) 시범 보이기

시범 보이기는 교사가 특정 수업 상황이나 내용에 대해 자신의 느낌이나 생각, 행동을 학생에게 가시적으로 보여주는 것이다. Duffy, Roehler & Herrman(1988)에 따르면 시범 보이기 유형은 크게 세 가지이다. 생각을 혼자 중얼거리는 TA(Thinking Aloud) 기법, 교사와 학생이 함께 중얼거리며 서로 대화를 하는 ta(talking aloud) 기법, 일절 말하지 않고 행동 시범을 보여주는 PM(Performance Modeling) 기법이다.

생각그물을 활용한 아이디어 생성 과정을 시범 보이는 5학년 쓰기 수업 장면을 보면, 사고 구술법을 활용하여 생각그물 작성 과정을 시범 보이는 장면을 관찰할 수 있다. 여기에 사용된 사고 구술법은 TA 기법과 ta 기법이다(Roehler & Duffy, 1991).

교 사	①어, 다발짓기할 때에 이것도 여러분이 너무나 잘 아는 거지만 혹시나 모를까봐 다시 한 번 선생님이 알려줄게요. ②선생님이 얘기하는 말을 잘 들어 보세요. 그냥, 음 〈일시 지속〉 선생님이 저렇게 얘기하는구나 하지 말고, 선생님이 중얼거리는 거야. ③뭐를 중얼거리는 거냐면, 선생님이 생각을 중얼중얼 거리는 거야. 아! 그러니까 선생님이 어떤 과정을 거쳐서 생각을 하고 있나 잘 보세요. ④다발짓기를 할 때에 맨 처음에 내가 이런 글을 쓸 거야. 어떤 글을 쓸 거냐하면, 나는 그냥 아까 생각그물 만들 때 뭘 했지? 개미에 대해서 쓸 거지. 개미가 그냥 그리고 이런 느낌을 그냥 써볼라고 해. 여기다 딱 표시를 해봤어. 그리고 처음에는 개미 얼굴을 그려볼까? 한 번? 더듬이 뭐 이래도 좋고, 꼬리? 어머! 호호. 이렇게 해도 좋고. 뭐 여러분 마음대로 하세요. ⑤처음에 어떤 것을 할 거냐면 음, 내가 개미를, 개미를 기르게 된…….

학 생	⑥동기.
교 사	⑦어! 여러분들은 어떻게 그렇게 잘 알아요? 내 마음을?

〈자료 6〉 사고 구술법을 활용한 시범 보이기 수업 장면

다발짓기를 활용하여 생각묶기를 지도하는 수업 장면이다. TA 기법은 교사가 전문가의 역할을(설명과 시범), 학생이 구경꾼의 역할을 할 때에 사용되는 사고 구술법이고(④, ⑤), ta 기법은 교사가 전문가로서 설명과 시범을 보일 때에 일부 유능한 학생이 초보자로 참여하여 교사와 더불어 설명을 하거나 시범을 보이고, 나머지 학생은 여전히 구경꾼으로서 편안하게 전문가의 설명을 듣거나 시범을 관찰할 때 사용되는 사고 구술법이다(⑥, ⑦).

4. 협동학습을 장려하는 국어 수업

국어과 협동학습은 학생의 능동적인 국어 사용에 도움을 주고, 국어 사용의 복잡한 코드를 폭 넓게 이해하고 확장시킬 수 있게 하며, 타인과의 의사 소통 능력을 길러주고, 국어과 인지적 영역 외에도 정의적 영역의 교육에도 효과적이다(김명순, 2000).

5학년 읽기 수업의 예를 살펴보자. 교사는 학생에게 교과서 작품과 다른 작품을 서로 비교해 보도록 요구를 하였다. 우선 토의 주제를 모둠별로 명확하게 알려주면서 개별 학생의 학습 부담을 줄여주었고, '이 활동은 여러분 혼자서 하는 것이 아니라, 모둠별로 서로 내용을 들어보도록 하겠습니다.' 와 같이 책임 공유하기 대화를 사용하여 개별 학생의 모둠별 참여를 적극 유도하고 있다.

1학년 읽기 수업에 나타난 협동학습 장면을 살펴보자. 이 수업 장면은 SQ3R의 세 번째 단계인 '자세히 읽기' 부분에 해당된다. 교사는 색연필을 꺼내어 중요한 내용에 밑줄을 그어야 한다면서, '짝끼리 의논을 해도 좋다.' 며 읽기 협동학습 상황을 유도하고 있다.

5. 학습 활동의 체계적 안내를 중시하는 국어 수업

유능한 교사는 학습 활동을 안내할 때에 활동 절차를 나타내는 수업 표지어와 그것을 한 눈에 파악할 수 있도록 도움을 주는 그래픽 조직자를 사용한다. 또 주의 집중 신호와 학습 활동 안내를 병행하여 사용하기도 한다.

1) 수업 표지어와 그래픽 조직자를 사용한 구조적 학습 활동 안내

유능한 교사는 학습 활동을 안내할 때에 '자, 다음', '이번에는', '우선 우리가 해야 할 일은' 등과 같이 학습 활동을 안내하는 수업 표지어를 먼저 사용하여 후속 학습 활동을 예측하게 한다. 그런 다음에 학습 활동을 안내하거나 지시한다. 또 칠판에 마인드 맵이나 웹 등과 같은 그래픽 조직자나 그림을 사용하여 학습 내용을 정리하거나 안내하기도 한다.

1학년 읽기 수업 장면을 보면, 수업 표지어를 사용하여 학습 활동을 체계적으로 안내하는 장면이 나온다. 교사는 학생에게 피노키오 그림, 혹부리 영감 그림을 제시하면서 이야기의 내용은 무엇이고, 인물은 어떤 모습을 하고 있는지 물어보았다. 그런 다음에 '자, 선생님이 여러 가지 그림을 보여주었습니다.', '우선 인물의 성격도 찾고', '그 다음에 내용을 알기 위해 문제를 만들어 보고' 등과 같은 수업 표지어를 사용하여 학습 활동을 안내하였다.

그래픽 조직자를 사용한 2학년 말하기 · 듣기 수업 장면이다. 교사는 칠판에 말하는 사람 모양의 그래픽 조직자를 제시한 다음에, 학생들에게 발문을 하고, 그에 따른 응답을 그래픽 조직자 옆면에 적었다. 첫 번째 학생이 '똑똑한 목소리로 말을 합니다.' 라고 말을 하자, 칭찬을 하면서 그래픽 조직자에 적었다. 또 다른 학생이 '상대를 바라보면서 말을 합니다.' 라고 말을 하자, 역시 칭찬을 하면서 칠판에 적었다.

2) 주의집중 신호를 이용한 수업 안내

주의 집중 신호를 잘 이용하면 수업 안내를 체계적으로 할 수 있다. 이 방식은 현장에서 널리 이용되고 있다. '숫자 세기', '시계 박수', '찌개 박수' 외에도 노래와 율동을 이용한 수신호도 있다.

1학년 말하기 · 듣기 수업의 수업 안내 부분이다. 김 교사는 손가락 다섯 개를 쭉 펴면서 입으로 '다섯'이라고 외치는 주의집중 신호를 활용하여 학습활동을 안내하고 있다. 김 교사가 '다섯'이라고 외치면, 학생은 사전 약속에 따라 하던 일을 멈추고, 바른 자세로 선생님을 바라본다. 그러면 김 교사는 '모둠별 활동을 멈추고, 다시 자기 자리로 돌아가 달라'면서 다음 학습 활동을 안내한다. 또 '다섯'이라는 주의집중 신호를 사용한 다음, '안다래, 참 예쁘게 앉았습니다.'와 같이 칭찬을 하면서 '자, 이번에는 고추의 색깔은 빨개. 이 부분을 바꿔보겠다.'고 후속 활동을 안내한다.

6. 학생의 수준차를 고려하는 국어 수업

설양환 · 박태호 외 역(2005)에 따르면 학생 수준을 고려한 수업과 그렇지 않은 수업에 나타난 학생 반응 양상은 매우 다르다. 수업이 학생 수준에 맞는 경우와 수업이 학생 수준보다 높거나 낮은 경우로 구분하여 살펴볼 수 있다. 수업이 학생 수준에 맞는 경우에 학생은 교사와 눈을 맞추거나 스스로 질문을 하고, 교사의 발문에 적극 응답하거나 교사의 요구에 순응한다. 수업이 학생 수준에 맞지 않는 경우는 학생보다 수준이 높은 경우와 낮은 경우로 구분하여 살펴볼 수 있다. 먼저, 수업이 학생보다 수준이 높은 경우에 학생은 과제 활동에 집중하지 못하고, 부정확한 응답을 하는 경우가 많으며, 교사의 발문을 이해하지 못하거나 부정적 수업 태도를 보이기도 한다. 다음으로 수업이 학생 수준보다 낮은 경우에 학생은 친구와 잡담을 하거나 교사의 발문에 주의를 집중하지 않고, 수업 시간에 다른 과목이나 내용을 공부하거나 교사의 지적 권위에 도전한다.

좋은 수업은 학생 발달 수준에 맞는 수업이다. 학생 수준보다 낮거나 높은 수업이 아닌 딱 맞는 수업이어야 한다. 이때 중요한 것이 학생 개인차를 고려한 수업이다. 교사는 학생 발달 수준을 고려하여 학생이 반응을 할 수 있도록 발문을 하고, 반응을 제대로 하지 못하는 학생에게는 발문 수준을 재조정하면서 학생 반응을 유도해야 한다.

이용숙 · 조영태(1989: 245~248)은 교사의 발문에 쉽게 대답을 하지 못하는 학생이 쉽게 답변을 할 수 있도록 유도하는 교사의 발문 전략으로 일곱 가지를 들었다. 국어 수업 장면에서는 ①단계적으로 쉽게 풀어서 발문하기, ②실마리 제공하기, ③다른 학생에게 보충하게 하기, ④예를 들어서 설명하게 하기의 네 가지만 관찰이 되었다.

1) 단계적으로 쉽게 풀어서 발문하기

단계적 발문은 학생의 발달 수준에 따라 발문의 수준과 범위를 조절하는 발문이다. 교실에는 다양한 수준의 학생들이 존재한다. 배경 지식과 경험이 다양한 개별 학생의 학습 활동 참여를 유도하고, 반응을 끌어 내기 위해서는 개인차를 고려한 발문을 해야 한다. '상' 이나 '중' 수준 학생들은 교사의 발문에 적극적으로 반응을 할 수 있으나, '하' 수준 학생은 교사의 발문에 부담을 느끼고, 수동적으로 반응한다. 이런 문제를 극복하려면 발문을 할 때에 개인차에 따라 난이도를 조정해야 한다.

단계적으로 쉽게 풀어서 발문하기에는 ①한 번에 한 가지씩만 발문하기, ②쉬운 내용에서 어려운 내용으로 발문하기, ③논리적 계열성을 고려하면서 발문하기, ④발문의 속도와 기다리는 시간을 조정하면서 발문하기 등이 있다(이병석, 1999). 국어 수업 동영상에서는 ①번과 ②번이 주로 관찰되었다.

(1) 한 번에 한 가지씩 발문하기

특정 응답을 요구하면서 연속하여 발문하면, 학생들은 당황해 한다. 여러 발문에 동시다발적으로 응답해야 하기 때문이다. 발문을 수정하면서 학생 반응을 재촉하는 교사보다 한 번에 한 가지씩 발문하면서 학생 반응을 촉진하는 교사가 더 유능한 교사이다. 한 번에 한 가지씩 발문하면서 학생 참여를 유도하는 1학년 읽기 수업 장면이다.

교 사	①여기 흉내말이 있어요. 할아버지부터 읽어 볼까요?
학 생	②쿠렁쿠렁.
교 사	③할머니는?
학 생	④쿨쿨.
교 사	⑤그 다음에 아빠는?
학 생	⑥드르렁 드르렁.

〈자료 7〉 한 번에 한 가지씩 발문을 하는 읽기 수업 장면

학생에게 '잠자는 가족 모습' 삽화를 보고, 흉내말을 찾아 읽게 한다(①). 학생들이 '쿠렁쿠렁' 이라고 대답을 하자(②), 할머니가 잠자면서 내는 소리의 흉내말을 찾게 한다(③). 이에 학생들이 '쿨쿨' 이라고 대답을 하자(④), 아빠가 잠자면서 내는 소리의 흉내말을 찾으라면서 한 번에 한 가지씩 발문을 하고 있다.

교 사	①1절에 들어 있는 흉내말이 뭔지 아는 사람? 어디 다 함께 얘기해 봅시다.
학 생	②토실토실. 꿀꿀꿀.
교 사	③어, 그러면 이 중에서 살이 통통하게 찐 모습의 흉내말은 뭐야?
학 생	④토실토실.
교 사	'토실토실' 은 귀여운 모습이라고 그랬어요. ⑤그 다음에 '꿀꿀꿀' 은 무엇의 흉내말입니까?

학 생	⑥돼지가…….
교 사	돼지가 우는 소리. ⑦'토실토실' 은 소리가 아니고…….
학 생	⑧모양.
교 사	⑨모양.

〈자료 8〉 한 번에 한 가지씩 발문을 하는 읽기 수업 장면

교사는 '엄마돼지 아기돼지' 노래의 1절 가사에 들어있는 흉내말이 무엇인지 발문을 하였다(①). 그러자 학생들이 '토실토실', '꿀꿀' 이라고 대답을 하였다(②). 이에 그 중에서 모양을 흉내 낸 말이 무엇인지 찾도록 요구하는 발문을 다시 하였고(③), 학생들은 '토실토실' 이라고 대답을 하였다(④). 다음에는 '꿀꿀꿀' 이 무엇의 흉내말인지 찾아보게 하자(⑤), 학생들은 돼지 울음소리의 흉내말이라고 대답을 하였다(⑥). 교사는 한 번에 한 가지씩 구조화된 발문을 하면서 학생의 학습 참여를 유도하였다.

(2) 쉬운 내용에서 어려운 내용으로 발문하기

Bloom(1956)은 발문 수준을 ①지식, ②이해, ③적용, ④분석, ⑤종합, ⑥평가의 여섯 단계로 구분하였다(변홍규, 1996: 641~65). Pearson & Johnson(1978)은 Bloom(1956)의 위계적 인지 수준과 Barret의 사고 수준에 대한 연구를 기반으로 하여 발문 수준을 ①사실적(literal, 자구적), ②추론적(Inferential), ③평가적(Critical)의 세 수준으로 구분하였고, Raphael(1986)은 Pearson & Johnson(1978)의 제안을 수정하여 ①사실적, ②사실-배열적, ③추론적, ④평가적의 네 수준으로 구분하였다. 노명완 외(1988)는 사실적, 해석적, 적용적의 세 수준으로 구분하였다. 이 연구에서는 노명완 외(1988)의 구분을 바탕으로 현장 교사의 수업 동영상에 나타난 발문 수준을 살펴보고자 한다.

사실적 수준의 대화는 텍스트에 내재되어 있는 정보의 회상과 기억을 요구하는 대화이다. 사실적 수준의 대화에 따르면 정보는 담화 텍스트에 명시적으로 제시되어 있고,

고차원적인 사고 활동을 요구하지 않는다.

교 사	소금 장수와 기름 장수는 어떤 동물에게 잡아먹히게 되었나요? 도환이?
학 생	네, 선생님. 호랑이한테 잡아 먹혔습니다.

〈자료 9〉 사실적 수준의 발문

교사와 학생이 글에 제시된 내용을 바탕으로 질의응답을 하고 있다는 점에서 사실적 수준의 대화에 해당된다.

해석적 수준의 대화는 텍스트에 암시적으로 제시되어 있는 정보를 독자가 추론이나 정보를 재조직하면서 파악하는 대화이다. 이 수준에서는 행간의 의미를 바탕으로 텍스트의 정보를 추론하는 활동을 한다.

교 사	노루와 토끼가 서로 얼굴만 바라보고 있었다는 것은 무슨 뜻일까요? 유림이 말해 보세요.
학 생	네, 선생님. 두꺼비가 허풍을 너무 심하게 떨어서 어이가 없다는 뜻인 것 같습니다.

〈자료 10〉 해석적 수준의 발문

글에 직접적으로 언급된 부분은 '노루와 토끼가 서로 얼굴만 바라보고 있었다.'는 것이다. 교사는 이 정보를 바탕으로 새로운 정보를 추론하고, 재조직하도록 요구하는 발문을 하고 있으므로 해석적 대화에 해당된다.

적용적 수준의 대화는 정보가 텍스트에 명시적으로 제시되어 있지 않다는 점에서 텍스트 초월적 대화를 요구한다.

교 사	지금까지 장보고에 대한 이야기를 읽었습니다. 장보고처럼 해상 활동을 하면서 국가를 위해 노력한 사람은 누구일까요?

〈자료 11〉 적용적 수준의 발문

해상왕 '장보고'에 대한 이야기를 읽은 다음, 이와 비슷한 유형의 인물을 말하게 한다는 점에서 적용적 수준의 대화라고 할 수 있다.

(3) 계열성을 고려하면서 발문하기

교사가 학습 내용의 계열성을 고려하면서 논리적 순서로 발문을 하면, 학생들은 교과 내용을 더 잘 이해하게 된다. 유능한 교사들은 학생들이 주요 개념이나 원리를 잘 이해할 수 있도록 계열성을 고려하여 발문을 한다.

계열성을 고려한 발문 사용의 예이다. 교사는 의미 지도를 사용하여 학생이 우리나라의 명절에 대해 아는 것을 자유롭게 연상하게 하였다. 이에 특정 학생이 '추석'이라고 말을 하자, 교사는 '또 더 말하여 봅시다.'라면서 다른 학생의 반응을 유도하였다. 그러나 교사의 발문이 모호하였는지 학생은 바로 세뱃돈이라고 말을 하여 초점에서 벗어난 반응을 한다. 이에 교사는 '세배를 하면서 하는 말'이라며 학생에게 실마리를 제공하자, 학생은 '새해 복 많이 받으세요.', '오래오래 사세요.'라면서 정답에 접근한 반응을 보인다. 그러자 교사는 학생의 부족한 반응을 보다 명료한 반응으로 바꾸기 위해, 이런 말을 정확히 뭐라고 부르는지 대답을 하도록 요구를 한다. 이에 학생은 교과서에 나온 대로 '행복을 기원하는 말'이라고 하자, 교사는 학생을 칭찬하면서 그것을 덕담이라고 부른다고 알려주었다.

(4) 발문 속도와 기다리는 시간 조정하기

발문 속도와 기다리는 시간은 교과 내용에 따라 다르게 운영되어야 한다. 난이도가 어렵고 복잡한 내용을 학습할 때에는 생각할 시간이 많이 필요하므로 발문의 속도를 느리게 하고, 기다리는 시간을 길게 가져야 한다. 토론학습이나 탐구학습을 목표로 할 경우에는 사고활동 시간을 보다 많이 제공해야 하므로, 기다리는 시간을 많이 가져야 한다. 이에 비해서 복습일 경우에는 발문 속도는 빠르게, 기다리는 시간은 줄여야 한다.

1학년 말하기 · 듣기 수업 장면을 보면, 학생이 부족한 반응을 보였을 때에 실마리를 제공하거나 격려를 하면서, 학생에게 생각할 시간을 주고, 그것을 바탕으로 바르게 반응할 수 있도록 유도하는 수업 장면이 나온다.

교 사	①이번에는 이 네 사람이 한 번 발표해보도록 합시다. 그림을 보고 칭찬하는 말을 하여 보세요. 첫 번째 그림입니다. 어린이가 어른들께 인사를 하고 있는 모습입니다. 어, 무엇을 잘해요?
학 생	②인사요.
교 사	③칭찬하는 말을 해 보세요. 칭찬하는 말을 해 보세요. 〈기다리기〉 ④이름을 지어주세요. 누군지 모르죠? 이름을 지어주세요.
학 생	⑤…….
교 사	〈기다리기〉
교 사	⑥순이는?
학 생	⑦순이는 인사를 잘 합니다.
교 사	⑧어, 그렇게 해서 칭찬하는 말을 해주세요.

〈자료 12〉 학습 난이도에 따라 발문 속도와 기다리는 시간 조절

오 교사는 '칭찬하는 말을 하여 봅시다.' 라는 차시 목표를 달성하기 위해, 학생에게 교과서의 그림을 보고, 칭찬하는 말을 하도록 요구하였다(①). 학생이 '인사를 잘 하는 모습' 이라는 말만 하고, 칭찬하는 까닭을 말하지 못하자(②), 학생에게 생각할 시간을 몇 초간 주고(③), 그래도 학생이 머뭇거리면서 대답을 하지 못하자, 환한 얼굴 표정과 부드러운 눈빛으로 학생을 격려하면서, 칭찬하는 까닭을 말하게 하였다. 학습 실마리를 제공하면서 발문의 수준과 범위를 조절한 것이다(④). 다시 학생에게 생각을 시간을 주기 위해 3에서 5초 정도를 기다린 다음(⑤), 여전히 대답을 못하자 '순이는?' 이라는 실마리를

제공하였다(⑥). 이에 바르게 대답한 학생을 격려하면서 활동을 종료하였다(⑦).

2) 실마리를 제공하면서 학생 반응 유도하기

실마리 제공하기는 학생이 전혀 대답을 못 하거나 일부분만 대답하였을 때, 혹은 틀리게 대답을 한 경우에 학생의 학습 활동 참여를 조장하기 위해서 사용하는 언어적/비언어적 수업대화 전략이다(Hume, Michael, Rovick & Evens, 1996 ; McArthur et al, 1990). 학생이 교사의 발문에 대답을 하지 못하고, 머뭇거릴 때에는 실마리를 제공해야 한다. 이때에 교사는 정답에 가까운 실마리를 제공하기보다는 학생 스스로 과제를 해결할 수 있도록 필요한 정보를 다양하게 제시해야 한다.

대답을 하지 못하는 학생에게 교사가 실마리를 제공하면서 학생의 반응을 부추기고, 유도하는 3학년 읽기 수업 장면을 살펴보자.

교 사	①이 이야기의 주제가 뭘까?(학생 얼굴 표정을 반응을 살핀다.) ②객관식으로 줄까요?(학생들의 반응이 없다.) 손드는 사람이 별로 없네. ③자 힌트입니다. 첫 번째, 동물을 사랑하자. 두 번째, 쓰레기를 버리지 말자. 세 번째, 사람 목숨보다 귀한 것은 없다. 네 번째, 정답은 진성이가 이야기해 줄 거 같아요.
학 생	④은혜를 입으면 은혜를 갚자.
교 사	⑤그래요. 그렇게 생각할 수도 있겠어요. 선생님은 생각하지 못했던 건데 그것도 흥부와 놀부의 주제가 될 수 있죠? ⑥또 다른 사람? 제비 다리를 고쳐 주었더니 받았어요. 흥부 입장에서 본다면? 병진이?
학 생	⑦복을 주면 언젠가 복이 돌아온다.
교 사	복을 주면 언젠가 복이 돌아온다. 보충, 나래?
학 생	⑧착한 일을 하면 복을 만든다.
교 사	⑨착한 일을 하면 복을 받는다가 이 글의 주제였어요. 어떻게 알았지요?

학 생	이야기의 흐름을 바탕으로.
교 사	이야기의 흐름을 바탕으로 주제를 찾아보았어요. 자, 이번 시간에 공부할 글의 주제를 한번 찾아볼게요.

〈자료 13〉 실마리 제공과 학생 반응 조장

이 수업 장면의 목표는 '이야기의 주제 파악'이었다. 교사는 학생의 얼굴 표정을 살피면서 이야기의 주제를 물었다(①). 학생들이 반응을 보이지 않자 객관식 힌트를 주겠다고 제안을 하였다(②). 그런 다음에 정답과 전혀 관계가 없는 힌트를 3개 주고, 나머지는 진성이에게 말을 하게 하였다(③). 진성이가 '은혜를 입으면 은혜를 갚자.' 라고 말을 하자(④), 일단 맞장구를 치면서 진성이의 의견을 인정하였다(⑤). 그런 다음에 빈 칸 메우기 전략을 활용하여 힌트를 다시 주면서 다른 학생을 지명하였다(⑥). 이에 다소 부족한 반응을 보이자(⑦), 다른 학생에게 보충을 요구하였고, 원하는 내용의 응답을 듣자(⑧), 맞장구를 치면서 학생을 격려하였다(⑨).

3) 다른 학생에게 보충하게 하기

학생의 반응을 촉진하는 두 번째 방법은 유능한 동료의 보충 설명 활용이다. 처음부터 완전한 답변을 요구하기보다는 일단 학생의 반응을 청취한 다음에 부족한 부분에 대해서 유능한 동료의 도움을 받게 한다.

1학년 말하기 · 듣기 수업 중 유능한 동료를 활용하여 부족한 학생의 반응을 보충하게 하는 장면이 나온다.

교 사	①공부할 때에 지켜야 할 일에 대해서 한 번 이야기 하도록 하지요. 누가 얘기 해 볼까? 송다빈?
학 생	②제가 발표하겠습니다. (학생이 답을 못함)

교 사	③네, 앉으세요. 깜빡 잊어버렸죠? 다른 사람?
학 생	제가 발표하겠습니다. 떠들 땐 소곤소곤 떠들어야 합니다.
교 사	④어, 소곤소곤 이야기합니다. ⑤또, 현우.
학 생	제가 발표하겠습니다. 교실에서는 친구와 소곤소곤 말해야 하고, 뛰지 말고, 공부시간에는 공부할 준비하고 공부정신이 있어야 합니다.
교 사	네, 공부를 잘 해야겠다는 마음이 있어야겠죠? ⑥남이 말할 때는 어떻게 들어야할까요? 원일이.
학 생	제가 발표하겠습니다. 말하는 사람을 쳐다보며 잘 듣습니다.
교 사	⑦네, 바로 그거에요.

〈자료 14〉 동료 반응을 활용한 보충하기

교사가 학생에게 공부할 때에 지켜야할 규칙을 발표하게 하였다(①). 제일 먼저 지명을 받은 다빈이는 말을 못하고 우물쭈물 하였다(②). 이에 교사는 '깜빡 잊어버렸죠?' 라는 유머 화법을 구사하며 다빈이를 위로하고, 다른 학생에게 발문을 하였다(③). 그러나 다른 학생 역시 '소곤소곤 이야기합니다.', '공부 정신이 있어야 합니다.' 등과 같이 다소 부족한 반응을 보이자(④, ⑤), 원일이라는 학생을 지명하여 '말하는 사람을 잘 바라보며 듣습니다.' 라는 대답을 듣고, 칭찬을 하였다(⑥, ⑦).

4) 예를 들어 설명하게 하기

1학년 읽기 수업 중 학습 목표를 예를 들어 설명하게 하는 부분이다. 교사가 특정 학생을 지목하여 학습 목표를 말하게 하자, 학생은 '인물의 모습과 성격을 말과 글로 나타내 보는 것' 이라고 말을 한다. 교사는 학생의 반응을 칭찬한 다음, 인물의 모습과 성격을 예를 들면서 설명하게 하였다. 이에 지명을 받은 서유라 어린이가 착한 마음씨인지 아닌지를 알아보는 것이라며 다소 부족하지만 예를 들어서 설명을 하였다.

7. 즐거운 마음으로 가르치는 국어 수업

즐거운 마음으로 가르치는 수업은 학생이 기다리는 수업이다. 이러한 수업에서는 유머가 넘친다. 유머는 지적인 놀이의 한 형태이다. 유머는 웃음을 자아내거나 부적절한 상황이나 사건 혹은 생각을 발견하고 그것을 익살맞게 표현하는 정신 활동이다.

유머는 긍정적 학습 환경을 만드는 중요한 도구이다. 목표를 지향하는 수업 특성 상 수업 분위기는 경직되거나 지루할 수 있다. 이때에 유머를 활용하면 수업 분위기가 다소 부드러워지고, 학생은 학습 활동에 재미를 느낀다. Phillips(2000)에 따르면, 유머가 풍부한 교사가 수업을 재미있게 잘 하고, 이에 고무된 학생들은 학습 활동에 적극 참여하게 되며, 그 결과 학습 내용을 더 오래 기억하게 된다고 한다. 유머 학습이 학습의 효율성을 높인다는 말이다. Cornett(1986)에 따르면, 유머는 가장 효과적인 교수법 중의 하나이다. 이 연구자에 따르면 수업 중 유머를 활용하면, 학생의 읽기 장애를 효과적으로 치료할 수 있고, 무질서한 행동을 효과적으로 통제할 수 있으며, 어휘력과 사회성을 신장시킬 수 있다고 한다(양승희, 2002).

교사는 유머의 생산자이자 소비자가 되어야 한다. 수업 중 교과 내용 학습에 도움이 되는 재미있는 어휘나 말을 만들어 내고, 교실에서 함께 즐겨야 한다. 경우에 따라서는 이미 소통되는 일반 유머나 구조를 원용하여 교과 특성에 맞게 활용해야 한다. 또 재미있는 리듬과 율동을 곁들여서 함께 노래를 부르거나 몸짓을 하면서 유머 환경을 창출해야 한다.

SQ3R의 수업 절차에 따라 이루어진 1학년 2학기 읽기 수업 장면을 보면, 탁월한 유머 화법을 구사하여 즐거운 학습 분위기를 조성하고, 동시에 학생에게 중요한 개념을 재미있게 가르치는 수업 장면을 볼 수 있다. 교사가 모둠의 구성원에게 각자의 역할을 말하도록 요구하자, 학생이 '저는 아기에요. 쌕쌕', '저는 할머니예요. 쿨쿨' 하면서 자신의 역할을 소개함과 동시에 역할과 관련된 흉내 내는 말을 사용하였다. 그런데 세 번째 학생이 '저는 엄마예요.' 라고만 하고, 흉내 내는 말을 사용하지 않자, 교사가 '엄마는 아무

소리도 내지 않고, 얌전하게 잠자나 봐요?' 라고 가볍게 유머를 구사하면서 분위기를 띄운다.

1학년 2학기 말하기 · 듣기 수업 장면을 보면, 교사가 유머 화법을 활용하여 학습 분위기를 부드럽게 유지하면서 학생의 주의를 집중시키는 장면을 볼 수 있다. 교사는 말 주고받기 놀이를 하기에 앞서 유능한 동료와 함께 한 번 더 시범을 보이려고 한다. 이때 특정 학생을 호명하여 지명하기에 앞서, 학생의 주의를 끌기 위해 '윤나영이 눈에 힘을 팍 주면서 선생님을 쳐다보고 있네요.' 와 같이 유머와 칭찬하기를 결합시켜 사용하면서 학습 분위기를 고조시키고 있다.

유머를 활용하여 표준 발음의 오류를 지도하는 6학년 말하기 · 듣기 수업 장면이다. 교사는 녹음 자료를 학생에게 들려주면서 표준발음 오류를 찾도록 요구하였다.

교 사	①자, 그러면 이 상황하고 여러분들이 지난번에 발표한 내용을 한 번 다시 들어봅시다.
학 생	②(라디오) 용근이는 〈휴지〉 용근이란 친구가 있는데 [개:]는
교 사	③[개:]야?
학 생	④하하하
교 사	⑤그 친구가 갑자기 멍멍이가 되는 거야? 어떻게 되는 것이여?
학 생	(라디오) [개:]는 장래희망이 변호사고 어 가장, 가장 [소중이] 여기는 물건은 컴퓨터래. [개:]는..
교 사	⑥[소중히]야? [소중이]야? 소중히 여기는? 소중이 여기는? ㉡[개:]는, [개:]가 소중히 여기는 게 뻐다귀 아닐까?
학 생	하하하

〈자료 15〉 유머를 활용한 표준발음 지도

'용근이란 친구가 있는데, [개:]는' 하는 순간 교사가 '[개:]야' 하면서 의문을 제기하자(②, ③), 학생들이 큰 소리로 웃는다(④). 이때 교사는 '그 친구가 갑자기 멍멍이가 된 거야?' 라면서 유머 화법을 구사하여 분위기를 띄우고, 동시에 '[개:]' 가 아닌 '[개]' 로 발음을 해야 한다고 정정하고 있다(⑤). 이어서 '[개:]는 장래 희망이 변호사이고' 라는 말이 나오자, '[개:]가 소중히 여기는 것은 [개:]뼈다귀가 아닐까?' 하면서 유머 화법을 구사하면서 [개:]로 발음을 하면 오류라는 것을 학생에게 각인시키고 있다(⑥).

8. 학생의 인격을 존중하는 국어 수업

학생은 자신의 인격을 존중해 주는 선생님의 수업을 기다린다. 단순히 이름만 부르는 선생님보다는 기억에 남을 만한 호칭을 써 주는 선생님의 수업을, 발표를 하거나 과제를 해결하였을 때에 지나가는 말로 칭찬을 하는 선생님보다는 마음에서 우러난 칭찬의 말을 하는 선생님의 수업을 기다린다. 또 부족한 답변을 하였을 때에 그냥 지나치거나 야단을 치는 선생님의 수업보다는 격려를 하면서 바르게 반응을 할 수 있도록 도와주는 선생님의 수업을 기다린다.

교실 수업에서 교사와 학생의 의사 소통을 촉진시키는 효과적 기제 중의 하나가 긍정적 인간관계이다. 긍정적 인간 관계는 교사의 인격 함양과 관계가 있다. 교사의 인격을 향상시키는 방안으로 ①학생을 긍정적으로 대하는 태도를 개발하고, 학생의 행동과 의도를 신뢰하기, ②우호적 분위기에서 인내심을 가지고 학생을 대하는 태도를 기르기, ③학생을 깔보는 태도로 이야기 하지 않기, ④학생의 배경 환경에 대해서 잘 알기, ⑤능동적인 경청자의 역할을 수행하기, ⑥자신만의 이미지와 편안한 스타일 개발하기의 여섯 가지가 있다(이병석, 1999: 41~43).

수업 중에 '학생을 긍적적으로 대하면서 우호적인 수업 분위기를 형성하는 방안' 중의 하나가 바로 기억에 남는 호칭 사용이다. 오 교사는 말하기 · 듣기 수업을 하면서 학생의 기억에 남는 호칭을 사용한다. 다음은 오 교사 수업 장면의 일부이다.

교 사	93쪽의 그림과 글을 한 번 읽어보세요. 어떻게 칭찬을 했나요? 자, 누가 이야기 해 볼까? ①어, 지혜로운 민규. 〈중략〉
교 사	②씩씩한 재혁이.

〈자료 16〉 기억에 남는 호칭 사용

'지혜로운 민규' (①), '씩씩한 재혁이' (②)나 '발표를 잘 하는 민영이, 깜찍한 윤영이, 달리기를 잘 하는 영찬이' 등과 같이 학생의 생활 태도, 학습 태도에 어울리는 칭찬을 곁들인 호칭을 사용한다.

부족한 답변에 대해 무시하거나 나무라지 않고, 격려를 하면서 정답을 말할 수 있도록 이끌어주는 선생님의 수업 역시 학생이 기다리는 좋은 수업이다. 자신이 발표를 하겠다고 자신 있게 일어선 학생 중에 간혹 발표를 하지 못하는 학생이 있다. 이때 대부분의 교사는 앉아서 다시 생각하라고 말을 한다. 그러나 다시 시키는 경우가 거의 없다. 물론 이보다 더 친절한 교사는 '네, 앉으세요. 깜빡 잊어버렸죠?' 와 같이 유머 화법을 구사하여 학생이 무안하지 않게 배려를 한다. 그러나 학생이 기다리는 진정한 의미의 수업은 학생이 잘 할 수 있도록 격려하면서 이끌어 주는 수업이다.

9. 교사와 학생의 역할교대가 명시적인 국어 수업

Zemelman, Daniels, Hyde(1998: 57)에 따르면[10], '학생중심, 과정중심' 의 접근법이 교육 현장에 소개된 이후, 과거에 비해 소집단이나 학생중심의 활동이 많이 증가하였다고 한다. 그러나 교실 수업 환경의 급격한 변화에 비해 학생의 언어(국어) 능력은 향상되지 못하였다. 원인이 무엇일까? 바로 점진적 책임이양에 따른 교사와 학생의 역할교대 부재이다.

Tompkins(2000: 27)은 책임이양 절차에 따른 교사와 학생의 역할 교대를 다섯 단계로 설명하였다[11]. 그러나 교사와 학생의 역할 교대가 명시적으로 드러나지 않고, 각 절차의 경계가 명확하지 않은 한계가 있다. 이에 일부는 절차를 통폐합하고, 일부는 용어를 수정 · 보완하여 다음의 네 단계로 설정하였다. ①교사주도 학생참관 → ②교사주도 학생 부분참여 → ③학생주도 교사조력 → ④학생주도 교사참관 수업이다. 이렇게 하면 수업 흐름에 따른 교사와 학생의 역할 교대를 명시적으로 드러내는 책임 이양 모형을 만들어 낼 수 있다.

수업 흐름	교사주도 ↔	상호주도	↔ 학생주도	
	교사주도 학생참관	교사주도 학생 부분참여	학생주도 교사조력	학생주도 교사참관

【표 1】 수업 흐름별 책임이양에 따른 교사와 학생의 역할교대

위에서는 책임이양의 절차에 따른 교사와 학생의 역할교대 양상을 하드웨어 측면에서 살펴보았다. 여기에서는 한 걸음 더 나아가 교사와 학생의 역할 교대를 소프트웨어 측면에서 살펴보고자 한다.

책임이양 절차와 관련된 교사의 수업대화 분석은 Corden(2000)의 연구를 참조할 수 있다. 이 연구자는 수업 흐름에 따른 교사의 다양한 역할과 수업대화 유형을 제시하였다. 그러나 교실 수업 분석에 그대로 적용하기에는 몇 가지 문제가 있으므로 일부 내용을 수정하고자 한다. 우선, Corden(2000: 114)은 5단계 과정[12]에서 수업 흐름만을 제시하고 있을 뿐, 이에 따른 교사와 학생의 역할 교대를 명시적으로 드러내지 못하였다. 이에 5단계 수업 과정을 '교사주도 학생참관 → 교사주도 학생 부분참여 → 학생주도 교사조력 → 학생주도 교사참관'의 절차로 바꾸고자 한다.

교사주도 학생참관 단계의 교사는 전문가(Expert), 아나운서(Announcer), 지시자(Director), 관리자(Manager), 협상가(Negotiator), 지휘자(Conductor)의 역할을 하고, '회상(Recalling), 열거(Recounting), 연계(Connecting)'의 수업대화를 사용한다. 교사

주도 학생 부분참여 단계의 교사는 촉진자(Facilitator), 제공자(Provider), 협력자(Collaborator), 조력자(Arbitrator), 사회자(Chairperson), 학습자(Learner)의 역할을 하고, '탐구(Exploring), 상술(Expounding), 질문(Questioning), 사색(Speculating), 가설 설정(Hypothesizing)'의 수업대화를 사용한다. 학생주도 교사조력 단계의 교사는 상담자(Counsellor), 도움 제공자(Scaffolding)의 역할을 하고, '논쟁(Arguing), 도전(Challenging), 추리(Reasoning), 증명(Justifying)'의 수업대화를 사용한다. 학생주도 교사참관 단계의 교사는 평가자(Evaluator), 비평가(Critic)의 역할을 하고, '설명(Explaining), 서사(Narrating), 묘사(Describing)'의 수업대화를 사용하고, 평가 단계의 교사는 동업자(Consolidator)나 동료(Confidant)의 역할을 하고, '평가(Evaluating)'의 수업대화를 사용한다.

교사와 학생의 역할 교대를 드러내기 위해서는 각 절차별 역할을 대표할 수 있는 용어를 정해야 한다. 이에 '전문가, 아나운서, 지시자, 관리자, 협상가, 지휘자'를 대표하는 명칭으로 '전문가'를, '촉진자, 제공자, 협력자, 조력자, 사회자, 학습자'를 대표하는 명칭으로 '촉진자'를, '상담자, 도움 제공자'를 대표하는 명칭으로 '상담자'를, '평가자, 비평가, 동업자'를 대표하는 명칭으로 '참관자'를 정하고자 한다. 이 경우에 수업 흐름에 따른 교사의 역할 변화를 '전문가 → 촉진자 → 상담자 → 참관자'로 설명할 수 있다.

위에서 교사의 역할변화를 '전문가 → 촉진자 → 상담자 → 참관자'로 정하였다. 그러나 이것만으로는 완전하지 않다. 교수와 학습 행위는 서로 상대적이므로, 학생의 역할 변화가 전제되지 않은 교사의 역할 변화는 설득력이 떨어지기 때문이다. 이에 교사의 역할 변화에 대한 상대적 관점에서 학생의 역할 변화를 설정하고자 한다. 이 경우에 학생의 역할은 '참관자 → 부분 참여자 → 초보자 → 전문가'로 변한다.

지금까지의 논의를 바탕으로 수업 흐름에 따른 교사와 학생의 역할 변화와 수업대화 유형을 제시하면 다음과 같다.

수업 흐름	교사주도	↔	상호주도	↔ 학생주도
	교사주도 학생참관	교사주도 학생 부분참여	학생주도 교사조력	학생주도 교사참관
교사 역할	전문가 (안내자)	촉진자	상담자	참관자
학생 역할	참관자 (구경꾼)	부분 참여자	초보자	전문가
수업대화	· 회상 · 열거 · 연계 · 안내와 지시	· 탐구 · 상술 · 질문 · 사책 · 가설 설정	· 논증 · 도전 · 추리 · 증명	· 설명 · 서사 · 묘사 · 평가

【표 2】 책임 이양에 따른 교사와 학생의 역할교대

위에서 제시한 교사와 학생의 역할 교대와 그에 따른 수업대화를 활용하면, 류 교사의 읽기 수업에 나타난 교사와 학생의 역할교대에 따른 수업의 명료성을 평가할 수 있다.

'문단의 중심내용 찾기' 를 하는 3학년 읽기 수업 장면[13]에서는 단위 수업 동안 교사와 학생의 역할 교대가 명시적으로 드러난다. 류 교사의 읽기 수업은 '교사주도 학생참관+교사주도 학생 부분참여 혼용 단계 → 학생주도 교사조력 단계 → 학생주도 교사참관의 단계' 로 진행된다.

다음의 수업대화 장면에는 교사와 학생의 명시적 역할 교대에 대한 안내가 잘 드러난다.

교 사	이번 시간에는 과자에 대해 집중적으로 공부할 것입니다. 첫 번째는 선생님과 모둠 대표 일부가 중심 내용을 함께 찾을 것입니다. 다음에는 여러분이 모둠 친구와 함께 중심 내용을 찾을 것입니다. 마지막으로 여러분 스스로 중심 내용을 찾을 것입니다. 여러분 스스로 중심내용을 찾아야 합니다.

〈자료 17〉 교사와 학생의 명시적 역할 교대 안내 수업 장면

교사주도 학생 참관과 학생 부분참여가 혼용된 단계에서는 교과서 1문단 내용을 활용

한 교사의 시범이나 유능한 동료의 시범 참관이 주류를 이룬다. 이때 일부 유능한 학생은 부분 참여자의 역할을 하고, 대다수 학생은 여전히 구경꾼의 역할을 하면서 교사의 설명과 안내를 잘 듣고, 시범을 편안하게 관찰한다. 이때에 교사는 옛날 과자의 종류를 소개한 1문단의 내용을 그림 자료(자석)로 만들어 칠판에 붙인다. 또 학생의 흥미 유발을 위해 오늘날 과자도 그림 자료로 만들어 칠판에 붙인다. 그런 다음에 두 그림을 분류하고, 제목을 붙이게 한다. 학생들은 옛날 과자와 오늘날 과자라는 문구 중에서 하나를 선택하여 답을 제시하면 된다. 다음의 수업 대화 장면에는 이러한 내용이 잘 드러난다.

교 사	①우리가 지난 시간에 배운 내용이 뭐지요? 옛날 과자지요. 옛날 과자(그림 자료를 칠판에 붙이며). ②뭔가 이상하다. 그렇죠? 선생님이 지금 칠판에 과자를 막 섞어놨어요. 누가 한번 분류해 볼까? 〈중략〉 동원이는 이것을 어떻게 나누었어요?
학 생	㉠옛날에 먹던 과자요.
교 사	③다른 부분은?
학 생	㉡우리가 평소에 많이 먹던 과자요.
교 사	아 평소에 많이 먹던 거니까 요즘에 먹는 과자다. 어, 슬기가 발표를 잘했죠. 박수 한번 쳐 주세요. 잘 했어요. ④자, 선생님이 이것(옛날 과자에 동그라미를 그리며)을 이렇게 묶고 싶어요. ⑤그런데 묶은 다음에 어떤 제목을 정하면 좋을까요? 어떤 제목? 현수가 한 번 해볼까요?(칠판에 옛날 과자와 오늘날 과자를 섞어 놓았다. 학생들은 같은 종류의 과자에 같은 색깔의 분필로 동그라미를 그려야 한다.) 〈중략〉 ⑥이제 같은 과자 그림끼리 모아 놓았어요. 이제는 각각의 그림들을 대표하는 제목을 정해야 합니다. 발표 할 사람? (옛날 과자의 종류라고 쓴 자석 출력물을 옛날 과자 그림 위에 붙이고, 오늘날 과자의 종류라고 쓴 자석 출력물을 오늘날 과자 그림 위에 붙여 야 한다. 일부 학생이 실패를 한 후에 정답을 알아맞혔다. 이때 교사는 일부 유능한 동료와 학습 활동을 하였고, 대다수의 학생들은 교사와 동료의 시범을 관찰하거나 부분 참여를 하였다.)

〈자료 18〉 교사주도 학생참관과 교사주도 학생 부분참여가 혼용된 국어 수업 장면

위의 수업대화에는 회상과 열거 및 연계(①, ③), 탐구(②), 안내(④, ⑥)와 질문(⑤)의 수업대화가 고루 나타난다(①, ②). 설명과 시범, 안내와 지시, 탐구와 질문의 수업대화가 고루 분포되어 있다는 것은 류 교사가 전문가의 다양한 역할을 잘 수행하고 있다는 증거이다. 대부분의 학생은 구경꾼의 입장에서 전문가인 교사의 역할을 편안하게 관찰하고 있고, 일부 유능한 동료가 부분 참여자의 입장에서 학습 활동에 참여하고 있다(㉠, ㉡). 교사주도 학생참관이나 교사주도 학생 부분 참여의 모습이 잘 드러나 있다.

학생주도 교사조력의 단계에서는 소집단별로 중심생각 찾기를 연습한다. 학생은 동료와 짝을 지어 교과서 2문단의 중심생각을 함께 찾는 활동을 한다. 이때 교사는 여전히 구경꾼이나 부분 참여의 단계에 있는 학생들에게 도움을 주고 있다. 다음의 수업 대화 장면에는 이러한 내용이 잘 드러난다.

교 사	①선생님이 모둠별 학습지를 준비했어요. 모둠장이 나와서 하나씩 가지고 가세요. 자, 모둠 대표 손들어 보자. 아까 선생님과 함께 중심내용을 찾아보았지요? ②이제는 여러분이 모둠원과 함께 하세요. 세 번째 문단은 뭐냐면?
학 생	약과.
교 사	③그래요. 선생님이 약과의 내용이 들어 있는 봉투를 줄 거예요. 자 학습지 위에 쏟아서 모둠 대표 손가락에 손가락 문단을 만들어 주세요. 모둠장과 상의하면서 일단 붙여서 보세요. 자, 문단의 내용을 늘어놓고 서로 한번 같이 읽어보세요. 〈중략〉 ④세 번째 문단입니다. 중심 생각을 찾아 엄지손가락에 붙이고, 뒷받침 생각을 찾아 나머지 손가락에 붙이세요. 어, 여기는 벌써 협의가 끝난 거야? 야, 벌써 찾았구나. 아, 좋아요. 자 우리 한번 같이 읽어보자. ⑤친구들이랑. 엄지손가락에 있는 것이 중심문장이 맞으면 학습지에 붙여주세요. 맞으면 여기다 이제 붙여주면 되겠어요.

〈자료 19〉 학생주도 교사조력 수업 장면

학생주도 교사조력의 수업 장면에서는 안내와 지시 수업대화의 빈도가 높다(①, ③, ④, ⑤). 소집단 학습 활동을 안내하는 장면이 포함되어 있기 때문이다. 그러나 학생주도 교사조력의 소집단 학습 활동을 드러내는 도전하기 부분은 1회만 관찰 되었고(②), 학생에게 학습 활동을 추리, 논증, 증명하게 하는 부분은 전혀 관찰되지 않았다. ④번 부분을 일부 보완하여, 중심생각을 찾는 방법을 증명하거나 친구가 한 활동을 추리하도록 요구하는 상담자의 역할을 수행할 필요가 있다.

학생주도 교사참관의 단계에서는 개별학습을 하면서 중심생각을 찾는 활동을 한다. 이 단계의 학생들은 3문단과 4문단을 읽고, 스스로 중심생각을 찾는 활동을 한다. 다음의 수업 대화 장면에는 이러한 내용이 잘 드러난다.

교 사	①이제 마지막입니다. 혼자 힘으로, 혼자 힘으로 중심생각을 찾습니다. 하지만 정말 모르는 친구는 비상등을 켜면 선생님이 도와 줄 것입니다. ②잘 들으세요. 책상 위에 문단 봉투가 있습니다. 아직 만지지 마세요. 박수 세 번만 칠까요? 시작. 열 번 박수 쳐볼까요? 그래 열 번 박수. 시작. 〈중략〉 잘했어요. 책상 위에 봉투가 있습니다. 맘에 드는 것을 고릅니다. 여러분 스스로 중심문장을 찾습니다. 할 수 있겠어요? 자, 중심생각을 찾을 때에 너무 어려우면 선생님께 도움을 요청하세요. (순시하며 지도) 네 손가락 문단이 완성된 사람은 학습지에 붙여보세요. 짠~ 잘했어요. 어디에 붙였어요? 어? 괜찮아요. 〈중략〉 ③재훈이는 무엇이 중심 내용이라고 생각해요? 이것이 중심내용 같아요? 왜 그런 생각을 했어요? 〈중략〉 가장 큰 내용 같아요?

〈자료 20〉 학생주도 교사참관 수업 장면

학생주도 교사참관의 수업 단계에서 교사는 참관자의 역할을 해야 하고, 이러한 역할을 수행하려면 설명, 서사, 묘사, 평가의 수업대화가 필요하다. 수업대화를 보면, 교사가 학생에게 이 단계가 학생주도 교사참관의 단계라는 것을 알려주고 지시를 한다(①, ②). 학생주도 활동에서 교사는 참관자로서 순시를 하며 필요한 경우 학생에게 질문을 한다. 이때 교사는 추리와 설명 및 평가의 수업대화를 활용하여 참관자의 역할을 수행하였다(③).

10. 수업대화 전략을 효과적으로 활용하는 국어 수업

유능한 교사와 미숙한 교사의 수업 운영전략은 서로 다르다. 수업 목표 제시 방식의 경우, 미숙한 교사가 판서와 판서 내용 읽기만으로 수업 목표를 제시한다면, 유능한 교사는 주의집중을 시키면서 자세가 바른 학생을 칭찬한 다음에 생활 주변의 경험 사례로부터 수업 목표를 추론하게 하는 등 다양한 방법을 사용한다.

학습 활동 결과를 발표하는 경우에도 미숙한 교사가 무조건 발표를 시킨다면, 유능한 교사는 학습자의 수준을 고려하여 학습능력이 부족한 학생에게는 학습 단서를 제공하거나, 공감하는 부분에 대해서는 적극적으로 맞장구를 치고, 칭찬하기와 격려하기를 이용하여 학습동기를 유발시킨다.

발문을 할 때에도 미숙한 교사가 학습자의 수준을 고려하지 않는다면, 유능한 교사는 학습자의 발달 수준과 난이도를 고려하여 발문을 한다. 또 미숙한 교사가 학습자의 반응을 기다리지 않고, 교사 자신이 대답을 하거나 동료 학생에게 반응을 재촉한다면, 유능한 교사는 발문을 하고 나서 학습자가 충분히 생각하고 대답할 수 있게 기다려주거나 부족한 반응에 대해서는 보다 정교하게 반응할 수 있게 실마리를 제공한다.

미숙한 교사와 유능한 교사의 수업 운영 방식은 도입 – 전개 – 정리로 이어지는 수업 시간 내내 차이가 난다. 학생의 적극적인 참여를 유도하고자 할 때, 학생 사고 활동의 폭과 깊이를 확대하고자 할 때, 적극적이고 허용적인 수업 분위기를 조성하고자 할 때에 그들이 사용하는 수업 대화 전략의 폭과 넓이 그리고 빈도는 현저한 차이를 보인다.

좋은 국어 수업에서 발견되는 효과적인 수업운영 대화전략의 유형은 ①작게 나누어 말하기(Slicing), ②책임 공유하기, ③기다리기, ④맞장구치기, ⑤실마리 제공하기, ⑥격려하기, ⑦칭찬하기, ⑧유머활용하기, ⑨딴청부리기의 아홉 가지이다(박태호, 2004).

1) 작게 나누어 말하기

작게 나누어 말하기(Slicing)는 초기 대화 목적과 내용은 바꾸지 않고, 학습자의 수준에 맞게 범위를 작게 조정하거나 쪼개어 대화를 나누는 전략이다(Brophy, 1986). 이 전략을 사용할 때에는 한 번에 한 가지씩, 순차적으로 말을 해야 한다.

교 사	'오른쪽이' 라는 이름을 왜 붙였을까? 찬규가 말해 보자.
학 생	①…….
교 사	②찬규야, 오른쪽이가 사람이야?
학 생	아니요.
교 사	③그럼 뭐야?
학 생	운동화요.
교 사	④그런데 어느 쪽 운동화야? 왼쪽? 오른쪽?
학 생	오른쪽 운동화요.
교 사	⑤그럼 이제 말해 봐. '오른쪽이' 라는 이름은 왜 붙여졌을까?
학 생	오른쪽 운동화니까요.
교 사	그렇지. 바로 그거야.

〈자료 21〉 작게 나누어 말하기 수업 장면

위 장면에서 교사가 발문을 하였으나, 학생이 응답을 하지 못하였다(①). 그러자 교사는 작게 나누어 다시 발문하기 전략을 활용하여 학생 반응을 유도하였다(②~⑤).

2) 책임 공유하기

책임 공유하기란 동료와 사전에 답변을 의논하고, 그 결과에 대해서도 공동 책임을 지는 것(조벽, 2001: 110), 오답 제시에 대한 책임을 학생 개인이 아닌 교사나 동료가 함께 지는 것을 말한다. 학습 능력이 우수한 학생이나 부진한 학생 모두 수업 중 답변하기 어려운 문제로 고민을 하는 경우가 있다. 이때에 동료 학생과 사전에 의논을 하면 부담이 줄어든다. 정답을 몰랐지만 동료와 의논을 하면서 부담이 줄고, 오답을 제시한 경우에도 책임이 분산되어 부담을 덜 느낀다.

교 사	우리 주위에서 볼 수 있는 물건의 이름을 재미있게 붙여 보세요. 한 모둠에 하나씩 발표할 거예요. 잘 상의해서 재미있게 붙여 보세요.
학 생	(모둠별 토의)
교 사	자, 발표해 볼까요? 1모둠?
학 생	(1모둠 모둠장)네. 저희 모둠에서는 자동차의 이름을 '부릉부릉'이라고 지어 보았습니다.

〈자료 22〉 책임 공유하기 수업 장면

질문에 대한 답변을 모둠 학생이 서로 상의해서 말하고, 그 결과에 대해서 공동으로 책임을 진다.

3) 기다리기

기다리기란 교사가 학생에게 발문을 한 후에, 학생이 교사의 발문 내용을 충분히 생각한 후에 답을 하도록 시간적 여유를 주는 것을 말한다. 발문 후에 학생의 반응을 기다리는 교사의 대기 시간은 학생 반응의 질과 양에 영향을 준다(Rowe, 1974). 일반 교사는 수업 시간에 학생에게 발문을 한 다음에 1초를 견디지 못하고 다시 발문을 하거나, 다른 학생을 호명하여 응답하게 한다. 이 경우 대다수의 학생은 교사의 발문에 반응을 하기 전에 충분히 생각할 여유를 가지지 못하므로 주로 단답형과 같은 저차원적인 사고 유형에 길들여지게 된다.

발문 후 적절한 휴지는 학생과 교사 모두에게 긍정적 결과로 작용한다. 교사의 대기 시간이 증가할수록 학생 대답의 길이가 늘어나고, 과제 활동에 필요한 사고 활동을 충분히 하는 학생들의 수가 증가하며, 학습 부진 학생들의 학습 참여도가 높아진다. 발문에 관한 연구 자료가 이러한 사실을 증명한다(권낙원 역, 2001: 381~382). 발문 후 3~5초 정도에 걸쳐 의도적으로 기다리기 전략을 사용한 결과 학생에게는 ㉮응답시간의 증가, ㉯자발적이고 정확한 응답의 증가, ㉰부정확한 응답의 감소, ㉱학생 자신감의 증가, ㉲심사숙고하여 발표하는 사례 증가, ㉳교사 주도 대화 감소에 따른 학생 주도 대화 증가, ㉴더 많은 증거 제시를 이용한 추론 및 진술하기, ㉵학생주도 질문 증가, ㉶학습 부진 학생들의 수업 참여도가 증가 등이 일어났다. 교사에게는 ㉮토의 과정 유연, ㉯발문 양의 감소, ㉰다양한 유형의 발문 사용 증가, ㉱학습 부진 학생들에 대한 교사의 기대 증가 등이 일어났다.

교 사	얘들아, 내가 형이었다면 어떻게 했을까? 잠깐 생각하세요.
학 생	[학생들 생각 중]
교 사	①(잠깐 기다려 준 다음)
교 사	자, 이제 말해 볼까요?

〈자료 23〉 기다리기 수업 장면

'나라면 어떻게 했을까?' 의 문제는 즉시 답할 수 있는 성질의 것이 아니므로, 교사가 학생에게 잠시 생각할 수 있는 시간의 여유를 주고 있다(①). 이렇게 잠깐의 휴지를 두면 학생은 생각을 보다 깊게 하여 구체적이고 자세하게 발표하게 된다.

4) 맞장구치기

맞장구치기는 교사가 학생의 말을 듣는 도중이나(Clark & Schaefer, 1989), 듣고 난 후에 사용하는 피드백 전략이다(장은아, 1999). 맞장구치기에는 언어적, 비언어적 행위가 포함되고, 이것을 사용하는 목적은 학생의 문제 해결 능력 신장과 명확한 표현의 유도에 있다.

맞장구치기의 유형에는 적극적 유형의 맞장구, 중도적 유형의 맞장구가 있다. 약간 적극적 유형에는 "좋았어, 그래, 잘 했어, 적극적으로 고개를 끄덕이기" 등이 포함되고, 중도적 유형에는 "으-음, 아-아아, 어-어어, 눈짓" 등과 같이 명확하게 의사표현을 하면서 맞장구를 치는 것은 아니지만 동조하고 있다는 느낌이 들게 하는 것들이 포함된다.

맞장구치기는 다음의 세 가지 기능을 가진다. 첫째, 교사가 맞장구를 칠 때, 학생은 자신이 하고 있는 말을 교사가 주의 깊게 듣고 있으며, 자신이 말하는 내용을 교사가 이해하고 있다는 생각을 하게 된다(Clark & Schaefer, 1989). 둘째, 중도적 혹은 적극적 차원에서 이루어지는 맞장구치기를 접하는 학생은 심리적으로 편안함을 느끼거나 학습 동기가 유발되고, 경우에 따라서는 스스로 자신의 생각을 조절하면서 발표하는 자기조절 사고 능력을 기를 수 있다. 셋째, 맞장구치기는 대화를 지속시킬 수 있는 동기를 제공한다. 대화 도중 고개를 끄덕이거나 미소를 짓는 교사의 비언어적 행위나 "좋아" 등과 같은 언어적 행위는 우호적 분위기에서 대화를 지속시킬 수 있는 윤활유 역할을 한다.

교 사	아기의 모습을 보고, 민들레는 어떤 표정을 지었을까요? 그래, 순우 말해 보자.
학 생	아기가요,
교 사	…①(으음!)
학 생	뒤뚱거리면서,
교 사	…②(고개 끄덕거림)
학 생	쫓아가다가 넘어지니까,
교 사	…③(그렇지!)

학 생	귀여워서 웃을 것 같아요.
교 사	바로 그거야!

〈자료 24〉 맞장구치기 수업 장면

교사는 맞장구를 치면서 학생 응답에 반응한다(①~③).

5) 격려하기

격려하기란 부정확하게 답변하거나 오답을 한 학생을 격려하여 그 학생이 원하는 내용으로 반응하도록 인도하는 수업대화 전략이다(조벽, 2001: 112~114 ; Graesser et al, 1995 ; Person, 1994).

학생이 과제 수행에 필요한 지식, 기능/전략, 태도에 관해 오류를 범하거나 부적절한 행동을 하면 지적을 하여 교정해야 한다. 만약 이에 대해 언급을 하지 않으면 학생은 오답을 정답으로 알게 될 가능성이 있으므로 교사는 오류 상황을 파악하는 즉시 개입하여 교정해야 한다.

문제는 교정 방식에 있다. 지나치게 무안을 주거나 이와는 반대로 지나치게 칭찬을 하면 안 되기 때문이다. 학생의 오류를 교정할 때에는 틀린 이유를 명확히 밝히되 교사가 보다 적극적으로 개입을 하여 "…하니까 그렇게 생각할 수 있겠군", "그런 점도 있지", "○○○의 생각도 옳은데 그 생각에는 어떤 내용이 빠져있나 하면......" 등의 표현을 사용할 수 있다(이용숙 · 조영태, 1987: 253).

또 오류 교정의 이유와 내용을 학생에게 밝혀야 하지만 그 시기가 반드시 답변 직후일 필요는 없다. 예를 들면 여러 학생 앞에서 발표를 할 때에 오류 내용을 그 자리에서 지적을 하면 학생이 마음의 상처를 입을 수 있기 때문이다. 발표 후 종합 정리 시간에 자연스럽게 교정하는 것도 하나의 방안이 될 수 있다.

교 사	아랑이는 글을 읽지 못하여 어떻게 되었을까요? 병구 말해 보자.
학 생	①동굴을 찾아 집을 돌아왔을 것 같습니다.
교 사	②그럴 수도 있겠다. 하지만 병구야, 지금은 글을 읽지 못해서 어떻게 되었을지 생각하는 거니까 그 점에 유의해서 다시 생각해 보렴.

〈자료 25〉 격려하기 수업 장면

위 장면에서 학생은 학습 목표에서 벗어난 응답을 하고 있다(①). 그러자 교사는 오류를 분명히 인식시키면서도 다시 한 번 생각해 볼 수 있게 학생을 격려하고 있다(②).

6) 실마리 제공하기

실마리 제공하기는 학생이 전혀 대답을 못 하거나 일부분만 대답하였을 때, 혹은 틀리게 대답을 한 경우에 학생의 학습 활동 참여를 조장하기 위해서 사용하는 언어적/비언적 수업대화 전략이다(Hume, Michael, Rovick, Evens, 1996 ; McArthur et al, 1990). "어제 우리가 배운 내용을 다시 한 번 잘 생각해 보세요.", "지금까지 참 잘 했어요.", "결론은 어떻게 내리면 좋을까요?" 등이 한 예라고 할 수 있다. 이 전략의 유형에는 시각적 단서(학습 과제 해결에 단서가 될 수 있는 삽화의 특정 부분을 가리키기)와 언어적 단서(해답의 첫 번째 말이나 해답과 관련된 음성 신호 등)가 있다. 이 전략을 사용하는 전제 조건 중의 하나는 학생이 어떤 내용을 대답할지 교사가 미리 알고 있어야 한다는 것이다(Todd, 2001).

만약 학생이 교사의 발문 내용을 이해하지 못한다면 학생들이 쉽게 이해할 수 있도록 방법을 달리하여 물어보아야 한다. 쉬운 어휘를 사용하여 개념을 설명하거나, 도표나 모형 혹은 교수 보조 자료 등을 이용하여 설명을 하거나, 선수 학습 요인과 관련지어 설명할 수 있다. 실마리 제공하기는 매우 정교하고 복잡한 전략으로 흔히 다른 전략과 연계되어 사용된다.

교 사	아버지께서는 수영이의 생일에 무엇을 선물하셨나요? 영현이?
학 생	①…….
교 사	②영현아, 거기 그림에 있네.
학 생	③(교과서 삽화를 보고서) 네, 로봇입니다.

〈자료 26〉 실마리 제공하기 수업 장면

학생이 대답을 못하자(①), 교사는 교과서 삽화를 보라고 힌트를 주어서(②) 학생이 대답하게 하였다(③).

7) 칭찬하기

칭찬하기는 적절한 반응에 대해 긍정적인 평가를 하는 전략이다(Brophy, 1986). 칭찬하기는 언어를 매개로 하여 이루어지는 긍정적 피드백의 한 유형이다. 교사는 칭찬을 하면서 학생이 자유분방한 분위기에서 적극적으로 대답할 수 있도록 유도를 해야 한다.

칭찬하기의 유형에는 모호한 칭찬, 구체적 칭찬, 과장된 칭찬이 있다. 이 중에서 수업 중 가장 흔하게 사용하는 것이 구체적 칭찬이고, 경우에 따라서는 과장된 칭찬과 모호한 칭찬도 상황에 맞게 적절히 사용해야 한다.

교 사	그렇다면 이 이야기에서 볼 때 소는 임신한지 몇 달이나 되어야 아기를 낳을 수 있을까? 창수?
학 생	아홉 달입니다.
교 사	그렇지. 그걸 어떻게 알았어?
학 생	①소 아줌마가 임신한지 여덟 달 되었을 때에 원숭이 선생님이 한 달 뒤에 다시 오라고 했기 때문입니다.
교 사	②참 잘했어요. 이야기에 있지도 않은 어려운 내용을 창수가 잘 찾았어요.

교 사	훌륭해요. 다음에 더 잘하라고 박수 한 번 쳐주자.

〈자료 27〉 칭찬하기 수업 장면

교과서에 나오지 않은 내용을 알아내어 적절하게 응답을 하자(①), 교사가 적극적이고 구체적으로 칭찬하는 장면이다(②).

8) 유머 활용하기

유머 활용하기는 긴장과 이완의 심리를 적절히 활용하여 진행하는 수업대화 전략이다. 교실 수업은 목표 지향적이라는 점에서 팽팽한 긴장이 흐르기 쉽다. 그러나 긴장할수록 학습 효과는 떨어진다(민현식, 2001: 82~83). 또 고차원적인 사고 능력을 기른다고 해서 너무 심각한 질문만을 하게 되면 수업 분위기가 딱딱해 져서 학생이 흥미를 상실할 우려가 있다(이용숙 · 조영태, 1987: 243). 이때 유머 활용하기 전략을 활용하면 효과적이다. 또 수업 중 교사의 발문에 대해 부적절한 반응을 한 학생이 친구들 앞에서 무안함을 느끼지 않고, 학습 활동을 마무리 하도록 유머를 사용하면 효과적이다.

교 사	삽화에 나오는 이 사자하고 누가 닮은 것 같다!
학 생	원우요, 김원우.
교 사	그래, 정말 그렇구나. ①좋아, 사자가 대답하세요(학생들 웃음). 사자의 훌륭한 점은 무엇인가요?

〈자료 28〉 유머 활용하기 수업 장면

수업 도중에 적절한 유머를 활용하여 학생들의 긴장을 풀어주고 있다(①).

9) 딴청부리기

딴청부리기는 수업 시간에 학습동기를 유발시킬 때, 선수 학습 관련 내용을 확인하기 위해 배경지식을 활성화시킬 때, 학습자에게 긴장감을 조성하면서 새로운 내용을 학습시킬 때 사용하는 수업대화 전략이다. 일명 모르는 척하기 전략, 잡아떼기 전략이라고 할 수 있다. "선생님이 잘 모르니까 여러분들이 도와주세요.", "창수가 이야기 한 것이 정말 맞아요?", "선생님이 작년에 5학년 형님들을 가르칠 때, 형님들도 굉장히 어려워하던 문제인데, 여러분들이 이 문제를 풀 수 있어요?", "선생님은 잘 기억이 나지 않는데 ○○○의 뜻이 무엇이죠?"와 같은 수업대화가 여기에 해당된다.

교 사	자, 여기 삽화를 보세요. 달밤에 아가씨들이 빙 둘러서 춤을 추고 있네요. ①이런 모습을 본 적이 있긴 한데……. 이런 놀이를 뭐라고 하더라? 기억이 안 나네! 혹시 이 놀이의 이름을 아는 사람? 음, 현주. 현주가 선생님한께 알려 줄래?
학 생	②네, 선생님. 이 놀이의 이름은 강강술래입니다.
교 사	③아, 그렇지! 강강술래였지.
교 사	현주가 잘 알고 있구나. 현주야, 고마워.

〈자료 29〉 딴청부리기 수업 장면

교사는 놀이 이름이 강강술래라는 사실을 알면서도 짐짓 모르는 척하면서 딴청을 부리고 있다(①, ③). 학생은 학급에서 절대적 지위를 차지하는 교사가 특정 내용에 대해 잘 모른다는 사실에 흥미를 느끼고, '선생님이 그것도 모르시나?' 하는 마음으로 적극적으로 학습 활동에 참여한다(②).

제3절 좋은 국어 수업을 위한 개선 방안

단일 교사의 단일 차시 수업 동영상을 관찰 · 분석하면서 개선해야 할 특정 국어 수업 현상을 발견하였다. 교사의 안내나 조력이 결여된 학생중심 쓰기 수업(박태호, 2007: 149～153), 학습 내용이 누락된 활동중심 국어 수업(박태호, 2004a: 45～46 ; 박태호, 2008b: 164), '국어' 보다는 '수업' 을 중시하는 '국어 수업' (박태호, 2004a ; 박태호 2004b), 소집단 협동학습 시에 학습부진아의 무임승차 현상이 발생하는 국어 수업(박태호, 2007: 149～152), 특별한 날에 특별한 사람을 위한 '보여주는 국어 수업' 등이다.

단일 교사의 단일 차시 수업 장면을 관찰 · 분석 · 평가할 때에는 위에서 제시한 수업 현상들을 단일 교사의 특정 차시 수업 현상으로만 인식하였다. 그러나 복수 교사의 단일 차시 수업 동영상을 분석하면서(박태호, 2008b ; 박태호, 2008c), 초등학교 국어 수업의 보편적 현상일 가능성을 주목하게 되었다. 여기에는 '보여주는 국어 수업', '소집단 무임승차 현상이 발생하는 국어 수업', '방법 중심의 국어 수업' 이 해당된다.

위에서 제시한 개선해야 할 초등 국어 수업 문화는 개별 교사의 국어 수업 설계와 실천에 영향을 미친다. 이에 개선해야 할 초등 국어 수업 문화와 개별 교사 간에 이루어지는 상호교섭의 과정을 연구 대상으로 설정하고자 한다. 이를 위해 개선해야 할 초등 국어 수업 문화 유형을 살펴보고, 이에 대한 개별 교사의 대응 과정과 개선 방안을 살펴보고자 한다.

1. 개선해야 할 초등 국어 수업 문화

초등학교 수업 문화는 초등학교 수업 현상에 대해 구성원이 공유하는 이미지, 기대, 평가, 관행, 규범, 상호작용 방식 등이다. 초등학교 수업 현상에는 직접 요인과 간접 요인이 있다(이정선, 2002: 63~68). 전자에는 수업 설계, 수업 흐름, 수업 관련 주의집중 기법, 교수 기법(교사 외모, 용어사용, 교사위치, 교과서 활용, 메모, 순회활동, 칭찬과 질책, 수업 외적 사건 처리 방식 등), 교육 내용 선정과 조직, 학습지도 기법, 수업 평가 등에 대한 개선 사항 등이 해당된다. 후자에는 수업 장학 관련된 교사 학력, 태도, 교육 철학, 교사 경력에 대한 전기적 상황, 사회 문화 배경, 학교와 지역 사회 특성, 학교 행정 및 업무 등이 해당된다.

위의 초등학교 수업 현상을 구성하는 공통 원리나 보편적 구조를 해석하여 정리하면, 초등학교 수업 문화의 실체를 규명할 수 있다. 초등학교 수업 문화 유형에는 수업조직(단계), 수업 관련 대화이동 양식(발문), 수업 관련 사회참여 구조(상호작용), 학습 주제 변환 양식, 수업 형태, 수업 관련 언어적 상호 작용(이정선, 2002 ; 이정숙, 2005), 수업 평가, 교사의 학생 통제 및 대응 전략 등이 있다. 이러한 '초등학교 수업 문화의 공유성과 학습성' 은 개별 교사의 수업 설계와 실행에 긍정적 혹은 부정적 영향을 미친다(이정선 · 최영순, 2007: 20~25). 개별 교사는 공동체 구성원들이 지향하는 좋은 수업 에 대한 사고 방식이나 실천 양식 등을 공유하면서 수업을 설계하고, 실천하며, 관련 경험이나 자료를 축적하고, 정리하여 성문화된 경험 체계를 만든다.

이 연구에서는 개선해야 할 초등학교 수업 문화 규명에 초점을 두고자 한다. 여기에는 '소집단 무임승차를 방임하는 국어 수업 문화', '수업 방법 중심의 국어 수업 문화', '보여주는 국어 수업 문화' 가 해당된다. 이것을 '전문적 기술 문화(technical culture of teaching)의 부재' 와 '개인주의 문화' 측면에서 살펴보고자 한다(이정선, 2007: 43~47).

전문적 기술 문화의 부재란 초등학교 교직 문화가 일반 전문 분야 문화에 비해 역사적으로 누적되고, 지적으로 체계화된 이론이 부족하다는 것이다. 법과대학이나 의과대학은 수 세기에 걸쳐서 축적되고, 성문화된 경험체계를 가지고 있다. 판사와 검사는 법전과 판례를, 의사는 치료법과 환자 관련 차트를 가지고 있다. 이에 비하면 초등 교육 공동체가 확보한 교수와 학습 활동에 대한 포트폴리오는 미약한 실정이다. 이러한 요인들은 열등감으로 작용하여 초등학교 국어 수업의 독자성(국어)보다는 보편성(수업)을 중시하는 초등 국어 수업 문화 형성의 한 원인이 된다.

초등 국어 수업의 보편성을 중시하는 수업 문화에서는 좋은 수업의 보편적 특성이 강조된다. Zemelman, Daniels, Hyde(1998), INTASC(1992), Ribas(2005) 등이 소개한 좋은 수업의 조건이 여기에 해당한다. 그 중 하나가 소집단 협동학습이다. 문제는 대부분의 국어 수업에서 학습부진아의 소집단 무임승차 활동을 방임한다는 것이다. 이것을 개선해야할 초등학교 국어 수업 문화의 한 유형으로 파악하고자 한다.

또 다른 하나가 '수업 방법' 중심의 '국어 수업' 문화이다. 이러한 수업 문화에서는 초등학교 국어 활동(쓰기의 경우, 내용 생성, 내용 조직, 내용 표현, 다듬기, 평가하기, 발표하기)보다는 수업 활동(학습 기회, 학습 목표 제시, 선수 학습 요소, 학습 동기 유발, 질문, 지명, 보상, 판서)을 강조한다. 이러한 수업 문화는 초등 학생의 국어 활동 관련 내용에 대한 성문화된 경험 자료의 부족에서 기인한다. 이런 상황에서 교사들은 자료 수집과 활용이 용이하고, 다양한 교과에 적용 가능한 국어 수업 '방법'에 집착한다. 이것을 개선해야 할 국어 수업 문화의 한 유형으로 파악하고자 한다.

개인주의 문화 역시 초등학교 국어 수업 문화에 부정적 영향을 미쳤다. 초등학교의 생태 환경은 일명 달걀상자 모양의 세포 구조이다. 이것이 동료 교사와의 활발한 상호작용을 방해하고, 초등교사의 개인주의 성향을 부추긴다(이정선, 2007: 45~47). 이러한 수업 문화에서 교사는 자신의 경험과 추억에 의지하여 국어 수업 딜레마를 해결할 수밖에 없다. 로티(1975)가 말하는 '가라앉느냐 아니면 헤엄치느냐'를 교사 스스로 결정하는 문화이기 때문이다(이정선, 2007: 130).

개인주의와 상호불간섭주의를 바탕으로 한 폐쇄적 수업 문화는 국어 수업 문화에 부정적 영향을 미쳤다. 이러한 문화의 지배를 받는 교사들은 교실을 왕국으로, 자신들을 왕국의 지배자로 생각한다. 때문에 수업 공개를 성역 공개로 인식하여 부담을 느끼고,

일상의 수업이 아닌 특별 수업으로 대응한다. 이들은 수업 중 발생하는 오류나 사소한 실패를 자신들의 무능력으로 간주하여 예행 연습을 하거나 특별 자료를 제작하는 등 보여주는 수업을 한다. 이것을 개선해야 할 국어 수업문화로 파악하고자 한다.

2. 초등 교사의 대응 과정과 개선 방안

가. 연구 방법

이 연구에서는 개선해야 할 초등학교 국어 수업 문화 현상에 대한 교사 대응 과정을 구체적으로 드러내고, 개선 방안을 제시하기 위해 해석학적 사례 연구 기법을 적용하였다. 이 연구 방법의 적용 목적은 특정 상황에서 무슨 일이, 어떻게, 왜 발생하고, 행위자들의 행위가 그 현상에서 어떤 의미를 지니고 있는지를 규명하는 데 있다(강기원, 2004: 60).

해석학적 연구 방식은 연구자의 주관적 판단에 많이 의지한다. 연구에 대한 신뢰도를 높이기 위해서는 가능한 한 다양한 측면을 탐구하고, 해석해야 한다. 그런 다음에 이것을 기반으로 기존에 상식적으로 생각하던 통념이나 현실에 대한 인식의 틀을 깨고, 현상을 맥락에 기초한 문화와 인간이 상호작용으로 이해하고, 총체적 모습을 제시해야 한다(서현석, 2008).

해석학적 사례 연구 기법을 적용하여 초등학교 수업(국어)이나 교직 문화를 규명한 연구물에는 강기원(2003), 정정훈 · 김영천(2005), 유동엽(1999)과 김병수(2002) 등이 있다. 강기원(2003)은 초등학교 교사들이 사회과 수업을 하면서 겪는 딜레마와 대응 과정을 '고급 사고력 대 기본 학습 능력', '수월성 대 형평성', '통합 중심 대 분과 중심', '수업 우선 대 업무 우선'으로 구분하여 제시하였다. 정정훈 · 김영천(2005)은 새내기 교사의 딜레마 유형을 문화적응, 수업기술, 업무 기술, 아동지도 기술로 구분한 다음, 새내기 교사의 대응 전략으로 손해보지 않기, 모방하기, 기술향상, 시행착오, 합리화하기, 포기하기, 기대수준 낮추기를 제시하였다.

유동엽(1999)과 김병수(2002)는 해석학적 사례 연구 기법을 적용하여 국어 수업 문화를 규명하였다(서현석, 2008). 유동엽(1999)은 말하기와 듣기 수업 사례 분석에 기초하여 교사와 학생 모두 말하기와 듣기 수업을 '말하는 즐거움을 주는 수업', '쓸모없는 수업'으로 인식하고 있다는 것을 밝혀내었다. 김병수(2002)는 국어 교과의 의미는 '의사소통'과 '내면 형성'에 있고, 사고력 신장은 '토의수업'을 통해서 발현된다면서 국어 수업 문화는 '대화 문화'로 나타난다고 하였다.

강기원(2003), 정정훈 · 김영천(2005)의 연구 방식에 적용된 '갈등과 대응 과정' 구조는 이 연구에 중요한 점을 시사한다. 이 연구에서는 개선해야 할 초등학교 국어 수업 문화 유형을 '현상, 원인, 대응, 개선 방안'의 틀로 해석하였다.

국어수업 현상을 해석학적 사례 연구 기법을 적용하여 문화적 차원에서 규명한 유동엽(1999)과 김병수(2002)의 연구는 개선해야 할 초등 국어 수업 문화에 대한 교사 대응 유형을 문화적 의미로 해석하고자 하는 이 연구에 중요한 점을 시사한다. 이 연구에서는 보여주는 초등 국어 수업 문화에 대한 교사 대응 문화로 '예행 연습'이나 '평가자를 고려한 활동중심 수업'을, 소집단 무임승차 현상이 발생하는 초등 국어 수업에 대한 대응 문화로 '방임이나 압박'을, 방법 중심 국어 수업 문화에 대한 대응문화로 '포기하기(삭히기)' 문화를 밝혀내었다.

나. 교사 대응과 개선 방안

1) 보여주는 국어 수업 문화

(1) 현 상

개선해야 할 초등 국어 수업 문화 중 하나가 보여주는 국어 수업이다. 일상의 수업이 아닌 '특별한 날을 위한 특별 수업'으로 학교 단위의 수업 장학이나 수업 공개와 관련이 깊다. 여기에는 임상장학, 약식장학, 동료장학, 지구별 자율 장학, 수업 연구 발표 대회, 학부모 대상 공개 수업 등이 해당된다(곽영순 · 강호선, 2005: 18 ; 김덕희, 2006).

보여주는 국어 수업은 초등 교사의 일상적 수업이 아닌 수업 장학자나 참관자를 의식한 특별 수업이라는 점에서 문제가 있다. 대부분의 교사들은 보여주는 수업을 위해 몇 주 전부터 공개 수업 관련 단원과 차시를 선정하고, 인터넷을 검색하면서 관련 자료를 수집하고, 학습 활동에 필요한 학습지를 제작하거나 교실 수업 환경을 정비한다(강기원, 2004: 71~73). 아래의 새내기 교사의 면담 내용을 보면, 보여주는 수업 문화의 병폐를 짐작할 수 있다.

> "아이들과 함께 짜고 한 수업이 아직도 기억에 남아요. 좋지 않은 기억입니다. 장학사가 학교를 방문하기 하루 전이었어요. 저는 자료가 너무 많은 것을 싫어하거든요. 부담 없이 평소대로 수업을 하려고 준비를 하고 있었어요. 그런데 다른 학급에서는 오리고, 붙이고, 자르면서 난리가 났어요. 그래서 제가 여쭈어 보았습니다. 장학사가 잠깐 보고 갈 것인데, 이렇게까지 할 필요가 있는지를 말이지요. 그러자 선생님께서 만약에 장학사가 방문을 하였는데, 선생님이 더듬대고 있는 모습이나 충실하지 못한 자료를 보면, 선생님이나 학교 이미지에 좋지 않으니 자료도 많이 제작하

고, 사전에 학생과 말을 맞추어 놓아야 한다는 충고를 하셨어요. 그래서 저도 아이들에게 자료를 찾아오라고 해서 붙이고, 표를 만들었어요. 장학사가 방문하는 날 3교시쯤에 우리 교실을 방문할 것 같아서 당일 1교시에는 학생들이 준비한 자료를 검사해서 부족한 부분을 보충하고, 2교시에는 수업 시간에 발표할 것을 미리 만들되, 2/3만 만들게 하고, 발표 자료도 미리 준비해서 수업을 무사히 잘 끝냈어요"(정정훈 · 김영천, 2005: 88).

일부 교사들은 보여주는 수업문화로 인해 교육과정의 파행운영을 초래하고, 일상의 수업이 아닌 가식적 수업을 준비했다는 점에서 마음의 부담을 느끼고, 갈등한다[14].

(2) 원 인

보여주는 수업이 초등학교 국어 수업 문화로 뿌리를 내릴 수 있었던 원인은 무엇인가? 초등학교 수업의 일회적 특성에 기초한 평가 문화와 관계가 깊다. 초등 교사는 중등 교사와는 달리 한 번의 교재 연구와 자료 제작으로 몇 개 반을, 몇 년 동안 반복 교수할 수 없다. 거의 매년 다른 학년의 학생을 가르쳐야 하고, 심지어는 전 학년을 순회하면서 교육과정 개정을 맞이하는 경우도 있다. 이런 상황에서 학생의 포트폴리오를 토대로 국어 활동에 대한 학생의 오개념을 예상하고, 대비하는 것은 불가능에 가깝고, 이것이 열등감으로 작용하는 경우도 있다.

이런 입장에서 보여주는 수업을 참관한 보통 교사들은 심리적 압박을 받는다. 자신들의 일상 수업과는 달리 학생 참여도가 높은 수업 장면, 교사 발문에 대해 적절하고, 다양하게 반응하는 수업 장면, 우렁차고 명료한 목소리로 근거를 제시하면서 발표하는 수업 장면, 사소한 오차나 갈등 없이 일사불란하게 체계적으로 진행되는 수업 장면 등을 보면서, 평소의 고민이 너무나 완벽하게 해결된 특별 수업을 보면서 보통 교사들은 부러움을 느낀다. 또 이것을 표준화된 수업 장학 자료로 생각하면서 열등감도 느낀다. 이것이 '손해

보지 않는 문화'(정정훈 · 김영천, 2005: 88~89)[15]와 결합되면서 교사의 일상적 삶과 단절된 비정상적인 '보여주는 수업'이 만들어진다. 수업 공개 당일에 펼쳐지는 한 편의 매끄러운 수업, 예술같은 수업은 이러한 과정을 거쳐서 만들어지고, 교사는 특별 수업의 전문가로 탄생한다[16].

(3) 대 응

보여주는 국어 수업 문화에 대한 초등학교 교사들의 대응 전략은 보여주는 수업이 용이한 교과나 단원 선정 및 예행 연습이다. 교사들은 보여주는 수업이 용이한 『말하기 · 듣기』 교과를 공개 수업 교과로 선택하거나 수업 중 사소한 실패나 오류도 허용하지 않는 완벽하고 매끄러운 수업 진행을 위해 예행 연습을 대응전략으로 선택하기도 한다.

① 평가자를 고려한 활동중심의 국어 수업

국어 수업을 준비하는 하는 교사들은 국어 교과 중에서 『말하기 · 듣기』 교과를 더 선호한다. 『읽기』나 『쓰기』 교과에 비해 교사와 학생의 상호작용이나 교수와 학습 활동을 평가자에게 더 극명하게 드러낼 수 있기 때문이다. 김 교사[17]는 국어과 공개 수업 교과로 『말하기 · 듣기』 교과를 선정한 이유를 다음과 같이 이야기 하고 있다.

> "저는 주로 『말하기 · 듣기』 수업으로 공개 수업을 합니다. 『읽기』수업은 단위 수업 중에 글을 읽는 활동이 너무 많아서 수업 평가자에게 교사의 교수 활동이나 학습 활동을 보여주기가 어려워서 선택하지 않습니다. 그냥 글을 읽는 활동만 보여주기가 부담스럽습니다. 『쓰기』 교과도 단위 수업에 비해서 글을 쓰는 활동이 너무 많은 시간을 차지하므로, 제가 평가자에게 보여줄 수 있는 장면이 별로 없습니다. 특히 학생 글을 고쳐쓰는 부분에 대해 자신이 없어서 공개 수업을 할 때에는 피하고 있습니다."

『말하기 · 듣기』 교과를 선택하고, 수업하는 교사들은 보여주는 수업 장학 문화를 인정하고, 체제 순응을 대응전략으로 선택한 사람들이다. 이러한 입장에서는 수업 평가자의 입맛이나 눈과 귀를 즐겁게 해 줄 수 있는 방안을 의식할 수밖에 없다.

② 실패나 오류를 허용하지 않는 완벽하고, 매끄러운 수업

실패나 오류를 허용하지 않는 완벽하고, 매끄러운 수업 진행은 초등학교 국어 수업의 일회적 특징과 관계가 깊다. 수업 중 발생하는 학습 오류 유형을 사전에 파악하기 곤란한 상황에서 초등 교사들은 예행연습을 대응전략으로 선택한다. 사전에 다른 학급에 적용하고, 학습 오류 유형을 파악하여 대처 방안을 모색하는 박 교사의 말[18]을 들어보자.

"사전에 다른 학급에 적용합니다. 동일 교수 · 학습 과정(안)을 다른 학급에 그대로 적용을 합니다. 자기 반에서 같은 내용을 두 번 적용하면 이상하잖아요? 사전에 예행연습을 하면서 학생 반응이 좋지 않은 경우에는 교수 · 학습 과정(안) 내용을 일부 수정합니다. 평가자에게 흠을 잡히지 않으려는 것입니다."

다른 학급에 사전 투입하기 어려운 경우에는 자기 반을 대상으로 예행연습을 하는 경우도 있다고 한다. 소규모 학급에서 근무하는 김 교사는 이런 방식으로 공개 수업에 대비한다.

"업무 처리로 시간이 없을 때에는 공개 수업 전에 미리 예행연습을 합니다. 미리 발문하고 응답하는 활동을 합니다. 누구에게 시킬지 모른다고 합니다. 처음에는 쑥스럽고 힘들었으나 이제는 아이들도 그런가 합니다. 주변에 무능한 교사로 낙인찍히는 것이 두렵습니다. 또 저만 그런 것도 아닙니다."

공개 수업 중 발생하는 사소한 오류나 학습 활동의 실패를 교사의 무능으로 인식하는 수업 장학 문화에 대한 교사의 대응 방안이다. 교사는 방송국의 프로듀서처럼 해당 수업 장면을 예측하고, 통제하면서 기획 · 연출해야 하고, 배우처럼 수업 장면을 완벽하게 연기해야 하는 수업 장학 문화가 사라지지 않는 한, 이에 대한 해결 방안도 존재하지 않는다. 수업 장학을 수업 평가가 아닌 교사 지원이나 컨설팅의 측면에서 접근해야할 때이다.

(4) 개선 방안

보여주는 국어 수업의 문제를 개선할 수 있는 방안 중의 하나가 초등교사의 일상적 삶에 기초한 일상적 수업 문화의 창출이다. 이를 위해서는 양적 연구 외에도 질적 연구가 더 활발히 진행되어야 한다.

초등학교 교사가 사회 수업을 하면서 겪는 수업 딜레마와 해결 과정 연구(강기원, 2005), 초등 학교 초임 교사들의 3월 삶에 대한 생애사 연구(김영천 · 정정훈, 2003), 한국 교사들의 삶을 다룬 김영천(2005)의 『별이 빛나는 밤 1, 2』 등이 여기에 해당된다.

국어 수업 역시 질적 연구 분야를 확장해야 한다. 정혜승(2001: 137)에 따르면 그동안 국어 수업 분야에서는 교사 발화와 수업 전략 연구(김상희, 1995 ; 함욱, 2000 ; 이영미;2001), 학생 발화와 학습 과정에 관한 연구(박종훈, 1996 ; 이재기, 1997 ; 김남희, 1997, 인혜련, 1998, 서현석, 2004), 수업 양상 연구(이정숙, 1997 ; 유동엽, 1998 ; 김완, 2000 ; 김병수, 2002 ; 염창권, 2002 ; 이수진, 2004) 등이 진행되어 왔다. 여기에 새로운 분야를 추가해야 한다.

예를 들면, 초등학교 국어 수업 딜레마 연구(새내기 교사의 초등 국어 수업 딜레마, 초등 국어교육 전공 교사의 교직 생활과 국어 수업 딜레마, 교육과정 영역별 교실 수업 딜레마(말하기 · 듣기 수업 딜레마와 교사 대응, 읽기 수업 딜레마와 교사 대응, 쓰기 수업 딜레마와 교사 대응 등), 성취기준별 교실 수업 딜레마(중심생각 찾기 지도 시 발생하는 수업 갈등과 두 교사 대응 방안 등), 교육과정과 연계한 교실 대화 분석(말하기 · 듣기 수업 대화 분석에 반영된 교사의 학습 목표 달성 전략, 중심생각 찾기 지도 과정에 대한 네 교사의 교실 대화 비교 분석 등), 학생의 국어 능력 실태 분석과 교사의 수업 대응 방안 등의 연구가 추가 · 확장 · 보완되어야 한다.

2) 소집단 '무임승차' 문화에 대한 교사 대응과 개선 방안

(1) 현 상

개선해야 할 초등학교 국어과 수업 문화 중의 하나가 소집단 '무임승차 현상' 이다[19]. '무임승차 현상' 이란 소집단 협동 학습을 수행하면서 학습 부진아가 방관자의 입장에서 학습 활동을 참관하는 구경꾼이나 학습 들러리로 전락하는 것을 말한다. 글쓰기 수업에서 관찰한 여전히 구경꾼의 무임승차 현상에 대해서 살펴보자[20].

> "김 교사가 주의사항을 주면서 소집단 협동 학습 활동을 안내하였다. 6인 1조의 소집단 편성 후에 이끔이(모둠장, 리틀 마스터)가 소집단 활동을 안내하였고, 다른 학생들은 경청하였다. 이끔이를 포함한 세 명의 어린이가 발표를 주도하였고, 다른 세 명의 어린이들은 경청하였으나 반응하지는 않았다. 소집단 토론 후 각자 학습 내용을 자신의 학습지에 정리하였다. 이때에 전문가나 초보자의 역할을 하였던 이끔이와 세 명의 학생은 학습 활동에 주도적으로 참여하였으나, 경청하였던 학생 중에서는 한 명만이 학습 활동에 참여하였고, 다른 두 명의 학생은 학습 과제를 해결하지 못하고 여전히 구경꾼의 입장을 고수하였다. 이 중 한 학생이 특이한 행동을 하였다. 다른 친구들이 정해진 시간 안에 학습지를 작성하기 위해 부지런히 글을 쓰고 있을 때에, 여전히 구경꾼인 학생은 필기구를 찾기 위해 필통을 열고 닫는 불필요한 행동을 반복하거나 한 글자 한 글자 정성을 들여서 천천히 쓰는 모습이 관찰되었다."

여전히 구경꾼은 글쓰기 학습 능력을 습득하지 못하였다. 그러나 동료 학생의 글쓰기 상황에 맞추어 본인도 적극 참여하는 것처럼 보이는 시늉을 한다. 필통에서 필요 이상으로 필기구를 장시간 찾는 행위, 글을 쓰면서 필요 이상으로 한 글자, 한 글자 정성을 들여서 쓰는 행위가 이를 증명한다. 여전히 구경꾼의 경우, 모둠 구성원으로서 학습 활동에 필요한 신체 활동은 하고 있으나, 정작 학습 활동에 해당하는 인지 활동은 하지 못하고 있다. 소집단을 학습 통제의 수단으로 삼는 교실 수업 문화, 특히 팀 경쟁 학습을 선호하는 교실에서 여전히 구경꾼은 비난이나 원망의 대상이 된다.

"전 모둠 활동이 정말 싫어요. 우리 모둠에 창호라는 아이가 있는데, 매일 숙제 안 해오고, 떠들고, 준비물도 안 가져와요. 창호 때문에 우리 모둠만 항상 걸려요. 그래서 친구들은 이번 모둠에서는 아예 점수 받는 것을 포기했어요. 아무리 잘 해와도 가능성이 없거든요. 진짜 빨리 자리를 바꾸고, 모둠도 바꿨으면 좋겠어요."(이혜순, 2006: 18)

이런 상황이라면 여전히 구경꾼은 소집단 협동학습의 걸림돌로 작용한다. 경우에 따라서는 모둠장이 학습 능력이 떨어지는 여전히 구경꾼을 압박하거나 미완의 학습지를 대신 완성하여 제출하는 경우도 있다. 이러한 수업 상황에서 소집단 협동 학습의 궁극적 목적인 공동 사고에 따른 공동 문제 해결 과정을 기대하기는 어렵다.

(2) 원 인

여전히 구경꾼의 소집단 무임 승차 현상의 원인은 무엇인가? 김 교사의 말을 들어보면 '중' 수준 대상의 획일적 수업 설계 문화가 그 중 한 요인으로 작용한다.

"현장에서는 '중' 수준 학생을 대상으로 수업을 설계하고 실행하므로, 학습 부진 학생을 특별히 배려할 시간이 없습니다. 솔직히 말하면, 해당 학습 목표에 대한 학습 부진아의 학습 오류나 대처 방안에 대한 정보가 없습니다. 교재 연구할 시간도 없어서 수업 직전에 중요 학습 내용을 대충 훑어보고 수업에 임하는 형편이므로, 학습 부진아에 대한 지도는 꿈도 꾸지 못합니다."

김 교사는 국어과 소집단 협동 학습 시에 발생하는 무임승차 현상을 자각하고는 있지만, 해결 방안에 대해서는 고민할 여력이 없다고 분명히 밝히고 있다. '중' 수준을 대상으로 한 교재 연구 시간도 없는 상황에서 학습 부진아를 위한 별도의 교재 연구 시간을 확보하기 어렵다는 것이다.

(3) 대 응

국어과 소집단 무임승차 현상에 대한 교사의 대응 전략은 무엇인가? 방임이나 압박이다. 대부분의 교사는 소집단 순회 지도를 하면서 여전히 구경꾼의 무임승차를 방임하거나 무시한다. 이때에 교사는 자신의 역할을 상담자로 한정한다. 상담자는 초보 수준의 학생이 도움을 요청한 경우나 교사 판단에 시급하게 개입할 필요가 있을 때에만 학습 활동에 개입하는 역할을 하므로, 여전히 구경꾼은 교사의 지원 대상에서 자연스럽게 제외된다. 그러나 일부 교사는 소집단 무임 승차 현상을 인식하고, 여전히 구경꾼과 대화를 시도한다. 김 교사[21]의 대응전략을 살펴보자.

"교실을 순회 중이던 김 교사가 여전히 구경꾼을 발견하고, 다가가서 귓속말을 한다. 그러자 여전히 구경꾼인 학생이 특이하게 반응하였다. 교사를 쳐다보지도 않고, 팔을 흔들면서 듣는 시늉만을 하는 것이다. 선생님과 면 대 면 대화를 하는 일상의 장면과는 다른 장면이다."

교사와 학생 사이에서 발생한 소통곤란의 원인은 무엇인가? 학습 활동을 종용하거나 압박하는 말을 사용하거나 그들이 이해할 수 없는 수준의 대화를 사용했을 가능성이 높다. 여전히 구경꾼인 학생에게는 전문가나 안내자의 수업대화(설명, 시범, 연계, 회상,

안내, 지시 등)가 필요하다. 그런데 교사는 초보자에게나 어울리는 상담자의 수업대화(논증, 도전, 추리, 증명 등)를 사용하였고, 이에 소통 곤란 현상이 발생한 것이다.

소통 곤란 현상은 여전히 구경꾼에 대한 비계 설정의 부재를 의미한다. 설명 기법(실물 조작, 그림 자료, 예시나 예화, 비교와 대조, 비유, 개념 정의)을 사용하여 학습 내용을 다시 설명하거나 사고 구술법(TA, ta, Pm)을 사용하여 학습 내용을 다시 시범보이는 장면을 발견할 수 없다. 또 여전히 구경꾼인 학생의 학습 이해도 향상을 위한 발문 사용 양상(실마리를 제공하면서 학생 반응을 유도하는 발문, 슬라이싱 발문 기법을 활용한 발문(한 번에 한 가지씩), 계열성을 고려한 발문) 등을 관찰할 수 없었다(박태호, 2008).

이러한 관점에서 보면 김 교사의 대응 전략은 학습 활동에 적극 참여하지 않는 학생을 통제하기 위한 압박 전략에 불과하다는 것을 알 수 있다.

(4) 개선 방안

국어과 소집단 협동 학습 시에 발생하는 '여전히 구경꾼의 무임승차 현상'을 극복할 수 있는 방안 중의 하나가 수준별 집단조직이다. 하위권 학생들은 동질집단으로 구성하여 교사주도의 일제 학습을 하고, 중 · 상위권 학생들은 이질집단으로 구성을 하여 학생주도 수업을 한다. 중 · 상위권 학생으로 구성된 소집단에서는 전문가와 초보자 및 부분 참여자가 서로 짝을 이루어 협동학습이나 개별 학습을 한다.

수준별 수업을 남 교사의 시 쓰기 수업에 적용을 하였다. 남 교사는 여전히 구경꾼으로 구성된 소집단에서 교사주도의 일제 학습을 하였다. 전문가와 촉진자의 역할을 수행하면서 '내 경험을 살려 시 쓰기'에 필요한 학습 내용과 활동을 다시 설명하고, 시범보이면서 안내하고 지시하였다. 이때에 교사는 학생의 배경지식을 활성화시키기 위해 실마리 제공하기 전략을 사용하였다. 부모님께 혼난 경험을 상기시키고, 관련 배경지식을 회상시킬 때에 앞의 활동에서 친구들이 보여준 다양한 경험 자료를 활용하게 하였다[22]. 교사의 반복 설명과 시범 및 안내와 실마리 제공으로 인해 여전히 구경꾼인 학생들은 점차 부분 참여자나 초보자의 수준으로 발전하였다.

"소집단 활동 시에 무임승차를 하던 학생들을 별도의 소집단으로 편성하고, 교사주도의 반복 학습과 안내된 연습을 하자 조금씩 변화가 있었다. 학습 활동에 전혀 참여하지 않고, 수업을 방해하거나 구경만 하던 학생들이 조금씩 변하기 시작하였다. 교사 주도의 소집단 학습 초기에는 실마리를 많이 제공한 안내된 시 쓰기 학습지를 투입하였다. 교과서 시를 주고, 일부 행을 비워 놓은 다음에 자신의 경험을 살려 시어를 쓰거나 행을 완성하게 하였다. 이때에 칠판에 게시한 동료 학생의 경험 자료도 제시하여 참고할 수 있게 하였다. 이어서 실마리를 제공하여 안내된 연습을 하고, 짝과 공동 사고하게 하는 활동을 2~3회 반복하면서 시를 쓰는 활동을 하자, 여전히 구경꾼이 학생이 부분 참여자와 근접한 수준이 되어 자신이 쓴 시를 친구 앞에서 발표하였다."

남 선생님의 수업 사례[23]는 국어과 소집단 협동학습 시에 발생하는 여전히 구경꾼의 무임승차 현상을 극복할 수 있는 대안이 될 수 있다. 다만, 여전히 구경꾼 중심의 이질집단 편성에 대한 사회적 편견이나 일부 학습자의 저항 등에 대한 해결 방안이 선결되어야 한다. 남 선생님이 자신의 수업에 적용한 수업 모형을 제시하면 아래와 같다.

수업 흐름	수준별 소집단 학습		
수업 집단	교사주도	상호주도	자기주도
교사 역할	전문가(안내자)	상담자	구경꾼
학생 역할	참관자(구경꾼)	초보자	전문가
수업 전략	설명 · 시범/참관 · 연습	동료 안내 · 연습	독자 연습 · 적용

【표 3】 소집단 수준별 학습 모형

3) '수업' 중심 국어 수업 장학 문화

(1) 현 상

수업 중심 국어 수업 문화 역시 개선해야 할 초등학교 국어 수업 문화의 하나이다. 현장에서 활용되는 좋은 국어 수업 설계와 평가 관련 자료들을 보면, 읽기와 쓰기, 듣기와 말하기, 문법, 문학 활동의 설계와 실천에 대한 논의는 없고, 수업 활동에 대한 논의가 주류를 이룬다. 주로 교육학 분야의 연구 결과에 기초한 수업 장학, 수업 관찰과 분석, 수업 컨설팅 요소를 활용하여 국어 수업 장면을 평가한다(박태호, 2004a: 44~45;박태호, 2004b). 국어과 수업 장학 협의회에 참석했던 류 교사[24]의 말을 들어보자.

> "며칠 전 교육청 주최 수업실기 대회에서 우수 교사로 선발된 교사의 1학년 말하기 · 듣기 수업 공개 모임에 참석하였다. 수업 협의회에서 우수 교사는 큰 목소리로 발표하는 훈련, 바른 자세로 듣는 훈련, 찬성과 반대 및 보충 설명을 하는 훈련, 모둠 활동 조직 훈련 등에 대한 요령을 안내하였다. 학급이나 수업 운영에는 큰 도움이 되었다. 그러나 '국어' 수업 장학인데, '국어' 수업에 대한 정보가 없어서 아쉬웠다."

정도의 차이는 있으나 대부분의 국어 수업 장학이 '국어' 보다는 수업에 초점을 두고 진행된다. 주삼환 외(1999), 변영계(2000), 설양환 · 박태호 외(2004), 최지현 외(2007: 33) 등에 소개되어 있는 교사의 목표 제시 방식 유형, 발문의 수, 학습 기회 참여 방식, 학생 지명 방식 등의 수업 관련 요소가 중점 협의 대상이 된다. 낱말지도, 예측하기 지도, 중심 내용 파악하기, 작품 이해 및 감상을 위한 교사의 발문, 문법이나 문학 요소, 고쳐쓰기, 띄어 읽기, 낭송 등과 관련한 국어 관련 요소는 소홀히 다루거나 협의 대상에서 제외한다. '국어'를 배제한 '수업' 중심의 '국어 수업' 장학은 초등학교 국어 수업의 보편적 문화로 자리를 잡았다.

(2) 원 리

'국어'를 도외시한 '수업' 중심의 '국어 수업 문화'[25] 형성 원인은 무엇인가? 초등학교 교사의 상황적 조건에서 그 원인을 찾을 수 있다. 여기에는 교과 및 수업 시간의 과다, 잡무에 따른 교재 연구의 어려움, 승자 독식 문화가 해당된다. 이러한 현상들은 '국어 수업'에서 '국어'보다는 수업에 집착하게 하는 문화 형성의 요인이 된다.

초등학교 교사들은 교과 및 수업 시수의 과다, 잡무로 인해 심리적 부담을 느낀다(류방란 외, 2002: 148;강기원, 2004: 63). 초등학교 교사는 1주일에 10개 교과를 가르쳐야 하고, 주당 30시간의 수업을 담당해야 한다. 때문에 모든 교과를 깊이 이해하지 못하고, 관련 교재에 대한 연구를 충분히 하지 못한 상태에서 수업에 임하는 것에 대해 심리적 부담을 느낀다. 또 각종 글짓기, 그리기, 경시대회 등의 진행과 상장 제작 및 수상 대상 작성, 수시로 걸려오는 인터폰, 회람, 공문 보고 때문에 수업할 시간도 없다고 한다. 이런 상황에서 초등 교사는 '국어'라는 특수성보다는 전 교과 공통인 '수업'이라는 보편성에 집착하게 된다.

승자 독식 문화 역시 '수업' 중심 '국어 수업 장학 문화'의 원인으로 작용한다. 이것은 초등 교원의 승진 문화와 관계가 깊다. 과다한 수업 시간과 잡무, 일회적 수업 환경에서 성장한 교사는 관리자(교감, 교장, 장학사 등)로 승진하면서 수업 장학의 전문가가 되어 수업 장학을 주도한다. 교과별 전문성에 기초한 수업 장학이 아닌 직급에 기초한 수업 장학이 이루어지는 것이다. 오늘은 3학년 국어 수업을, 내일은 4학년 수학 수업을, 모레는 6학년 음악 수업을 장학해야 하는 입장에 서면, 이들은 어느 부분에 초점을 둘까? 해당 교과의 전문성을 획득하지 못한 초등 장학의 현실에 비추어 보면, '국어(수학, 사회, 과학 등)'라는 교과의 특수성보다는 '수업'이라는 교과의 보편성에 초점을 둘 것이라는 예측이 가능하다.

(3) 대 응

국어 수업을 하는 교사들은 '수업' 중심의 '국어 수업' 장학 문화에 대해 어떤 대응 전략을 수립할까? 대부분의 교사들은 포기하기(삭히기) 전략을 선택한다(정정훈 · 김영천, 2005: 93~94). 포기하기는 새내기 교사들이 특정 사안에 대해 관리자나 동료들이 자신들을 동등하게 대우하지 않는다고 판단할 때에 사용하는 전략이다. 이들은 서로 이견이 있는 특정 사안에 대해 자신들의 의견을 관철하면서 문제를 일으키기보다는 마음으로 삭히면서 조용히 넘어가는 것이 상책이라고 믿는다.

개별 교사의 포기하기 전략은 국어 수업 장학을 교사의 국어 수업 전문성 신장을 위한 변화의 기회로 파악하기보다는 참아내야 할 조직의 의무로 간주하는 문화 형성으로 이어진다. 이것이 관행적으로 되풀이 되는 상명하달식의 위계적이고, 일방적 수업 장학 문화와 결합되어(곽영순 · 강호선, 2005: 19~21), 교사들을 무기력하게 만들었고, 이러한 무기력은 타성으로 이어져 수업 평가자의 요구에 초점을 두는 수업 장학 문화가 형성된 것이다.

> "국어 수업을 하고 나면 '말의 속도가 빠르다.', '발문을 할 때에 말끝을 흐린다.', '두서없이 시킨다.', '모니터를 켜 놓고, 수업을 하지 말라.' 등의 평가를 받아요. 흔히 그렇게 하세요. 국어 수업 목표와 활동의 연계성, 국어 수업 내용의 교육과정 근거, 학생 개인차를 고려한 교사 설명 방식 등에 대해서는 논의하지 않아요."

교육대학교에서 "국어 수업 관찰과 분석"을 수강한 류 교사는 '국어'와 '수업'의 상호 균형에 입각한 '국어 수업' 설계와 실천을 고민한다. 그러나 자신의 학문적 배경이나 신념과 위배되는 '수업' 중심의 국어 수업 장학 문화에 대해서는 수용해야할 조직 문화로 간주하여 자신의 의지를 관철하기보다는 포기하면서 속으로 삭히는 전략을 선택한다.

(4) 개선 방안

수업 중심 국어 수업 장학의 문제를 개선할 수 있는 방안 중의 하나가 '국어'와 '수업'의 상호균형에 입각한 국어 수업 평가 기준 개발과 그에 따른 수업 사례 제공이다[26]. 이 부분에 대해서는 박태호(2004b, 2004c, 2007)을 참조할 수 있다. 박태호는 좋은 읽기 수업과 쓰기 수업에 대한 양적 평가 요소를 '읽기와 수업 활동 요소'(박태호, 2004b), '쓰기와 수업 활동 요소'(박태호, 2004c)로 구분하여 제시하였고, 과정중심의 쓰기 수업 사례를 제시하면서 동영상을 분석하였다(박태호, 2007).

또 다른 방안 중의 하나가 '국어' 중심의 '국어 수업' 문화 조성이다. 기존에 홀대받던 '국어'를 수업 평가 전면에 내세우고, '수업'을 약화시키는 것이다. 문학 수업(우리들의 일그러진 영웅)을 예술 비평의 관점에서 논한 정재찬(2008: 31~72)의 연구가 여기에 해당된다. 정재찬(2008: 15~16)은 기존 국어 수업 평가의 한계로 '수업' 중심의 평가를 들면서 '문학' 중심 국어 수업 동영상 비평을 시도한다. 또 후반부에서는 비록 제한된 지면이기는 하지만 '수업' 중심의 문학 수업 비평도 시도한다[27].

수업 중심의 초등학교 국어 수업 장학 문화를 개선할 수 있는 방안으로 수업 장학 관련 직무 연수의 활성화를 들 수 있다. 공주교육대학교와 충청남도교육청은 2002년부터 2008년 현재까지 장학사와 교감, 으뜸 교사를 대상으로 수업 분석 전문가 과정을 개설하여 운영하고 있다. 60시간 직무 연수 형태로 진행되고, 교육학과 수업 장학, 교과 교육(국어, 수학, 사회, 과학, 영어 등)과 수업 장학으로 교육과정을 구성하여 운영하고 있다. 연수 이수 후 수강생들은 해당 교육청에서 수업 분석 관련 전달 연수를 실시하고 있다.

초등 국어 수업 현상과 비평의 결합도 수업 중심 국어 수업 장학 문화 개선에 기여할 수 있다. 개별 교사의 특정 국어 수업 장면을 초등 국어 교육 공동체가 함께 음미해야 할 공적 텍스트로 전환시켜, 수업자와 비평자 그리고 일반 교사에게 상호교섭의 장을 마련하는 것이다(서현석, 2008).

충남교육청과 공주교육대학교가 상호 협력하여 실시한 온라인 사이버 릴레이 수업 장학에서 실천 가능성을 발견할 수 있다. 국어교육 전공 교수, 국어 수업 예정 교사, 교육청

소속 국어 수업 컨설팅 집단(교장, 교감, 교사), 도교육청 소속 수업 담당 장학관이 함께 수업을 설계하고, 수업 장면, 수업자 소감, 수업 평가 장면을 모두 동영상으로 제작하여 가상 공간에 탑재하고, 연수를 시켰다[28]. 그리고 초등학교별로 온라인 가상 연수를 실시하고, 의견을 교환하였다. 여기에 수업 참관 후기, 수업 컨설팅 그룹과 일반 교사들의 대화 기능을 추가한다면, 이정숙(2006), 정재찬(2006), 서현석(2008) 등이 말하는 국어 수업 비평에 기초한 수업 장학이 가능할 것이다.

보충설명

1) 중학생들은 재미있는 수업, 이해할 수 있는 수업을 좋은 수업으로 보았다. 예를 들면, 매체를 활용하여 학생의 흥미를 자극하는 수업, 재미있는 예시나 예화를 들거나 게임이나 놀이를 곁들이는 수업, 개별 학생의 흥미와 관심 및 능력에 따라 수업을 달리하는 수업을 재미있는 수업의 예로 추천하였다.

2) 이 연구에서는 한국교육과정평가원이나 각 시 · 도 교육청에서 추천하거나 인정한 가상공간의 국어 수업 동영상만을 연구 대상으로 한정하였다. 이에 교실 방문과 관찰 및 분석, 교사나 학생 면담 등은 연구대상에서 제외되었고, 그 결과 하향식 접근법에 따른 질적 연구를 수행하게 되었다.

3) 이 부분은 박태호(2004b, 2004c)를 참조.

4) 최현섭 외(2001)에서는 국어 교육의 특성을 특수성과 보편성, 독자성으로 구분하여 정의하였다. 여기에서는 특수성과 보편성의 개념만을 차용하여 적용하였다.

5) INTASC(1992)는 신규 교사 평가 위원회이다. 이 모임에서는 유능한 교사의 평가 항목을 열 가지로 제시하였다. 이 연구에서는 수업과 관련된 요인만을 추출하여 좋은 수업의 조건으로 제시하였다.

6) 필자는 2002년부터 2003년까지 대전광역시교육청에서 주최하는 국어과 수업실기 대회 심사위원으로 참여를 하였다. 이 중 최종 선발된 수업실기 우수 교사의 수업 동영상과 순위에 들지는 못하였지만 우수한 수업으로 인정되는 수업 동영상을 분석 대상으로 삼았다. 또 한국교육과정평가원 교수학습센터 홈페이지에 탑재되어 있는 수업 동영상도 분석 대상으로 삼았다.

7) 유능한 교사는 학생이 오류를 범하였을 때에, ①모른 척하기(Ignoring), ②예방하기(Forestalling), ③끼어들기(Intervening), ④오류 수정하기(Debugging)의 네 가지 전략을 사용한다(Hogan & Pressley, 1997: 122~123).

① 모른 척하기(Ignoring)는 수업에 크게 영향을 미치지 않는 사소한 오류는 무시하는 전략이다.

주로 수업 중에 발생하는 오류와 과제 해결 중에 발생하는 오류가 여기에 해당된다. 전자의 경우는 수업을 방해하지 않는 선에서 가급적 무시하는 전략이다. 후자의 경우는 학생 스스로 과제를 해결하다가 발생한 오류이므로 교사가 모른 척하는 전략이다. 그러나 중요 개념에 대한 오개념은 발생 즉시 교정해야 한다.

② 예방하기(Forestalling)는 발생 빈도가 높은 오류나 오개념을 사전에 예방 지도하는 전략이다. 매우 중요한 개념에 대해 학생이 오개념을 가지고 있거나, 매우 중요한 기능임에도 오류 발생 빈도가 높다면, 교사는 유도된 발문이나 안내된 발문을 사용하여 사전 예방을 할 수 있다.

③ 끼어들기(Intervening)는 오류 상황에 교사가 직접 개입을 하여 수정을 하는 전략이다. 예방하기 전략이 실패하였을 경우에 사용한다. 또 비록 사소한 오류이기는 하지만 모른 척하기 전략을 사용하면 혼란을 야기할 잠재적 가능성이 큰 경우에 이 전략을 사용한다.

④ 오류 수정하기(Debugging)는 예상치 못한 오류가 발생하거나 학생들이 실수를 할 수밖에 없는 고난도의 과제 해결 시 발생하는 오류를 처치하기 위해 사용하는 전략이다. 이때 교사는 안내된 발문이나 실마리 제공하기 등과 같은 전략을 활용하여 학생의 과제 해결에 도움을 제공한다.

수업 관찰 결과, 모른 척하기보다는 아예 무시하기 전략을 사용하는 경우가 있었고, 예방하기 전략은 관찰 사례가 없으며, 끼어들기와 오류수정하기 전략은 일부 관찰되었다.

8) 독백적 대화 구조에서는 Bolton(1979)이 말한 의사소통 단절이 자주 발생한다. 이 연구자는 교사와 학생 사이에서 발생하는 의사소통 단절 유형을 3가지 범주에 12가지 요소로 제안하였다(이병석, 1999.〈재인용〉). 의사소통 단절 범주는 ①판단, ②해결책 제시, ③타인의 관심 회피의 세 가지고, 각각에는 또 다른 하위 요소가 있다. '①판단' 하기의 하위 요소에는 ㉠비판하기, ㉡별명 부르기, ㉢부정적 진단하기, ㉣가식적 칭찬하기가 있다. '②해결책 제시' 에는 ㉠명령, ㉡위협, ㉢설득, ㉣강압적 질문, ㉤충고가 있다. '③타인의 관심 회피하기' 에는 ㉠화제 전환, ㉡논리적 주장, ㉢ 부적절한 행동에 대한 안심시키기가 있다.

9) 이병석(1999)은 수업 중 발생하는 부적절한 발문 유형을 다음과 같이 제시하였다. ①좋아하는 학생에게만 발문을 하는 교사('상' 수준 학생에게만 발문을 하고, '중' 이나 '하' 수준 학생에게는 발문을 하지 않는다. 정답만을 듣고자 하는 경향이 강하다. ②비판적으로 평가하는 교사(발문을 학생 평가 수단으로만 인식한다. 발문을 학생이 무엇을 모르는지 묻

는 활동 혹은 흠집을 내는 활동으로 생각한다.), ③두서없는 발문(말을 많이는 하지만, 요점이 없고, 내용의 일관성과 정확성이 떨어지는 발문이다. 교사와 학생 모두에게 피곤한 상황이다.), ④성급한 발문(발문 후에 대답을 기다리지 않고, 성급하게 다른 학생에게 다음 발문을 한다. 활기찬 상호작용의 중요성은 인식하고 있지만, 기다리기의 중요성은 전혀 인식하지 못한 경우이다.), ⑤학생에 대한 애정과 기대가 없는 발문(학습 부진 학생에게 발문을 하면서 정답을 기대하지 않고, 그러한 의식이 얼굴 표정이나 몸짓에서 묻어난다.)

10) Zemelman, S, Daniels, H., & Hyde A.(1998: 57)은 쓰기 수업을 예로 들었으나, 연구자는 우리 나라 국어 수업 전반에 적용을 해도 별 무리가 없다고 판단하였다.

11) 시범보이면서 글쓰기(Modeled writing) → 공유하면서 글쓰기(Shared writing) → 상호작용하면서 글쓰기(Interactive writing) → 안내를 받으면서 글쓰기(Guided writing) → 독자적 글쓰기(Independent writing)의 다섯 단계이다.

12) Corden(2000)은 수업 흐름을 '수용(새로운 정보 관찰과 자극 경험) → 새로운 정보 탐색과 상호 작용 (새로운 정보 탐색, 기존의 배경지식과 이해도를 바탕으로 새로운 자극과 상호작용) → 재구성(배경지식과 이해를 재구성) → 표현(새로운 학습 내용 표현) → 평가(반성과 자기 분석)' 의 다섯 단계로 구분하였다.

13) 류지춘 교사(천안 입장초등학교)의 3학년 읽기 수업 동영상이다. 충남교육청이 운영하는 사이버 릴레이 국어 수업 장학 자료이다. 이 자료는 충남 에듀스 교수 · 학습센터에 탑재되어 있다(http://tlac.edus.or.kr/index.html).

14) 보여주는 수업의 극단적 예가 바로 수업 발표(실기) 대회 입선작이다. 강기원(2006: 242)에 따르면, 입상 교사들에 대한 동료 교사의 비판적 시각을 읽을 수 있다. "수업을 잘 했다고 하는 교사들의 평소 수업에 대해서 궁금합니다. 평소 수업을 수업 발표대회 수준으로 진행을 한다는 것은 불가능하잖아요. 발표 대회가 아닌 학교단위의 수업 장학을 준비하는 경우에도 하루 4~5시간씩 며칠 동안 준비를 해야 하는데, 모든 수업을 발표 대회 수준으로 준비를 해서 진행을 하는 것은 어렵다고 봅니다. 제 경우에는 수업을 하기 전에 해당 차시 목표라도 정확히 읽고, 내용 확인만이라도 하면 다행이라고 봅니다."

15) 정정훈 · 김영천(2005)은 새내기 교사의 생존전략으로 소개하였으나, 이 연구에서는 초등

학교 수업 문화에도 적용 가능한 문화로 파악하였다. 원전에서는 초등 교사가 비합리적 상황에 직면했을 때에 기존 교사들에 비해 동등하지 못한 대우를 받을 것을 염려하여 자신의 주장이나 의지를 관철하기보다는 다른 사람과 뜻을 같이하는 문화라고 하였다.

16) 임성규(2008: 395)는 초등학교 문학(국어) 수업의 걸림돌 중의 하나로 남에게 보이기 위한 '공개수업'의 문제를 거론하였다. 전적으로 동감한다. 진정한 의미의 국어 수업 장학이 되려면, 특별한 날에 특정인을 위해 일회적으로 보여주는 1차시(40분) 중심의 공개수업이 아닌, 1년 단위의 일상적 생활수업으로 수업 장학 문화를 전환해야 한다.

17) 충남 ㅇㅇ초등학교 근무. 학부에서 연구자에게서 초등국어교육 강의를 들었고, 현재는 공주교육대학교 교육대학원 초등국어교육을 전공하고 있다.

18) 대전광역시 ㅇㅇ초등학교 근무. 학부에서 연구자에게 초등국어교육 강의를 들었고, 현재 공주교육대학교 교육대학원에서 초등국어교육을 전공하고 있다.

19) 이주섭(2002: 32). 학교교육 내실화 방안 연구(Ⅱ) 국어교육 내실화 방안 연구, 연구보고 RRC 2002-4-2, 한국교육과정평가원.

20) 한국교육과정평가원 교수 · 학습지원센터 자료실에 탑재되어 있다.

21) 한국교육과정평가원 교수 · 학습지원센터에 탑재

22) 학생들은 부모님께 혼난 경험이나 위로 받은 경험을 코팅지(자석 부착)에 한 문장으로 써서 칠판에 게시하였고, 선생님의 지명이나 자발적 거수에 따라 관련 경험을 발표하였다. 이 부분에 대해서는 부록 자료 참조.

23) 안양 호성초등학교 남미자 선생님은 연구자와 함께 수업 설계를 한 후에 자신의 교실에 적용하고, 촬영하였다. 이후 경기도교육청에서 주최한 교실 수업 개선 관련 워크숍(2006년 10월 경기도 세일초등학교)에서 사례 발표를 하였다.

24) 대전광역시 ㅇㅇ초등학교 근무. 학부에서 연구자에게 초등국어교육 강의를 들었고, 현재 공주교육대학교 교육대학원에서 초등국어교육을 전공하고 있다.

25) 수업 중심 국어 수업 문화 형성 원인 중에는 1차시 1수업 모형중심의 국어 수업 설계 문화가 있다. 이 부분은 후속 논문에서 다루고자 한다.

26) 곽영순(2003)의 『질적 연구로서의 과학수업비평-수업비평의 이론과 실제』은 '과학'과

'수업' 을 균형 있게 반영하고 있다는 점에서 '국어' 와 '수업' 의 균형 있는 반영을 지향하는 이 연구에 중요한 점을 시사한다.

27) 40여 쪽의 지면 중에서 '수업' 분석 관련 내용은 2쪽이다.

28) 에듀스 충남에 관련 자료 탑재

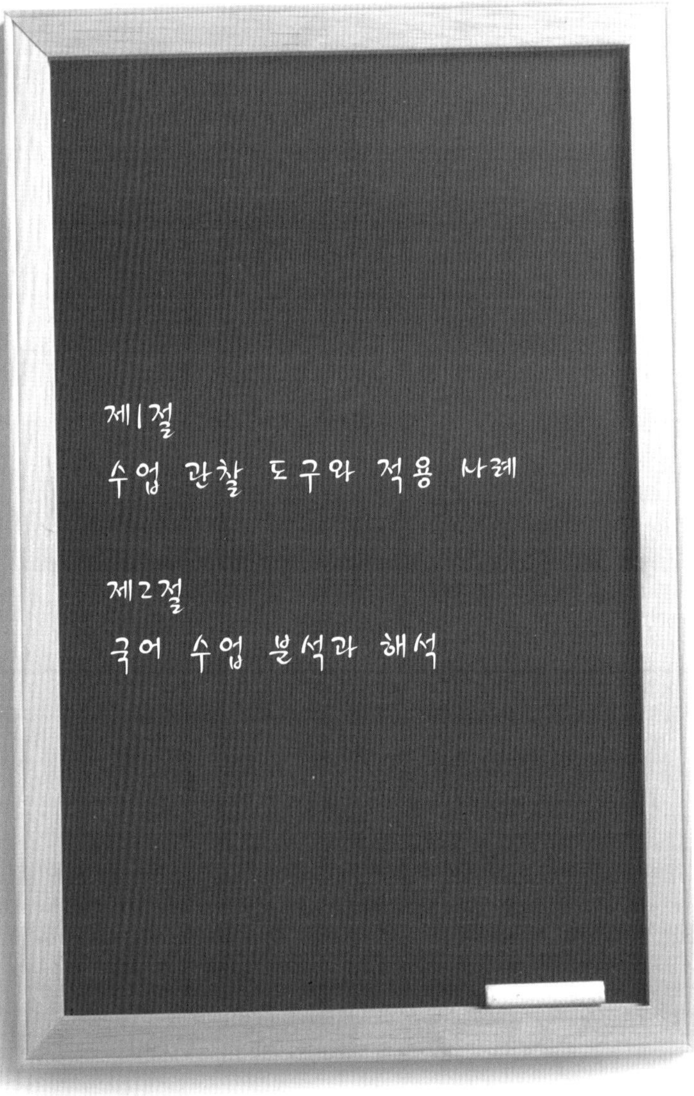
제1절
수업 관찰 도구와 적용 사례
제2절
국어 수업 분석과 해석

2 장

국어 수업 관찰과 분석

제1절 수업 관찰 도구와 적용 사례

1. 수업의 명료성과 국어 수업

수업의 명료성에 대한 초기 연구는 주로 교사 설명의 명료성을 중심으로 진행되었다. 관련 연구자로 Cruickshank(1985), Rosenshine & Stevens(1986)가 있다. 최근에는 교사 설명의 명료성 외에도 수업매체와 삽화활용, 학습 내용 전달방식(견본, 논의, 질의응답, 낭독, 협동학습 집단 활용 등), 학생 발달수준 등으로(Borich, 2003), 연구영역이 점차 확장되고 있다.

Cruickshank(1985)에 따르면, 명료하게 설명하는 교사는 ㉮교과내용에 정통하고, ㉯선행조직자를 활용하여 수업내용을 구조화하며, ㉰학습 목표와 관련된 사실, 개념, 원리, 법칙을 구체적 자료를 활용하여 가르친다. 또 ㉱예시 자료를 활용하여 요점을 설명하고, 밑줄 긋기, 표시하기, 개념 연결하기 등의 전략을 활용하여 중요 내용을 구조적으로 설명하며, ㉲내용을 요약하고 정리하여 학생 이해도를 평가한다(이병석, 1999: 111).

Rosenshine & Stevens(1986)는 교실 수업에 나타난 명료한 설명의 특징으로 ⓐ학습 목표와 요지가 명확한 수업, ⓑ단계적으로 설명하는 수업, ⓒ구체적 절차에 대해 시범을 보이는 수업, ⓓ학생 이해도를 평가하는 수업의 네 가지를 들었다(이병석, 1999: 117).

Borich(2003)는 선행 연구와는 다른 관점에서 수업의 명료성을 파악하였다. 교사의 수업대화를 관찰하고, 그것을 기반으로 수업의 명료성을 설명하고자 한 선행연구와는 달리, 수업 전문가 집단인 NBPTS(2001)와 INTASC(1992)에서 제시한 유능한 교사의 조건을 명료성 평가 범주로 활용하여 관련 요소를 추출하였다. 이 연구자는 NBPTS(2001)에서 제시한 다섯 가지 조건 중에서 '㉡교과내용과 방법에 정통한 교사'와 '㉢학생의 학습을 관리하고 지도하는 교사'의 두 가지를 수업의 명료성과 연계시켰다. 또 INTASC(1992)가 제시한 열 가지 조건 중에서 '㉠교육과정과 내용(개념이나 지식의 구조 등) 및 교수방법에 정통한 교사', '㉡학생의 학습과정과 발달수준에 정통하고, 인지·정의·사회적 측면의 발달을 도모하는 교사', '㉢다양한 학생에게 학습기회를 제공하고, 학생 개인차를 고려하는 교사', '㉦교과내용, 학생, 학문 공동체, 교육과정 목표에 기초하여 수업을 설계하는 교사'의 네 가지를 수업의 명료성과 연계시켰다(설양환 외 역, 2004: 5).

Borich(2003)는 위의 논의를 기반으로 수업의 명료성 평가 요소로 ①학습 목표를 제시하는 수업(성취행동, 학습과제, 학습 활동 안내), ②선행조직자를 제공하는 수업, ③선수학습 요소를 파악하고, 배경지식을 제공하는 수업, ④천천히 하나씩 차근차근 또박또박 지시하는 수업(필요하면 지시 내용을 반복하고 세분), ⑤학생 발달 수준을 고려하는 수업(학생 실제 발달 수준보다 약간 높거나 낮게), ⑥설명과 학습 목표를 분명하게 하기 위해 예, 삽화, 시범 자료(주요 요점을 강화하고 해석하는데 용이하도록 시각적인 자료를 사용)를 사용하는 수업을 들었다. 이것을 기반으로 국어 수업에 나타난 명료성 사례를 살펴보고자 한다.

1) 학습 목표를 제시하는 국어 수업

학습 목표는 학습 설계 지침 기능, 학습 촉진 기능, 평가 지표 기능을 한다. 학습 내용으로서의 '무엇'이 명료하지 않으면 적절한 학습 계획, 학습 능력 향상에 필요한 교수와 학습의 과정과 전략, 관련 평가 방안을 계획하거나 구안할 수 없다.

수업 초기에 대다수의 학생들은 학습 목표, 학습 내용, 학습 활동에 대해 구체적으로 알지 못한다. 공부할 내용이 무엇인지 미리 알지 못하므로 심리적 불안을 느낀다. 이러한 불안감은 주의집중 시간을 단축시키거나 주의집중 자체를 방해하기도 한다. 이때에 학습 목표(지식, 기능, 태도 요인)에 대한 정보를 구체적으로 상세하게 제시하면, 막연한 두려움이나 불확실성을 현실적 기대로 전환시킬 수 있다.

위의 문제를 극복할 수 있는 방안 중의 하나가 기대하는 학업 성취도에 대한 설명이다(설양환 · 박태호 외 역, 2005: 136~137). 간단한 말로 요약하여 제시하거나 토론이나 토의 활동에 참여시키거나 모둠별로 정보를 공유하게 할 수 있다. 예를 들면, 차시 학습 목표가 '비교/대조의 글을 쓸 수 있다.'라면, 비교와 대조의 개념 알기, 비교와 대조를 이용하여 글의 뼈대를 세우는 방법 알기, 비교와 대조를 이용하여 나의 장점과 단점을 소개하는 글쓰기 등의 활동을 제시할 수 있다.

김 교사의 말하기 · 듣기 수업 장면에서는 학습 목표를 명확하게 제시하여 수업의 명료성을 높이는 장면을 관찰할 수 있다.

교 사	①선생님이 마술 상자를 준비했어요. 마술 상자 안에 무엇이 들어있는지 여러분이 한번 꺼내주세요. 우리 경미, 나와서 한번 꺼내 볼까? 뭐가 있을까요? 〈휴지〉 친구들한테 번쩍 들어보세요. 자, 무엇입니까? 무엇입니까? 이민석.
학 생	제가 발표하겠습니다. 사과입니다.
교 사	네, 사과예요. 사과가 들어있어요. 다음은 선생님이 뭘 또 집어넣었을까요? 영준이? 무엇일까? 번쩍 들어보세요. 아, 뭘까요? 〈휴지〉 뭘까? 전병호?
학 생	제가 발표하겠습니다. 과자입니다.
교 사	네, 과자군요. 그 다음은 뭐가 들어있을까? 현우, 꺼내주세요. 자, 번쩍 들어주세요. 무엇입니까? 최현우?
학 생	제가 발표하겠습니다. 자동차입니다.
교 사	네, 자동차죠? 사과, 과자, 자동차 이렇게 이어졌네요. 사과, 과자, 자동차 이렇게 이어졌네요. 이 낱말들이 어떻게 이어진 것일까요? 한번 생각해보세요. 〈중략〉 제가 발표하겠습니다. 말 주고받기입니다. 오~ 사과, 과. 과자, 자. 자동차. 오~ 이렇게 이어지는군요. 선생님이 이번 시간에 뭐에 대해서 공부를 하려고, 이러한 문자 카드를 꺼내 놨을까요? 뭐에 대해서 공부를 하려고? 한번 생각해 보세요. 〈중략〉
학 생	②제가 발표하겠습니다. 말 주고받기를 하면서 글자를 알아보는 것 같습니다.
교 사	네, 말을 주고받으면서 글자를 공부할거 같다고 했습니다. 오~ 우리 3반은 어쩜 이렇게 똑똑해요? 그럼, 뭐에 대해서 공부를 하는지 한번 보도록 해요. (칠판에 공부할 문제 판서) ③이번 시간에는 말의 재미를 느끼며, 말 주고받기를 하겠습니다. ④ '어떤 차례로 공부하나요?' 가 나와 있죠? 첫 번째 공부는 재미있게 말 주고받기 놀이를 해보겠어요. 말 주고받기 놀이는 다 함께 선생님과 함께 공부하고요, 함께 공부가 끝나면 친구 모둠과 함께 공부를 하겠습니다. 두 번째 공부할 내용은 즐겁게 꽁지따기 놀이를 하겠습니다. 꽁지따기 놀이는 다 함께 선생님하고 공부하고요, 청군과 백군으로 나누어서 공부를 해 보도록 하겠습니다.

〈자료 30〉 학습 목표를 명료하게 제시하는 말하기 · 듣기 수업 장면

김 교사는 마술상자를 이용하여 학생의 주의를 집중시키면서(①), 칠판에 '과자 → 자동차 → 사과' 라는 낱말 카드를 순서대로 제시하였다. 차시 학습 목표와 관련된 '말 주고받기 놀이' 를 추론하도록 유도하는 장치이다. 질의응답의 과정을 거치면서 특정 학생이 학습 활동을 추론하자(②), 교사가 칭찬을 하면서, 칠판에 학습 활동을 안내하였다(③, ④).

김 교사의 학습 목표 제시 방식을 점검표로 제시하면 아래와 같다.

알맞은 내용에 표시를 하시오.

- 교사의 학습 목표 제시 방식은?

☐ 말 ☐ 칠판이나 기자재 ☐ 유인물 ☐ 기타__________

- 교사가 학습 목표를 제시하지 않은 이유는?

☐ 학습자가 전시 학습과의 연계를 통해 이미 학습 목표를 알고 있다(연계수업)
☐ 적절한 학습 목표나 목적이 없다
☐ 기타(구체적으로) __________
☐ 뚜렷한 이유가 없다

인지적	정의적	심동적
☐ 회상, 거명 또는 확인	☐ 듣기, 집중, 알아챔	☐ 반복, 시각적인 모델을 따른다
☐ 설명, 요약, 바꿔 말하기	☐ 응하다, 복종하다, 참여하다	☐ 반복, 언어적 지시를 따른다
☐ 사용, 해결, 증명	☐ 선호, 확신, 가치	☐ 정확하고 숙련되게 수행한다
☐ 관계, 변경, 구분	☐ 공식화, 체계화, 이론화	☐ 빠르고 시간이 맞게 수행한다
☐ 창조, 디자인, 구성	☐ 전시, 내면화, 전람	☐ 쉽게 자동적으로 수행한다
☐ 판단, 정당화, 옹호		

【표 28】 학습 목표 제시방법 점검표(설양환 · 박태호 외 역, 2005: 158)

2) 선행조직자를 제공하는 국어 수업

선행조직자는 오스벨(1963)이 제안한 이론이다. 선행조직자는 새로운 개념을 학습하기 전에 미리 제공하는 일반적, 포괄적, 추상적 수준의 자료이다. '주로 학습 내용(지식,

기능 / 전략, 태도)을 언어나 시각 자료(그림이나 도표 혹은 그래픽조직자)의 형태로 제시한 것' 이다(홍경숙, 1989;문정미, 2000: 27~32 ; 김명주, 2003 ; 17~18).

선행조직자는 선수 학습 내용 복습장치가 아닌 후속 내용 사전 예고 장치이다. 이것이 과거 학습 내용의 단순 회상이나 재생과 구별되는 특징이다. 선행조직자는 본시 학습 주제를 구성하는 토대가 되고, 새로운 학습 개념 이해에 도움을 제공하는 기능을 한다. 선행조직자를 활용하면, 학습 목표 관련 정보(주요 정보와 세부 정보)를 조직적으로 제공할 수 있고, 학습 목표 도달에 필요한 학습 활동 절차를 언어나 그림, 표, 맵이나 웹[36] 등을 이용하여 일목요연하게 제시할 수 있다.

선행조직자의 언어 표지 유형으로 ①선수 학습 연계, ②언어나 시각 자료를 활용한 주요 학습 내용 요약, ③예상 학습 연계, ④중요 학습 내용이나 활동에 대한 단서 제공, ⑤수업 개관 기록물 제공을 들 수 있다(설양환 외 역, 2004: 139).

김 교사의 6학년 말하기 · 듣기 수업 장면[37]에서는 선행조직자의 언어 표지를 사용하여 수업의 명료성을 높이는 장면을 관찰할 수 있다.

교 사	①이번 시간은 말하기 · 듣기 · 쓰기 시간입니다. 지난 시간까지 '둘째 마당. 살며 배우며' 를 배우면서 여러분이 여러 사람을 만나서 면담도 하고, 면담할 때의 주의할 점도 배우고, 면담한 내용을 발표하는 활동을 하였습니다. 여러분의 활동을 보면서, 선생님은 여러분의 발음을 주의 깊게 살펴보았습니다. 그 결과 발음에 문제가 있다는 것을 알게 되었습니다. ②둘째 마당에서는 면담한 내용 그 자체보다는 면담 내용 발표가 더욱 중요합니다. 오늘 이 시간에는 면담한 내용을 표준 발음법에 맞게 정확하게 발음하는 방법을 배우겠습니다. ③우선, 선생님이 아홉시 뉴스 동영상을 준비했어요. 여러분, 방송 언어는 표준 발음법에 맞아야 합니다. ④만약에 아나운서나 앵커나 리포터나 기자나 또는 일기 예보를 전달하는 사람이 사투리로 이상하게 말을 한다면, 시청자들이 상당히 당황하고 어색해 할 것입니다. 아홉시 뉴스 동영상을 들어보겠습니다.

〈자료 31〉 선행조직자 언어 표지를 사용한 말하기 · 듣기 수업 장면

김 교사는 지난 시간에 배운 내용을 상기시키면서 선수학습 관련 내용에 대한 선행조직자를 제공하였고(①), 면담 내용을 표준 발음법에 맞게 발음해야 한다면서 중요 학습 내용을 요약하는 선행조직자를 사용하였으며(②), 아홉시 뉴스 동영상을 표준 발음법에 맞게 들어보자는 선행조직자를 사용하여 주요 학습 내용을 말로 요약하였다(③). 또 뉴스 동영상을 표준 발음법에 맞게 들어보는 활동을 하겠다는 선행조직자를 사용하여 중요 학습 활동 내용에 대한 단서도 제공하였다(④).

이 수업에서 김 교사가 사용한 선행조직자 언어 표지 유형은 선수학습 연계(①), 중요 학습 내용 요약(②, ③), 중요 학습 활동 단서 제공(④)이다. 이것을 표로 나타내면 아래와 같다.

유형	사용된 배경지식 활성화 방안	수업 중 사용 시기			횟수				
		처음	중간	끝	1	2	3	4	5
언어자료	선수 학습 연계	○			1				
	중요 학습 내용 요약	○			1				
	중요 학습 활동 단서 제공	○			1				
시각자료	그림								
	표								
	그래픽 조직자								

【표 29】 선행조직자 사용 점검표(설양환 · 박태호 외 역, 2005: 159)

3) 배경지식을 연계시키거나 생성하는 국어 수업

차시 학습 목표와 관련된 배경지식 연계는 수업의 명료성을 구성하는 필수 요소이다. 특정 화제에 대한 배경지식이 풍부한 집단이 제한적 배경지식을 지닌 집단에 비해 특정 정보를 더 잘 기억하고 정교화 한다(Vogt, 2005;Sthal & Nagy, 2006). 효과적인 배경지식 연계 전략의 하나가 기억에 남는 사건(학습 활동)과 학습 내용의 연계이다. 예를 들면, "선생님이 지난 시간에 창수가 쓴 경험의 글 중에서 어떤 내용을 칭찬했지요?", "지난 시간에 경험의 글을 구성하는 중요 요소가 무엇이라고 했지요?, 선생님이 칠판에 세 가지를 쓰고, 함께 읽어보았어요. 잘 생각해 보세요." 등의 수업대화는 선행 학습의 단순 회상이 아니다. 학생의 심상을 두드려서 배경지식을 활성화시키는 교수 기법이다.

오 교사의 말하기 · 듣기 수업장면[38]에서는 학생의 심상을 자극하여 기억에 남는 사건과 학습 내용을 연계시킨 다음에 배경지식을 활성화시키는 수업 장면을 관찰할 수 있다.

교 사	어때요? 친구들과 상장을 보니까 대부분 무엇을 잘 해요? 글씨 쓰기를 열심히 해요, 반찬을 골고루 잘 먹어요, 잘 하는 것과 열심히 하는 것, 이런 것들에 대해서 여러분들이 칭찬을 듣고 상을 받은 거죠?
학 생	네.
교 사	①우리 지난 시간에 칭찬 할 때는 무엇을 찾아보라고 했어요?
학 생	잘 하는 것.
교 사	잘 하는 것. 또?
학 생	열심히 하는 것.
교 사	응, 열심히 하는 점도 찾아보라고 했죠? ②지난 시간에 우리 반 축구왕 성수를 누가 멋지게 칭찬을 했지요?
학 생	유리입니다.
교 사	유리가 성수를 어떻게 멋지게 칭찬을 했지요?
	성수가 축구를 잘 한다고 칭찬을 했습니다.

〈자료 32〉 배경지식을 활성화시키는 말하기 · 듣기 수업 장면

오 교사는 축구왕 성수를 멋지게 칭찬한 친구의 이름을 물었고(①), 그 다음에는 어떤 내용으로 칭찬하였는지를 물었다(②). 기억에 남는 사건과 학습 활동 내용을 연계시켜 학생의 배경지식을 활성화시킨 것이다. 오 교사의 수업 장면에 나타난 배경지식 생성 양상을 점검표로 나타내면 다음과 같다.

<table>
<tr><th rowspan="2">유형</th><th rowspan="2">사용된 배경지식 활성화 방안</th><th colspan="3">수업 중 사용 시기</th><th colspan="5">횟수</th></tr>
<tr><th>처음</th><th>중간</th><th>끝</th><th>1</th><th>2</th><th>3</th><th>4</th><th>5</th></tr>
<tr><td rowspan="5">언어자료</td><td>기억에 남는 사건 연계</td><td>○</td><td></td><td></td><td>1</td><td></td><td></td><td></td><td></td></tr>
<tr><td></td><td></td><td></td><td></td><td></td><td></td><td></td><td></td><td></td></tr>
<tr><td></td><td></td><td></td><td></td><td></td><td></td><td></td><td></td><td></td></tr>
<tr><td></td><td></td><td></td><td></td><td></td><td></td><td></td><td></td><td></td></tr>
<tr><td></td><td></td><td></td><td></td><td></td><td></td><td></td><td></td><td></td></tr>
</table>

【표 30】 배경지식 활성화 양상 점검표

4) 하나씩 또박또박 차근차근 지시하는 수업

수업의 명료성을 판별하는 중요 요소 중의 하나가 지시이다. 지시에는 학습 활동 절차 소개하기, 제시하기, 안내하기, 특정 행동 요구하기 등이 포함된다. 지시는 간단명료 하고, 이해하기 쉬워야 한다. 학습 능력이 다소 떨어지는 학생들이 미숙한 교사에게 제기하는 불만 중의 하나가 교사의 지시 사항이다. 이들은 미숙한 교사의 지시 사항을 이해하기 어렵다면서 침묵으로 응대한다. 이에 비해 유능한 교사는 지시 사항을 학생 수준에 맞게 천천히 또박또박, 분명하고 쉽게 전달한다. 중요한 내용을 전달할 때에는 슬라이싱(Slicing, 작게 나누기) 전략을 활용하여 질문의 수준과 범위를 조정한다. 또 판서, 유인물, 몸짓 언어, 시청각 매체 자료 등을 활용하여 내용을 입체적, 구조적으로 전달한다.

Borich(2004)는 수업 중 지시의 명료성을 관찰하는 약어(부호)로 ①지시, ②학생 반응, ③교사 반응을 제시하였다. ①지시에는 연습(연습장), 숙제(숙제), 지시(구두 지시), 인쇄(유인물), 시험(시험), 프로(프로젝트나 보고서 작성) 등이 있다. ②학생 반응에는 질문(학생이 교사에게 지시 사항이나 설명을 재차 묻는다.), 구체(학생이 명확하게 알기 위해 구체적으로 질문한다.), 대응(학생이 이해하지 못한 부분을 말이나 몸짓으로 다시 표현한다.), 기타(학생이 방향이나 지시를 이해하지 못하였을 때에 다른 방법을 사용한다.) 등이 있다. ③교사 반응에는 비난(교사가 학생 반응을 비판한다.), 반복(교사가 지시나 설명을 반복한다.), 대답(교사가 지시에 관한 학생 질문에 답변한다.), 다시(교사가 어느 정도 이해했는지를 점검한다.), 무시(교사가 학생의 대답을 무시한다.), 기타(교사가 다른 방식으로 반응한다.) 등이 있다(설양환 · 박태호 외 역, 2005: 143).

오 교사의 말하기 · 듣기 수업대화 장면에서는 교사의 지시와 학생 반응, 그에 따른 교사 반응 유형을 관찰할 수 있다.

교 사	①선생님을 칭찬해. 그냥 말로 하세요. 노래로 하지 말고.
학 생	②생각 안 해봤는데.
교 사	③생각 안 해봤어? 칭찬할게 없구나. 어, 들어가세요.
교 사	④다음.
학 생	⑤선생님, 그냥 말로 해도 되요?
교 사	⑥음. 그냥 말로요.
학 생	⑦선생님은 우리와 함께 즐겁게 공부를 합니다. 선생님은 밝고요. 이렇게 밝은 선생님이 참 좋습니다. 항상 밝은 선생님이 있었으면 좋겠습니다.
교 사	⑧어. 선생님과 즐겁게 공부해서 좋고요, 밝아서 좋대요. 여러분도 선생님을 그렇게 생각했어요?

〈자료 33〉 교사 지시와 학생 응답 - 교사 반응 유형

오 교사가 학생에게 칭찬하는 말을 하도록 지시하자(①), 학생은 아직 생각한 바가 없다고 응답하였다(②). 이에 해당 학생을 무시하면서(③), 다른 학생을 지명하자(④), 지

명을 받은 학생이 교사의 지시에 대해 재차 확인하는 질문을 하였고(⑤), 교사는 맞장구를 치면서 학생 요구를 수용하였다(⑥). 이에 고무된 학생이 발표하자(⑦), 교사는 맞장구를 치면서 학생을 칭찬하였다(⑧).

오 교사의 수업대화에 나타난 교사 지시－학생 응답－교사 반응 유형을 표로 나타내면 아래와 같다.

유형	교사 지시							학생 반응				교사 반응						
	연습	숙제	지시	인쇄	시험	프로	기타	질문	구체	대응	기타	비난	반복	대답	다시	점검	무시	기타
준상			V								V						V	
유진			V					V						V				

【표 31】 교사 지시－학생 응답－교사 반응 점검표(설양환 · 박태호 외 역, 2005: 143)

5) 학생 수준차를 고려하는 수업

학생 수준차를 고려하는 수업은 어떤 수업인가? '상' 수준의 학생에게는 '상' 수준에 적합한 수업을, '중' 수준의 학생에게는 '중' 수준에 적합한 수업을, '하' 수준의 학생에게는 '하' 수준에 적합한 수업을 하는 것이다. Tomlinson(2000)은 수준별 학습 요소로 ①능력별 집단 구성, ②동료 지도, ③학습 센터 활용, ④복습과 보충지도 자료, ⑤매체를 활용한 개별 학습, ⑥게임이나 시뮬레이션 그리고 역할극을 제안하였다(설양환 · 박태호 외 역, 2005: 144~145).[39]

교사와 학생의 눈높이가 맞는 수업에서는 학생이 교사를 쳐다보고, 교사의 요구에 협조적이며, 자발적으로 질문을 하거나 답변을 한다. 그러나 반대의 교실에서는 상호작용이 일어나지 않는다. 교사의 수업 수준이 학생 수준을 초월하는 경우에는 학생이 과제에 집중하지 못하고, 부적절한 반응을 보이며, 질문의 핵심 내용을 이해하지 못하고, 바른 자세로 교사의 말을 경청하지도 시선을 접촉하지도 않는다. 교사의 수업이 학생 수준보다 낮은 경우에는 학생끼리 잡담을 하고, 교사의 질의에도 응답하지 않으며, 아예 다른 교과목을 공부하거나 교사의 권위에 도전하기도 한다. 이러한 양상을 표로 제시하면 아래와 같다.

학생 능력보다 수준이 낮은 수업	학생 능력과 동일하거나 약간 높은 수준의 수업	학생 능력보다 어려운 수업
학생끼리 잡담	학생이 교사를 쳐다 봄	학생이 과제에 집중하지 않음
교사의 질문을 학생이 듣지 않음	학생이 자발적으로 답변함	학생의 대답이 부정확함
학생이 다른 교과를 공부함	교사의 요구에 학생이 협조적임	학생이 질문의 핵심을 이해하지 못함
학생이 교사의 권위와 지식에 도전함	학생이 질문을 시작함	교사와 시선을 접촉하지 않고, 수업 태도도 좋지 않음

【표 32】 학생 수준과 수업 양상(설양환 · 박태호 외 역, 2005: 146)

Gagne, Briggs, Wagner(1992)는 학생 수준에 따른 수업 유형을 수치로 제시하였다(설양환 · 박태호 외 역, 2005: 146~147). A 학급은 하위권 학생들이 압도적 다수를 차지한다. 학생 수준에 비해 교재, 교사 설명, 학습 활동이 어렵다. B 학급은 중위권 학생이 다수를 차지한다. 교재, 교사 설명, 학습 활동은 학생 발달 수준에 적합하나 일부 학생의 경우에는 쉽거나 어려울 수 있다. C 학급은 상위권 학생들이 압도적 다수를 차지한다. 이 수준에서는 교재, 교사 설명, 학습 활동이 학생 수준에 비해 쉽다. 이것을 표로 제시하면 다음과 같다.

	하위수준(%)	중간수준(%)	상위수준(%)
학급 A	75	25	0
학급 B	25	50	25
학급 C	0	25	75

【표 33】 학생 수준과 수업 양상(설양환 · 박태호 외 역, 2005: 146)

6) 예시와 삽화 그리고 시범 자료를 활용하는 국어 수업

예시와 삽화 그리고 시범 자료를 활용한 수업 역시 국어 수업의 명료성을 판별하는 핵심 요소이다. 교사가 수업 중 제시하는 교육과정 관련 예시 자료, 삽화, 지식이나 기능과 전략 혹은 태도에 대한 전문가의 사고 과정 시범, 학습 목표에 대한 학생과의 의견 교환 등이 여기에 해당된다. 수업 중 시청각 자료 활용하기, 학습 활동 안내하기, 문제 상황 제시하기, 소집단 토론하기, 질의와 응답하기 등은 수업 내용의 명확한 이해에 도움을 준다(설양환 · 박태호, 외 역, 2005: 147).

김 교사의 말하기 · 듣기 수업 장면에서는 예시와 OHP 자료를 활용하여 수업의 명료성을 높이는 장면을 관찰할 수 있다.

교 사	①이 그림을 그린 사람은 어떤 말을 하고 싶어서 이런 그림을 그렸을까? 이걸 보는 사람에게 무엇인가 생각을 전하고 싶어서 그림을 그렸을 텐데, 이 그림은 어떤 생각을 담고 있을까? 한열이?
학 생	환경보호를 잘 해가지고 쓰레기 같은 것을 버리지 말고 환경을 잘 보호해야 해요.
교 사	②그래요. 쓰레기를 버리지 말고 환경보호를 하자 이런 주제를 담고 있어요. 지금 이야기 한 것이 바로 이 그림의 주제가 되요. 바로 이런 것이 주제에요. 이 글을 읽다보면 주제를 찾는 방법이 어떤 방법이 있다고 일러두기 상자에 있는데, 어떤 방법이 있어요? 몇 가지가 있냐면 세 가지 방법이 있어요. 세 가지 방법을 찾았나요?

학 생	네.
교 사	첫 번째 방법은 뭐였죠?
학 생	제목, 이야기의 제목

〈자료 34〉 예시와 OHP를 활용한 국어 수업 장면

김 교사는 그림 자료를 활용하여 주제에 대한 개념을 설명하였다. OHP로 자료를 제시하고, 그림의 주제를 찾는 활동을 읽기의 주제 찾기 활동과 연계시켰다(①). 또 예시와 질문 자료를 활용하면서 주제 찾는 방법을 설명하였다(②). 김 교사가 놀이 중심의 읽기 수업에서 사용한 시각 자료와 언어 자료를 점검표에 표시하면 다음과 같다.

	지표	발생횟수									
		1	2	3	4	5	6	7	8	9	10
시각자료	판서										
	OHP 사용	○									
	시각자료 사용										
	슬라이드나 영화 상영										
	모형이나 기자재 사용										
	기타										
언어자료	예시나 질문	○									
	그림책 낭독										
	개인 경험 회상										
	배경 지식 연계										
	문제 출제										
	비교나 대조										
	기타										

【표 34】 시각 자료와 언어 자료 사용 점검표(설양환 · 박태호 외 역, 2005: 162)

2. 수업의 다양성과 국어 수업

Borich(2003)는 수업의 다양성 평가 요소로 ①주의집중 기법 활용하기, ②열정과 생동감 보여주기(눈맞춤, 다양한 음성, 몸짓 변화), ③다양한 자료 제시하기, ④강화와 보상 활용하기, ⑤다양한 형태의 질문과 탐문 활용하기, ⑥수업 중에 학생 아이디어 활용하기 등을 제안하였다(설영환 · 박태호 외 역, 2004: 166). 이것을 국어 수업에 적용하고, 관련 사례를 제시하면 아래와 같다.

1) 주의집중 도구를 활용하는 국어 수업

주의집중은 인지 과정과 시청각 기관을 자극하는 교수 기법이다. 인지 자극 요인에는 언어 발문(진술과 질문)이, 시청각 자극 요인에는 각종 자료 활용이 포함된다. 인지 과정을 자극하는 발문에는 ①충격 요법 발문, ②논쟁 조장 발문, ③모순 상황 제시 발문, ④호기심 자극 발문이 있다. 시청각 기관을 자극하는 요소에는 ①매체(표나 차트, 사진이나 그림 등), ②미디어(오디오, 필름이나 텔레비전이나 비디오, 컴퓨터 등), ③실물 교재(생물, 모형, 실습 장비 등)가 있다(설양환 · 박태호 외 역, 2004: 168~170).

인지 자극은 학생 사고 활동을 자극하는 발문에서 비롯된다. 이때 교사는 자신이 알고 있는 정답만을 학생에게 요구하는 닫힌 발문을 사용해서는 안 된다. 학생의 인지적 사고와 상상력을 자극하고, 흥미를 유발하며, 때로는 즐거움이나 당혹감을 주어 후속 학습에 대한 관심이나 열정 혹은 호기심을 유발하는 열린 발문을 사용해야 한다.

국어 수업 장면에서는 인지 사고를 촉진하는 발문이 어떤 양상으로 드러나는지 살펴보자.

교 사	오늘 아침에 선생님이 수업준비를 하고 있는데, ①열린 창문으로 어디선가~(마징가제트 만화 영화 주제가 리듬을 생각하며 노래), 예쁜 노란 비행기가 날아오는 거 있지. 그래서 깜짝 놀랐어. ②그런데 자세히 들여다보니까 안에 어떤 내용이 있었어. 너무 궁금했지만 선생님이 꾹 참았어. 왜?
학 생	보여 주시려고.
교 사	어, 맞아요. 선생님이 여러분과 함께 보려고 기다렸어요. ③지금 선생님이 이 비행기를 날리면, 누군가가 받아서 이 안에 있는 글을 읽어줘야 되는데, 큰 목소리로 읽을 수 있겠어요?
학 생	예.
교 사	큰 목소리로, 또랑또랑한 목소리로 편지를 읽을 친구에게 이 비행기가 날아갈 것입니다. ④선생님이 비행기를 날릴게요. 자, 날릴게요. 어디로 날아가나 볼까? 어떻게 하면 좋아. 정근이 머리에 맞았네요. 정근이가 한 번 일어나서 큰 소리로 내용을 읽어볼까요? 큰 목소리로 또랑또랑한 목소리로 읽어준다고 했지요? 잘 안 펴져요? 승태가 잘 도와주고 있어요. ⑤한 번 큰 소리로 읽어보자. 큰 소리로.
학 생	⑥글을 읽고, 중심내용을 찾아주세요. 개는 영리하고 충성스럽습니다. 주인의 생각을 알아차리고, 발소리만 듣고도 주인을 알아차릴 수 있습니다. 집을 지키고 심부름을 하기도 합니다. 사냥을 돕는 개도 있습니다. 눈이 보이지 않는 사람을 돕는 개도 있습니다. 주인이 위험할 때에 주인을 보호하는 개도 있습니다(노란별에서).
교 사	자. 정근이가 읽은 내용을 잘 들었지요? 우리 언젠가 공부한 내용이지 않아요?

〈자료 35〉 주의집중 도구를 활용한 국어 수업 장면

교사는 인지 사고 과정이나 시청각 기관을 자극하는 요소를 활용하여 학생의 주의를 집중시켰다. 예쁘고 노란 종이비행기가 교실로 날아왔다는 상황을 설정하고(①), 종이비행기 안에 중요한 내용이 기록되어 있다면서 학생의 호기심을 자극하였다(②). 그런 다음에 궁금해 하는 학생들을 향하여 교사 자신이 종이비행기를 날릴 것이니, 그것을 받은 학생이 기록된 내용을 큰 소리로 낭독하라고 요청하였다(③). 이에 학생들은 우렁찬 목소리로 화답하면서 교사의 다음 행동을 기다렸다. 이에 교사는 종이비행기를 직접 날리면서 학생의 시청각 기관을 자극하였고(④), 기록된 내용을 읽게 하여 학생 사고를 자극하였다(⑤, ⑥).

이 수업에서 남 교사는 학생의 호기심을 자극하는 발문을 사용하였고, 종이비행기를 매체로 활용하였다. 이것을 점검표로 제시하면 아래와 같다.

날짜	주제	이름	소속	진술과 발문					매 체				미디어			실 물			
				호기심	모순상황	논쟁조장	충격	기타	표/차트	칠판	사진/그림	기타	오디오	필름/TV/비디오	컴퓨터	생물	모형	전문적/실습용장비	기타
6월/7월		류○○	○○초교	○								○							

【표 35】 주의집중 도구 활용 점검표(설양환 · 박태호 외 역, 2005: 190)

2) 열정과 생동감을 보여주는 국어 수업

주의집중 도구를 활용한 학습 동기 유발만큼이나 중요한 것이 학습분위기 유지이다. 도입 학습 초기에 주의 집중도구를 활용하여 학생의 흥미를 유발하고, 호기심을 자극하였다면, 이후에는 목소리나 시선 접촉 혹은 몸짓을 이용하여 유발된 학습 분위기를 유지해야 한다. 이어지는 수업 장면에서는 국어 수업에 대한 열정과 생동감이 넘치는 장면을 관찰할 수 있다.

교 사	①그렇죠. 상숙이는 민기 팬이야. 그렇지? 민기가 무슨 말만 하면 그저 감동해가지고 박수를 쳐줘요(밝고 환한 미소를 지으면서 학생을 바라보며 학생을 격려한다). 자, 이번에는 여러분들, 거인은 어떤 성격일까요? 자, 형은이는 어떤 생각이 들었습니까?
학 생	②거인의 성격은 참 나쁘다고 생각합니다. 왜냐하면 죄 없는 소년의 아버지를 억지로 끌고 갔기 때문입니다.
교 사	③그렇지. 굉장히 나쁜 사람이라는 걸 알 수 있었어요(웃는 얼굴로 맞장구를 친다). 송이는 어떤 생각을 했어요?
학 생	④저는, 어…….(학습 부진아인 송이가 정확하게 대답을 하지 못하고 말의 끝을 흐린다.)
교 사	⑤나쁜 거인 같아요?(교사가 실마리를 제공한다.)
학 생	⑥아버지를(부진 학생이 용기를 내어 더듬거리면서 말을 한다.)
교 사	⑦네(교사가 웃으면서 맞장구를 친다.)
학 생	⑧데려가서(부진 학생이 용기를 내어 더듬거리면서 말을 한다.)
교 사	⑨네(교사가 웃으면서 맞장구를 친다.)
학 생	1심하게요 시켰…….(송이가 말끝을 흐린다.)
교 사	2일을 시킬 것 같아요? 네, 그래서 나쁜 사람 같다? 좀 더 다른 생각을 보충해줄 사람? 현상이는 어떤 생각을 했어요?

〈자료 36〉 열정과 생동감이 넘치는 국어 수업 장면

김 교사는 형은이와 송이라는 두 명의 학생과 대화를 한다. 동영상 장면만을 보면, 형은이는 매우 우수한 학생에, 송이는 매우 부진한 학생에 속한다. 김 교사가 밝고 환하게 웃음을 지으면서 낭랑한 목소리와 유머 화법을 이용하여 형은이에게 거인의 성격에 대해 질문하였다(①). 형은이가 거인의 성격이 좋지 않다고 응답하자(②), 교사는 맞장구를 치고 격려하면서 송이의 의견을 구하였다(③). 이에 송이가 말끝을 흐리면서 자신 없는 표정과 작은 목소리로 발표를 이어가자(④), 김 교사는 송이를 쳐다보고, 환한 웃음을 지으면서 실마리를 제공하였다(⑤), 교사의 격려에 고무된 송이가 다소 부족하지만 반응을 하자(⑥), 맞장구치기(pumping) 전략을 활용하여 송이의 사고 활동을 촉진시켰다(⑦, ⑨).

이 수업의 백미는 교사의 시선처리이다[40]. 김 교사는 학습 능력이 부족한 송이를 가르치면서, 긍정적 분위기에서 환한 미소를 지으면서, 차분한 목소리로 학생의 사고 활동을 촉진, 인도, 격려하였다. 결국 교사의 시선 처리와 몸짓에 고무된 송이는 거인의 성격을 부정적으로 파악한 근거로 '거인이 아버지를 납치하여 일을 심하게 시켰다.' 는 논리를 완성하여 제시할 수 있었다. 이 국어 수업 장면에 나타난 김 교사의 열정과 생동감을 리커트 척도표로 제시하면 다음과 같다.

가. 신체 활동 반경

지루하고 비생동적이며 정적임	산만하고 서두르며 끊임없이 배회함	수업에 적합한 움직임

나. 시선 접촉

특정 학생이나 지점만을 집중해서 주시함	부족하지만 시선을 접촉함	교실 좌우를 유심히 살펴보고, 지속적으로 시선을 접촉 함

다. 억양

단조롭고 변함없는 음성으로 말함	가끔 음조(음성)를 바꿈	수업 상황과 내용에 따라 음성을 수시로 변환함

라. 몸동작

산만하거나 단조로움	가끔 효율적이나 산만함	자연스럽고 표현력 있음

【표 36】 열정과 생동감 관련 리커르트 척도표(설양환 · 박태호 외 역, 2005: 191)

3) 다양한 매체를 활용하는 국어 수업

매체 활용 역시 국어 수업의 다양성을 결정한다. 매체 유형에는 청각 자료, 언어 자료, 시각 자료, 촉각 자료가 있다. 이것을 표로 정리하면 아래와 같다(설양환 · 박태호 외 역, 2005: 172).

청각 자료	언어 자료	시각 자료	촉각 자료
교사 설명	교사 판서	차트, 그래프, 삽화	학습 표본 검토
교사와 학생 질문	OHP	교과서나 칠판의 도표나 그림 관찰	기구 사용
오디오나 비디오 청취	낭독	영화나 비디오 감상	제작과 구성 활동 (붙이기, 잘라내기, 그리기)
따라 읽기	교재를 활용한 소집단 활동	실물이나 모형 관찰	자료 배열과 순서 조합
학생들의 소집단 토론	필기		

【표 37】 국어 수업 중 활용 가능한 매체 유형(설양환 · 박태호 외 역, 2005: 172)

교수법이 다양한 국어 수업은 위에 제시한 매체를 학습 유형에 맞게 적용하고 활용하는 수업이다. 예를 들면, 학습 활동 절차에 따라 다양한 유형의 매체를 활용할 수 있고, 소집단별로 서로 다른 유형의 매체를 활용할 수 있다. 전자의 경우는 일상 수업에서 흔히 관찰할 수 있으나 후자의 경우에는 쉽게 관찰되지 않는다. 예를 들면, 소집단 활동을 하면서 하나의 차시 학습 목표에 대해 금강 모둠에서는 청각 자료를(카세트 테이프나 발표), 한라 모둠에서는 보기 자료를(칠판의 도표 활용, 영화 감상 및 컴퓨터 자료 활용), 설악 모둠에서는 촉각 자료를(표본이나 기구 사용, 제작) 활용하여 학습한 경우를 찾기가 어렵다. 이에 대해 Marx & Walsh(1988)는 소집단별로 서로 다른 유형의 매체를 활용하여 학습 활동을 전개하면, 학생 스스로 자신이 학습 활동을 통제하고 제어하는 느낌을 가진다고 한다.

류 교사의 중심문장 찾기 수업 장면에서는 다양한 유형의 매체 활용 장면을 관찰할 수 있다.

교 사	①지난 시간에 여러분이 읽은 내용이 무엇이지요? 옛날 과자잖아요(옛날 과자 그림 자료를 칠판에 붙인다). 선생님이 과자를 막 섞었어요? ②누가 한번 분류할까요? 누가 할까요? 짜잔, 우리 빙글이를 한번 돌려보자. 하나 둘 셋을 외쳐보겠어요? 어느 모둠이 당첨될지 모르겠어요. 하나 둘 셋을 외쳐주세요(빙글 판을 돌린다).
	〈중 략〉
교 사	③선생님이 어제 이것을 차례대로 예쁘게 준비했었어요. 그런데 학교에 오면서 차 안에서 흔들려서 뒤섞였어요. 문장마다 1, 2, 3, 4라고 쓸 걸. 도대체 중심내용이 어디에 있는지 알 수가 있어야지요? 여러분과 함께 찾아보고 싶어요. 누구 선생님 도와줄 사람? (중략) 우리 지난 시간에 손가락 문단 한번 만들어봤죠? 승현이가 중심문장이 어디 있는지 찾아보세요. 여러분도 찾아보세요. 승현이가 선생님 손에 붙여주세요.
	〈중 략〉
교 사	④지금까지 모둠 활동을 했어요. 이제부터는 혼자 힘으로, 혼자 힘으로 학습 활동을 해봅시다(지금까지 손가락 문단을 활용하여 중심 문장을 찾는 활동을 모둠별로 하였다). 그렇지만 정말 모르는 친구는 비상등을 켜면 선생님이 가서 도와 줄 거예요. 잘 들으세요. 선생님이 문단 봉투를 만들었어요. 선생님이 6개의 봉투를 준비했어요?(중심문장과 뒷받침 문장으로 구성된 손가락 문단 학습지). 마음에 드는 손가락 문단을 하나 고르세요. 여러분 스스로 문제를 풀어보세요. 할 수 있겠어요? 〈중략〉 손가락 문단을 완성한 사람은 학습지에 붙여보세요. 선생님이 도와줄게요. 아마 혼자

서 떼기 좀 힘들 겁니다. 잘했어요. 어디에 붙였어요? 어 괜찮아요. 거기에 붙이는 거예요.

〈자료 37〉 매체 활용 수업 장면

그림 자료(자석 자료)를 활용하여 전시 학습 내용을 상기시키는 부분(①), 빙글이를 활용하여 발표 모둠을 정하는 부분(②), 한 문단을 여러 개의 문장 카드로 세분하고, 섞은 후에 순서대로 배열하는 부분(③)은 시각 자료와 언어 자료를 활용한 수업 장면이다. 한편, 중심문장과 뒷받침 문장이 뒤섞인 카드를 차례에 맞게 배열하게 하는 장면(④)은 촉각 자료를 활용한 수업 장면에 속한다.

5분 간격	구두 (말하기, 듣기/듣기)	언어적 (쓰기)	시각적 (보여주기/보기)	촉각적 (만지기)
1		○	○	
2		○		○
3				
4				
5				
6				
7				
8				
9				
10				
합계				
백분율				
시간(분)				

【표 38】 매체 활용 점검표(설양환 · 박태호 외 역, 2005: 193)

4) 강화와 보상을 활용하는 국어 수업

교사와 학생의 상호작용을 촉진하는 요소 중의 하나가 보상과 강화이다. 보상은 다양한 유형의 강화와 결합될 될 때에 그 효과가 배가 된다. 그러나 '좋아' 나 '잘 했어' 와 같은 단순 언어 보상을 습관적으로 반복 사용하면 그 효과는 감소된다.

보상과 강화는 비형식적인 것과 형식적인 것으로 구분할 수 있다(설양환 · 박태호, 2005: 177). 비형식적인 것은 매일 수시로 할 수 있는 것으로 여기에는 ①칭찬과 미소 그리고 맞장구치기, ②정답 근거 설명 후에 칭찬하기, ③학생의 답을 예시 자료로 활용하기, ④다른 학생에게 문제 해결 방법과 절차를 다시 설명하게 하기, ⑤동료 학생이 칭찬하게 하기 등이 포함된다. 형식적인 것은 주별이나 월별로 시행할 수 있는 것으로 여기에는 ①부가 점수 주기, ②게임 허락하기, ③모둠별 공부 허락하기, ④학생에게 특별 임무 부여하기,⑤인증서 수여하기, ⑥학습 센터나 도서관(학급 문고 포함) 활용 권한 부여하기, ⑦혼자서 공부할 수 있는 시간 허용하기, ⑧시험 결과와 과제물 게시하기, ⑨학부모에게 칭찬 서신 보내기 등이 있다.

이어지는 김 교사의 쓰기 수업 장면에서는 다양한 보상 기법을 활용한 장면을 관찰할 수 있다.

학 생	①7모둠이 발표하겠습니다. 토의 제목은 '나무꾼이 선녀의 옷을 몰래 가져간 것이 잘 한 것인지, 다른 방법은 없었는지에 대한 것' 입니다. 저 이끔이는 몰래 가져가는 것은 나쁜 일이라고 말하였습니다. 다문이 사영이는 나무꾼이 선녀의 옷을 훔치지 않고 같이 며칠 살다가 가족이 보고 싶을 때에는 하늘 나라로, 나무꾼이 보고 싶을 때에는 땅으로 내려오면 된다고 말하였습니다. 또박이 수희는 저와 생각이 같고,
	〈중 략〉
교 사	②음, 박수 좀 쳐주세요. 여러분들이 지금 친구들과 함께 생각 열기 활동을 했는데, 혼자가 아니라 친구와 함께 협동해서 했어요. ③어떤 좋은 점이 있는지 혹시 말할 사람 있나요? 어떤 좋은 점이 있을까요? 자, 지수가 한번 발표하세요.

학 생	④친구의 말을 듣고, 내 글을 더 고칩니다.
교 사	⑤내 글을 수정하는데 필요한 생각을 얻을 수 있지요. ⑥자, 또, 수현이가 말을 할래요?
학 생	⑦제가 몰랐던 것을 알 수 있습니다.
교 사	⑧오, 수현이가 몰랐던 것을 새로 알게 된다고 합니다. 또 있나요?

〈자료 38〉 강화와 보상을 활용하는 국어 수업 장면

7모둠에서 '선녀와 나무꾼 관련' 토의 주제에 대해 발표를 하였다(①). 교사가 동료 학생의 박수를 유도하면서 7모둠을 격려하였고(②), 협동 작문의 장점에 대한 학생 의견을 요구하였다(③). 이에 지수가 친구의 의견을 참조하여 자신의 글을 고쳐쓰는 장점이 있다고 하자(④), 교사는 학생 대답을 반복하여 말하면서(⑤), 다른 학생의 또 다른 의견을 구하였다(⑥). 이에 수현이가 새로운 것을 알 수 있다고 말을 하자(⑦), 교사는 학생 대답에 맞장구를 치면서 다른 의견을 구하였다(⑧).

이 수업 장면에 나타난 교사의 보상 유형 중 비형식적인 부분을 표로 제시하면 아래와 같다.

	교사의 응답/활동	발생횟수									
		1	2	3	4	5	6	7	8	9	10
비형식적 (매일)	단지 칭찬만 하거나, 웃어주던가, 고개만 끄덕인다.	○									
	학생 대답이 왜 정답인지 그 이유를 설명하면서 칭찬 한다.										
	학생의 대답을 사례로 사용한다. (판서 혹은 말)	○	○								

비형식적 (매일)	다른 학생에게 문제 해결 방법과 과정을 설명하게 한다.										
	다른 학생에게 문제 해결 방법과 과정을 설명하게 한다.										
	동료 학생의 감탄 표현을 유도한다.	○									
	기타										
형식적 (주별, 월별)	부가 점수를 주고 과제에 기록										
	게임, 시뮬이션 등 특별한 이벤트 허용										
	모둠별 학습 활동 허용										
	학생에게 특별 권한 부여										
	인증서 수여										
	학습센터, 도서관 사용 허용										
	혼자 공부하는 시간 허용										
	시험/숙제 게시와 전시										
	학부모에게 서신 발송										
	기타										

【표 39】 강화와 보상 활용 점검표(설양환 · 박태호 외 역, 2005: 194)

5) 다양한 형태의 질문과 탐문을 활용하는 국어 수업

질문은 중요한 교과 내용에 대해 교사와 학생의 언어적 상호작용을 가능하게 하는 도구이다. 이병석 역(1999: 131~133)에서는 질문의 특성을 여섯 가지로 소개하였다.

①질문은 교사와 학생의 언어적 상호작용을 촉진시킨다. 교실 대화의 주요 구조는 교사질의 학생응답으로 구성되므로, 적절한 질문은 언어적 상호작용의 질과 수준을 높여준다. ②질문은 특정 주제의 중요 부분에 주의를 기울이게 한다. 특정 주제의 특정 내용에 학생 주의를 집중하고 싶으면, 관련 부분에 대해 질문하면 된다. 학생은 질문에 응답하면서 주요 특성에 주의를 기울이게 된다. ③질문은 교과 내용에 대한 학생 이해도 측정 도구로 활용된다. 질문을 하면, 특정 교과 내용에 대한 학생 이해도를 평가할 수 있다. ④질문은 교과 내용에 대한 복습 도구로 활용된다. 학습 활동 후에 기본 학습 내용에 대해 질문을 하면서 반복 학습 효과를 얻을 수 있고, 부족한 부분에 대해 질문을 하면서 보충 학습의 효과를 얻을 수 있다. ⑤질문은 사고와 인지 활동을 촉진한다. 지식, 이해, 적용, 분석, 종합, 평가와 같이 학생 수준차를 고려한 질문은 학생 인지 과정을 촉진시킨다. ⑥질문은 학생의 사회적 행위 조정에 유용하다. 질문을 활용하면 바람직한 행동을 장려할 수 있고, 부적절한 행동은 규제할 수 있다.

질문의 유형을 수렴적 질문과 확산적 질문으로 구분할 수 있다. 수렴적 질문은 일명 닫힌 질문이다. 학생의 수렴적 사고를 촉진시키고, 제한된 범위내의 규정된 응답만을 요구한다. 주로 교과서 내에 정답이 있는 사실적 수준의 발문이 여기에 해당된다. 확산적 질문은 일명 열린 질문이다. 학생의 발산적 사고, 창의적 사고를 촉진시키고, 다양한 범위내의 응답을 허용한다. 수렴적 질문과 확산적 질문의 연구 결과에 따르면(Braudi, 1998;Dillon, 1988;Gall, 1984;Redfield & Rousseau, 1981), 대부분의 교실에서 확산적 질문보다는 수렴적 질문을 더 많이 하고 있다. 만약 개념 파악, 추론이나 추리, 의사결정이나 판단력과 같은 고차원적인 사고 능력을 향상시키고자 한다면 확산적 질문을 더 많이 사용해야 한다(설양환 · 박태호 외 역, 2005).

탐문은 질문 뒤에 나오는 질문이다. 탐문은 초기 반응을 심화 · 확장시키거나, 명료화하게 하거나, 일탈된 반응을 다시 원점으로 되돌리거나, 초기 반응을 정교하게 다듬는 질문이다. 박태호(2004)는 탐문의 유형[41]을 ①초점화하게 하기, ②입증하게 하기, ③명료화하게 하기, ④정교화하게 하기, ⑤확장하게 하기의 다섯 가지로 구분하였다.

①초점화하게 하기(refocusing)는 학생의 첫 반응이 교사의 핵심 질문에서 이탈되었을 때, 초점을 바로 잡고자 할 때에 사용한다. ②입증하게 하기는 학생이 교사의 발문에 반응하였을 때, 관련 정보의 출처를 밝히도록 요구하여 정보의 정확성을 한층 높이고자 할 때에 사용한다. 일반적으로는 "______을 어떻게 알았는가?"의 형식으로 물으면 된다. ③명료화하게 하기는 학생의 첫 반응이 틀리지는 않지만 다소 불분명하거나 부적절한 용어로 표현하여 기대에 미달될 경우에 사용한다. ④정교화하게(elaboration) 하기는 교사의 발문에 답한 학생 응답이 정답의 범주에는 포함되나, 너무 기본적이거나 간결할 경우에 더 구체적인 대답을 요구할 때에 사용한다. ⑤확장하게 하기는 동일 내용에 대한 학생의 다양한 반응을 요구할 때에 사용한다.

오 교사의 말하기 · 듣기 수업 장면에서는 다양한 유형의 탐문을 활용하여 수업의 다양성을 꾀하는 장면을 관찰할 수 있다.

교 사	음, 다은이, 손다은, 오여진, 우리 반, 음~ 친구, 음~ 이수현, 김지수. ①이번에는 이 네 사람이 한 번 발표합시다. 그림을 보고, 칭찬하는 말을 하여 보세요. 첫 번째 그림입니다.
학 생	②어린이가 어른들께 인사를 하고 있는 모습입니다.
교 사	③어, 무엇을 잘해요?
학 생	④인사요.
교 사	인사를 잘 하는 모습입니다. ⑤칭찬하는 말을 해 보세요. 그 다음 칭찬하는 말을 해 보세요.
교 사	⑥그냥, 이름을 지어주세요. 누군지 모르죠? 이름을 지어주세요.
학 생	…….
교 사	⑦순이는?
학 생	순이는 인사를 잘 합니다.
교 사	어, 그렇게 해서 칭찬하는 말을 해주세요.

〈자료 39〉 다양한 형태의 질문과 탐문을 활용하는 국어 수업

오 교사는 지시하기(①) 수업대화를 이용하여 '그림을 보고, 칭찬하여 봅시다' 라는 학습 활동을 요구하였다. 학생이 교사의 의도와 다른 엉뚱한 반응을 보이자(②), 초점에서 벗어난 학생의 반응을 다시 원점으로 돌리기 위해서 초점화하기 수업대화를 사용하였다(③). 그러나 여전히 부족한 반응을 보이자(④), 정교화하게 하기 수업대화를 활용하여 학생의 정확한 반응을 유도하였다(⑤, ⑥).

이 수업 장면에 나타난 '교사 질문-교사 반응-교사 탐문' 구조를 분석하여 표로 제시하면 아래와 같다.

	교사 질문		학생 응답에 대한 교사 반응				교사 탐문					
질문 번호	수렴	확산	인정	부분 인정	인정 거부	모름/응답 없음	탐문 없음	초점화	명료화	입증화	확장화	정교화
1					○							
2								○				
3				○								
4												
5												○
6												○
7												
8												
9												
10												
11												
12												
13												
14												
15												

총	수렴			1	1			1				2
	확산											

【표 40】 질문과 탐문 활용 점검표

6) 학생의 아이디어를 활용하는 국어 수업

수업 중 학생 아이디어를 활용하면 수업의 다양성을 꾀할 수 있다(Palincsar & Brown, 1989;Duffy & Roehler, 1989; Flasnders, 1970). 학생 아이디어 활용 유형에는 ①인정하기, ②수정하기, ③적용하기, ④비교하기, ⑤요약하기의 다섯 가지가 있다(설양환 · 박태호 외 역, 2004: 183~184). 인정하기는 학생의 반응(발표, 토론 등)을 그대로 수용하여 사용하는 것이고, 수정하기는 학생 반응을 교사가 수정하여 다시 진술하는 것이다. 적용하기는 다음 활동이나 단계로 진행하면서 학생 반응을 활용하는 것이고, 비교하기는 학생 반응과 다른 반응을 연결하거나 비교 혹은 대조하는 것이다. 요약하기는 학생 반응을 이용하여 요점을 말하는 것이다.

간혹 수업 시간 부족으로 학생 반응을 인정하지 않고, 다음 활동으로 넘어가는 경우가 있다. 이것은 매우 부적절한 행동이다. '내 질문에 먼저 답을 하세요.', '좋아요, 그것으로 충분합니다.', '시간이 없는데 빨리 말하세요.'와 같은 말들은 학생에게 실패에 대한 두려움을 심어 주어 자신감을 상실하게 한다. 학생 반응을 중간에 차단하거나 통제하는 이러한 행위들이 자주 발생하면, 학생의 자발적 학습 참여도가 떨어진다. 이어지는 말하기 · 듣기 수업에서는 학생의 사고 활동을 수용하여 다양한 수업을 진행하는 장면을 관찰할 수 있다.

교 사	93쪽의 그림과 글을 한 번 읽어보세요. 어떻게 칭찬을 했나요?
	자, 누가 이야기 해 볼까? 어, 지혜로운 민규?
학 생	①네, 선생님. 성호는 남을 잘 도와준다고 했습니다.

교 사	②어~
학 생	③왜냐하면〈휴지〉
교 사	④음~
학 생	⑤민기가 뭘 엎질렀을 때 걸레로 닦아주었기 때문입니다.
교 사	⑥어, 그랬군요.
	⑦그런데 '무엇을 잘 한다.' 이렇게 하지 않고 무엇을 이야기해줬어요?
학 생	⑧이유
교 사	⑨옳지. 이유도 같이 이야기를 해 줬어요.

〈자료 40〉 학생 아이디어를 인정하고, 수정하는 국어 수업 장면

오 교사의 말하기 · 듣기 수업 장면이다. 교사는 자신의 질문에 학생이 답변을 하자(①), 맞장구치기 전략을 활용하여 학생의 생각을 그대로 인정하였고(②), 학생이 생각할 시간이 필요할 때에도 맞장구치기 전략을 활용하여 자신감을 심어주었다(④). 한편 학생이 부족한 답변을 하였을 때에는(⑤), 일단 맞장구를 치면서 학생 반응을 인정하고(⑥), 곧이어 반응 수정을 요구한다(⑦). 이에 학생이 기대하는 반응을 보이자(⑧), 맞장구를 치면서 학생 의견을 수용한다(⑨). 오 교사의 수업 장면에 나타난 학생 아이디어 활용 양상은 인정과 수정이다. 이것을 점검표로 제시하면 다음과 같다.

교사행동	학생 생각이 사용된 횟수														
	1	2	3	4	5	6	7	8	9	10	11	12	13	14	15
1. 인정	○	○	○												
2. 수정	○														
3. 적용															
4. 비교															
5. 요약															
총															

【표 41】 학생 아이디어 활용 양상 점검표(설양환 · 박태호 외 역, 2005: 172)

3. 학습 활동 참여와 국어 수업 장학

학생의 인지, 정서, 신체 상황은 교실 수업 상황과 긴밀하게 연결되어야 한다. 만약 그렇지 않다면, 정상적인 학습 활동을 기대하기 어렵다. 정상적인 수업 활동을 방해하는 요인에는 교실 배회하기, 친구와 잡담하기, 딴청을 부리거나 시선만 접촉하기(주의 깊게 듣는 것처럼 행동하나 다른 생각을 하는 경우 등) 등이 있다.

Borich(2003)는 학습 활동 참여 촉진 방안으로 ①문제 풀기(질문, 연습장, 유인물, 칠판이나 OHP 등), ②피드백 제공하기, ③칭찬하기, ④점검하고 기록하기, ⑤수업대화 사용하기의 다섯 가지를 제안하였다(설양환 · 박태호 외 역, 2005: 232~256).

1) 문제 풀기와 국어 수업 장학

학습 활동 참여는 문제 풀이로부터 시작된다. 학생은 배우고 익힌 내용을 연습하거나 적용할 때에 적극적으로 반응한다. 교사의 질문에 응답하거나 교과서와 학습지의 연습 문제를 풀면서, 유인물에 제시된 절차에 따라 토론과 토의 활동을 하면서 자연스럽게 학습 활동에 참여한다.

Rosenshine & Stevens(1986)는 학생의 학습 활동 참여 유도 방안으로, ①다양한 문항의 질문 준비하기, ②요점, 보충 내용 관련 질문 준비하기, ③학생 자신의 언어로 학습 내용이나 절차 요약하기, ④칠판이나 유인물에 학습 문제 제시하고, 교실을 순회하면서 학생 발달 수준 점검하기, ⑤친구와 정답 검토하기, ⑥모둠별로 주요 내용을 요약하여 발표하면서 정리하기의 여섯 가지를 제안하였다. 이것을 국어 수업 장면에 적용하면 아래와 같다.

교 사	①1절에 들어 있는 흉내말이 뭔지 아는 사람? 어디 다 함께 얘기해 봅시다.

학 생	토실토실. 꿀꿀꿀.
교 사	②어, 이 중에서 살이 통통하게 찐 모습의 흉내말은 뭐야?
학 생	토실토실.
교 사	'토실토실'은 귀여운 모습이라고 그랬어요. ③그 다음에 '꿀꿀꿀'은 무엇의 흉내말입니까?
학 생	돼지가…….
교 사	④돼지가 우는 소리.
	〈김 교사의 개별학습 읽기 수업 장면〉

교 사	①그러면 여러분이 공부할 내용이 무엇인지 제대로 알았는지 선생님이 한번 질문을 하도록 하겠어요. 자, 오늘 우리가 공부할 내용이 무엇이라고 했습니까?
학 생	인물의 모습과 성격을 말과 글로 표현한다는 거요.
교 사	②예, 참 잘 했죠. 예를 한 번 더 정확히 들어보겠어요? 예. 예를 들 수 있겠습니까? '음, 이렇게 읽어서 이렇게 해 가지고 이렇게 하면 좋겠어요.'라고. 예, 서유라 어린이. 한번 예를 들어 말해 보세요.
학 생	모습이 어떻게 생겼는지, 어떻게 착한 마음인지 한번 글로 써 보거나 말을 합니다.
교 사	③예, 착한 마음인지, 착하지 않은 마음인지 그런 자세한 내용도 쓰는 거군요.
	〈이 교사의 직접 교수 읽기 수업 장면〉

교 사	①교과서에 생각그물이 나오죠? 생각그물. 그리고 '뒤집다'라는 말이 나오죠? '뒤집다'라는 말과 관련하여 떠오르는 말? 우리 책에는 '딱지, 사건, 양말' 이렇게 되어 있죠? 그것과 관련하여 책에다가 여러분이 생각나는 대로 동그라미 안에다가 써 보세요. 〈중략〉자, 그럼 여러분들이 TP를 활용해서 마인드맵을 친구 앞에서 발표해 볼 텐데. 1 모둠부터 발표해 보겠습니다.
학 생	②김자민입니다. 저희 조에서는 '뒤집다'에서 '딱지, 사건, 경기, 양말' 등을 떠올렸는데요. 우선 딱지에서는 '친구'하고 '우리 집 앞마당'과, '사건'에서는 '범인'하고, '셜록 홈즈', '명탐정'이 생각났습니다. 그리고 '경기'에서는 '월드컵' 하고 '4강 신화의 이야기'가 생각이 났고, '양말'에서는 '크리스마스'하고 '발 냄새'하고 '빨

	래' 가 생각이 났습니다.
	〈중 략〉
교 사	선생님이 여러분들에게 학습지를 나누어 주면서 다 완성한 사람은 친구들과 함께 서로 돌려가면서 내용을 살펴보도록 했죠? 자, 자기 모둠에서 가장 잘한 사람의 작품을 뽑았습니까?
학 생	예.
교 사	자, 그럼 이제 나와서 모둠별로 발표하도록 할 거야. 주인공과 나, 비교하는 관점에서 우리가 이 글을 분석하는 겁니다.
	〈류 교사의 반응중심의 문학 수업 장면〉

〈자료 41〉 문제 풀기와 학습 활동 참여 유도

세 교사의 수업 장면에는 학습 활동 참여를 촉진하는 교사의 수업대화가 드러난다. 김 교사의 개별학습(1학년 2학기 읽기) 수업 장면에서는 교과서 삽화와 질문(①~④)을 활용하여 흉내내는 말의 개념과 유형을 가르치는 모습을 발견할 수 있다. 김 교사는 질문을 활용하여 학습 동기를 유발시키고, 학생의 학습 활동 참여를 유도한다. 이 교사의 직접 교수 읽기 수업 장면에서는 특정 활동 종료 후, 질문을 활용하여 학생의 학습 활동 참여를 유도하는 장면을 관찰할 수 있다(①~③). 류 교사의 반응중심 문학 수업 장면에서는 교과서 학습 문제를 OHP로 제시하여 학생의 학습 활동 참여를 유도하는 부분(①~②)을 관찰할 수 있다.

위에서 살펴본 국어과 학습 활동 참여 유형을 표로 제시하면 아래와 같다.

유도 활동	유도 활동 목적				
	동기 유발	특정 활동 종료 후	수업 장면 전환	과제로 인한 지연	무제한 (학생 재량)
유도 활동	○	○			

교과서나 학습지의 연습문제	○				
유인물 연습문제					
OHP나 칠판의 연습문제		○			
기타					

【표 42】 문제 풀기와 학습 활동 참여 유도 점검표(설양환 · 박태호 외 역, 2005: 253)

2) 피드백 제공과 국어 수업 장학

피드백은 학습 수행의 양과 질을 점검하고, 적절성을 평가하며, 학습 과정을 확인 · 감독하는 기능을 한다. 과제나 시험 결과에 대한 논평, 발표와 토론 · 토의 평가, 모둠별 동료 평가 등이 여기에 해당된다. 대부분의 학급에서 피드백은 교사와 학생의 상호작용 도중에 발생한다. 교사주도의 피드백은 학습에 대한 교사의 반응을, 학생 주도 피드백은 교수 결과에 대한 학생 반응을 제공한다.

피드백의 원리와 시기 그리고 방법을 구체적으로 살펴보면 다음과 같다(이병석 역, 1999: 285~298). 먼저 피드백의 원리를 살펴보자. ①피드백을 하기 전에 학습 과제 관련 요인 분석하기, ②객관적이고 합리적인 평가도구 적용하기, ③내적 피드백 기능을 가진 학습 자료(학습지에 학습 과제 해결에 필요한 힌트나 해답의 적절성 여부를 판단할 수 있는 항목 제시) 투입하기, ④학습 능력 향상에 도움이 되는 과정중심의 피드백 제공하기, ⑤학생 개인차를 고려한 피드백 제공하기(유능 학생에게는 과정이 틀렸다는 교사의 말 한 마디를, 부진 학생에게는 실마리 제공, 설명과 시범, 유능한 동료와의 협동학습) 등이 여기에 해당된다.

피드백 시기는 피드백의 효과를 결정짓는 중요 요소이다. 일반적으로 피드백은 학생 반응 직후에 하는 것이 좋고, 새로운 내용을 배울 때에는 학습 초기 단계에 하는 것이 좋다. 적절한 피드백 시기는 ①학생이 과제 수행에 대해 진정한 의지를 보일 때, ②새로운 내용이나 복잡하고 어려운 내용을 학습할 때에는 초기 단계에서, ③가급적 자주 제공하되 학생이 과제를 완성한 후에, ④과제 수행 중 어려운 부분에서 교사에게 수시로 요청하여 도움을 받을 수 있는 환경 조성하기 등이 해당된다.

피드백을 효과적으로 제공하는 방법에는 ①개인에게 많은 피드백을 제공하기, ②여러 학생이 동일 문제에서 유사한 어려움을 겪고 있다면 집단 피드백 제공하기, ③동일 문제에 대한 동일 오류가 반복되면 새로운 자료나 방법 사용하기, ④우호적이고 격려하는 분위기에서 피드백 제공하기, ⑤강화와 피드백을 결합하여 제공하기, ⑥학생 개인의 자질이 아닌 과제 수행에 초점을 두어 피드백 제공하기, ⑦다른 학습 과제에 제공된 피드백의 유형과 연계시키면서 피드백 제공하기 등이 있다.

3) 칭찬하기와 국어 수업 장학

의미 있는 칭찬도 학생의 학습 활동 참여를 유도한다. 칭찬이 탁월한 학습 성과를 보증할 수는 없지만 학습 동기 유발과 학습 활동 참여 유도에는 도움이 된다. Brohpy & Good(1986)에 따르면, 대부분의 교사가 칭찬을 하면서 보낸 시간은 하루 일과의 2%에 불과하다고 한다. 칭찬의 교육적 효과에 비해, 실제 교실 수업에 적용된 칭찬하기 비율은 매우 미약하다고 할 수 있다.

칭찬은 칭찬 방식과 칭찬 유형으로 구분할 수 있다. 칭찬 방식에는 ㉠말로 하는 칭찬, ㉡고개를 끄덕이거나 등을 두드리는 것과 같은 신체를 활용한 칭찬, ㉢글로 하는 칭찬이 있다. 칭찬 유형에는 ㉠중립적 확인, ㉡놀람이나 기쁨 그리고 흥분 표현, ㉢가치 설명, ㉣사용과 확장 그리고 정보 입수의 칭찬이 있다. ㉠중립적 확인에는 '좋아, 훌륭해, 그렇지' 등이, ㉡놀람이나 기쁨 그리고 흥분 표현에는 '너는 천재다, 탁월해' 등이, ㉢가치 설명에는 '학급 어린이들에게 정답인 이유를 설명하고, 원인이나 요소를 분석해서 증명하기' 등이, ㉣사용이나 확장 그리고 정보 입수에는 '다음 수준으로 학생 반응을 인도하거나 후속 단계에 도달할 수 있도록 칭찬을 사용하는 것' 등이 해당된다.

이어지는 두 수업 장면에서는 칭찬을 활용하여 학생의 학습 활동 참여를 유도하는 수업 장면을 관찰할 수 있다.

교 사	오늘 아침에 학교에 오면서 본 모습, 예를 들어 태극기가 펄럭거렸습니다. 이렇게 표현해 보세요.
학 생1	나뭇잎을 밟으니까 자르륵 자르륵 소리가 났습니다.
학 생2	녹색 아주머니가 앞으로 가라고 가리켜 주실 때, 아이들이 뛰어가면서 '우르르' 라는 소리를 냈습니다.
교 사	①참 잘 했어요. 오늘 공부 여기서 마칩니다. 열심히 잘 한 우리 모두에게 소나기 박수. 자기 자신에게 소나기 박수.
	〈류 교사의 1학년 읽기 개별학습 수업 장면〉
교 사	선생님이 이번 시간에 뭐에 대해서 공부를 하려고, 이러한 문자 카드를 꺼냈을까요? 뭐에 대해서 공부를 하려고? 한번 생각해 보세요. 장미옥.
학 생	①제가 발표하겠습니다. 끝말잇기 놀이를 하려고 준비를 해 놓았습니다.
교 사	②네, 끝말잇기를 할 거 같아요. 또, 뭐를 공부할거 같아요? 다른 생각 있는 사람? 또 다르게 이야기 할 수 있는 사람? 어디, 장미경?
학 생	③제가 발표하겠습니다. 말 주고받기를 하면서 글자를 알아보는 것 같습니다.
교 사	네, 말을 주고받으면서 글자를 공부할거 같다고 했습니다. ④오, 우리 3반은 어쩜 이렇게 똑똑해요?
	〈김 교사의 1학년 말하기 · 듣기 수업 장면〉

〈자료 42〉 칭찬하기와 학습 활동 참여 유도

학생 칭찬 장면이 잘 드러나는 두 교실의 수업 장면이다. 류 교사는 '참, 잘 했어요.'와 같이 놀람이나 기쁨 혹은 흥분을 나타내는 칭찬 표현을 사용하였다. 김 교사는 학생 반응(①)에 맞장구치는 중립적 유형의 칭찬(②), 학생 반응(③)에 대하여 놀람이나 기쁨 혹은 흥분을 나타내는 칭찬을 사용하였다(④).

칭찬을 활용하여 학생의 학습 활동 참여를 유도하는 두 교사의 칭찬 유형을 표로 제시하면 아래와 같다.

시간	번호	전달 방법			칭찬의 유형				
		구두	몸짓	필기	중립적 긍정	놀람, 흥미, 기쁨, 흥분	가치 설명	사용, 확장, 전념	기타
	1	○				○			
	2	○	○		○	○			
	3								
	4								
	5								
	6								
	7								
	8								
	9								
	10								
	11								
	12								
	13								
	14								
	15								
비율									

【표 43】 칭찬과 학습 참여유도 점검표(설양환 · 박태호 외 역, 2005: 255)

4) 점검 및 기록하기와 국어 수업 장학

점검은 관찰한 수업 내용을 기록하거나 수정 혹은 재조정하는 활동이다. 교사는 일제 학습, 모둠별 토론이나 개별 학습 도중에 학생을 관찰하고 기록할 수 있다. 교사의 질의에 손을 드는 모습을 관찰하면서 학습 활동 참여도를, 연습 문제를 푸는 모습을 보면서 학생 이해도나 문제 해결력을, 토론과 토의 과정 등에 참여하는 모습을 보면서 학습 활동 참여 양상을 관찰하고 평가할 수 있다.

점검은 체계적인 틀 안에서 이루어져야 한다. 단순히 학생과 시선 접촉을 하는 선에서 머물러서는 안 된다. 교실을 순회하면서 학습 활동 양상을 점검해야 한다. 이때 교사의 역할은 학생 감시자가 아닌 안내자나 조력자이다. 개별 학생과의 접촉 시간은 30초 이내로 하되, 특정 학생의 특정 문제로 제한하여 접근하는 것이 좋다.

수업 행동의 점검과 기록은 ①피드백 유형, ②기간, ③영역의 세 부분으로 구분하여 살펴볼 수 있다. ①피드백 유형에는 ㉠구두, ㉡필기, ㉢몸짓이 있다. 구두는 교사가 말로 설명하는 것이고, 필기는 학습지나 공책에 검사 결과를 글로 남긴 것이며('매우 잘함, 잘함, 보통, 노력을 요함이나 얼굴 표정 등'), 몸짓은 교사가 말을 하지 않고 신체를 이용하여 긍정이나 부정 표현을 하는 것이다. ②점검 기간은 수초, 수초에서 1분 이하, 1분 이상으로 구분할 수 있다. 수초는 교사가 한 두 마디를 할 정도의 시간만 학생 근처에서 머무는 것이고, 수초에서 1분 이하는 교사가 학생과 대화를 하지만 대화를 빠르게 종결하거나 학생이 교사의 질문에 빠르게 응답하거나 질문을 하는 것이다. 1분 이상은 교사와 학생이 두 번 혹은 세 번 정도 상호작용을 하는 것으로 교사는 필요한 내용을 가르치기 위해 학생에게 부가적인 문제를 제시한다. ③영역 1은 전방, 2는 전방 좌측, 3은 전방 우측, 4는 후방 좌측, 5는 후방 우측을 말한다. 이것을 표로 나타내면 다음과 같다.

접촉*	피드백 방법			지속 시간			영역				
	구두	필기	몸짓언어	2-3초	일분 미만	일분 이상	1	2	3	4	5
1	□	□	□	□	□	□	□	□	□	□	□
2	□	□	□	□	□	□	□	□	□	□	□
3	□	□	□	□	□	□	□	□	□	□	□
4	□	□	□	□	□	□	□	□	□	□	□
5	□	□	□	□	□	□	□	□	□	□	□
6	□	□	□	□	□	□	□	□	□	□	□
7	□	□	□	□	□	□	□	□	□	□	□
8	□	□	□	□	□	□	□	□	□	□	□
9	□	□	□	□	□	□	□	□	□	□	□
10	□	□	□	□	□	□	□	□	□	□	□

【표 44】 학습 참여 유도 점검 및 기록표(설양환 · 박태호 외 역, 2005: 255)

5) 수업대화 사용과 국어 수업 장학

학생의 학습 활동 참여를 유도하는 핵심 요소 중의 하나가 수업대화이다. 경직된 자세와 근엄하고 무표정한 얼굴에 생기 없는 목소리로 수업을 하는 교사와 유연한 자세와 밝고 활기찬 얼굴 표정 외에도 호감을 주는 목소리로 수업을 하는 교사의 교실 수업에 나타난 학습 참여 양상은 매우 다르다.

학생의 학습 참여를 조장하고 유도하는 수업대화에는 ①개념 이해와 시범을 위한 수업 대화 (여러분의 이해를 돕기 위해 선생님이 시범을 보여주겠습니다.), ②입증하게 하기의 수업대화 (참, 재미있습니다. 어떻게 그렇게 좋은 생각을 하게 되었습니까?), ③경쟁의식을 감소시키는 수업대화(오늘은 짝과 함께 공부를 하겠습니다.), ④적당한 시선 접촉 유지하는 수업대화(창수 옆에 앉아서 창수가 문제를 푸는 모습을 보겠습니다.), ⑤

기다리며 격려하는 수업대화(창수야, 천천히 생각하렴, 선생님이 기다릴게.), ⑥부족한 반응을 격려하고 정교하게 다듬는 수업대화(은수야, 너는 조금 색다르게 생각을 하였구나. 자, 그럼 처음 질문으로 다시 돌아가 볼까?) 등이 있다.

이 수업 장면에서 교사가 사용한 수업대화는 개념 이해와 시범이다. 이것을 점검표로 제시하면 다음과 같다.

교 사	①자, 생각그물 만들기. 어떻게 만들어야 되는지는 물론 여러분들이 잘 알고 있겠지만, 여러분들이 혹시 모를까봐 선생님이 한 번 만들어 볼게요. 혹시 맞나 틀리나. 아, 그런데 선생님이 자신이 없는데 여러분들이 좀 도와주세요. 나는 어떤 생각을 했냐면, 음, 음, 나는 이런 생각이 갑자기 났어요. 경험, 보여요?
학생들	네.
교 사	②너무 작게 썼나보다. 좀 크게 쓸 걸. 경험인데, 경험이 어떤 건지 잘 생각이 안 나서, 일단 아, 잘 모르겠어. 생각하고 있어. 이렇게 생각, 생각, 여러분들은 생각을 만화에서 이렇게 그리지요? 생각, 생각을 하고 있는데, 생각하다. 어, 오늘 날씨가 흐리니까 비가 올 것도 같고, 비가 오니까 어렸을 적에 엄마가 우산 가지고 온 생각도 나고, 어 비가 오면 개미가…….

〈자료 43〉 수업대화 사용과 학습 활동 유도

교사는 시범 보이기 수업대화를 이용하여 생각그물을 짜는 과정을 시범보이고 있다(①, ②). 시범을 보이는 도중에는 유머활용하기와 맞장구치기 전략을 활용하여 수업 분위기를 부드럽게 하거나, 학생의 학습 활동 참여를 독려하였다. 이것을 수업 분석표로 제시하면 다음과 같다.

지표	발생횟수									
	1	2	3	4	5	6	7	8	9	10
개념 이해와 시범 보이기										
입증하게 하기	○									
시선 접촉 유지하기										
경쟁의식 감소시키기										
기다리며 반응하기										
부족한 반응 격려하기	○									

【표 45】 수업대화 사용과 학습 활동 유도 점검표

4. 학습 분위기와 국어 수업

교실 행동 모델을 연구한 Fraser & Walberg(1991)에 따르면, 교실 수업 평가 요소에는 기관의 역할과 기대, 개인의 개성과 성격, 학습 분위기의 세 가지가 있다(설양환 · 박태호 외 역, 2005: 74). 기관(학교)은 교사와 학생에게 특정 역할(의무, 책임, 특권)을 요구한다. 교육과정에 따른 교육계획 수립과 학생 인도와 훈육은 교사의 역할에, 수업 출석과 학교 규칙 준수 및 동료와의 상호작용은 학생의 역할에 해당된다. 개인의 개성과 성격은 특정 학습 방식을 고수하고 실행하고자 하는 개인의 문화와 과거 경험이다. 학생 개인의 서로 다른 신념이나 가치관 및 행동 양식이 여기에 해당된다. 기관의 역할과 기대, 개인의 개성과 성격은 교사의 통제권 밖에 있는 요소이다. 이에 비해 학습 분위기는 교사의 통제권내에 있는 요소이다. 긍정적 학습 분위기가 조성되면, 개별 학생의 학습 수행 기대치와 열정이 높아져 긍정적 효과를 낸다(Bamburg, 1994 ; Cambourne, 2000).

학습 분위기 요소에는 교사의 관심사, 교사와 학생의 사회적 관계, 교사의 온화함과 통제 영역이 있으나, 이 연구에서는 교사의 온화함과 통제 영역만을 살펴보고자 한다. Flanders(1970)는 교실 상호작용 분석 체계를 이용한 수업대화 연구에서 '온화함'은 간접적인 것, '통제'는 직접적인 것과 동일시하면서 온화함과 통제를 양극단에 배치하였다. 그러나 Soar & soar(1983)는 온화함과 통제는 상호 관련은 있지만, 상호배타적 관계가 아닌 이질적 관계라면서 온화함과 통제는 특정 영역에서 동시에 일어날 수 있다고 하였다. 이 연구 결과에 따르면 온화한 교사는 학생을 통제하지 않고, 학생을 통제하는 교사는 온화하지 않다는 편견은 버려야 한다.

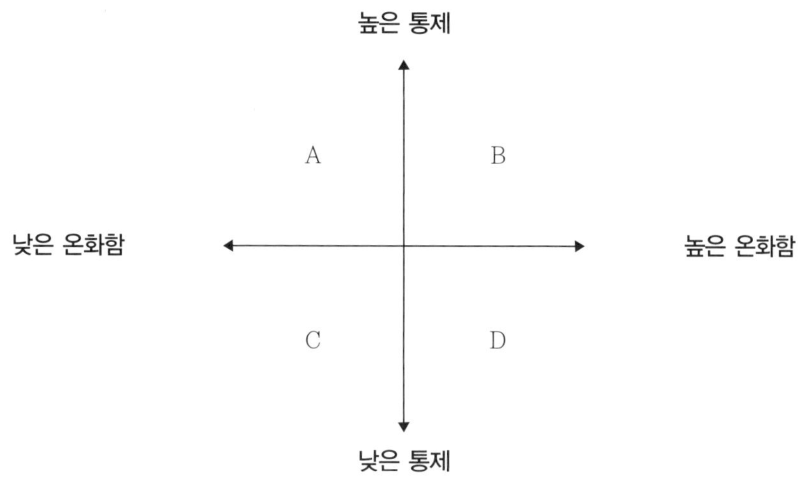

〈그림 13〉 교사의 온화함과 통제(설양환 · 박태호 외 역, 2005: 82)

A 영역은 높은 수준의 통제, 낮은 수준의 온화함을 보이는 교실이다. 상부 좌면에 해당하는 교사는 학생 행동의 모든 면을 통제하기 위하여 학생을 비판하거나 무안을 준다. 하부 우면에서 멀어지면 멀어질수록 칭찬과 보상은 없다. 이 영역은 업무중심, 과업중심을 추구하므로, 칭찬과 보상 그리고 강화를 활용한 학습 동기 유발보다는 벌이나 무안을 주는 학습 동기 유발 방식을 선호한다. 교사 주도의 대화 비율과 시간이 압도적으로 많다.

B 영역은 높은 수준의 통제, 높은 수준의 온화함을 보이는 교실이다. 이 영역의 교사는 온화하지만 통제적이다. 만약 온화함과 통제를 양립 불가의 개념으로 파악하면, 존재할 수 없는 영역이다. 상부 우면에 속하는 교사는 보상을 활용하여 학생 성취 행동을 유도한다. Soar & soar(1983)에 따르면, 이러한 교실은 교사가 치밀하게 계획하고 운영하는 칭찬과 보상 시스템으로 작동되기 때문에 학생의 자발적 응답이 부족하다고 한다. 이 영역은 칭찬과 보상 시스템을 활용한다는 점에서 A 구역과 다르다.

C 영역은 낮은 수준의 통제, 낮은 수준의 온화함을 보이는 교실이다. 하부 좌면에 해당하는 교사는 수업 중 학생을 질책하고 비난하는 행동을 자주 한다. 그러나 학생 행동을 통제하거나 제한하는 교실 규칙은 없다. 이러한 상황은 임시 교사의 교실 수업에서 흔하게 목격할 수 있다. 학생들은 임시 교사가 수업 환경에 익숙하지 못하거나 정통하지 못한 점을 이용하여 교실을 소란스럽게 한다. 이런 교실에서는 학생 행동을 통제하기 위한 교사의 비난과 질책에 정비례하여 학생 소요나 혼란도 증가한다. 거의 통제 불능의 상태라고 할 수 있다.

D 영역은 낮은 수준의 통제, 높은 수준의 온화함을 보이는 교실이다. 하부 우면에 속하는 교사는 종종 학생을 칭찬하고 보상한다. 가끔 지나쳐서 혼돈이나 혼란 상태를 초래하기도 한다. 이 영역의 교사는 교실을 통제하지 않는다. 단지 지도하고 안내하면서 조정자나 참여자의 역할을 한다. 교사는 온화한 태도로 훈육을 하고, 학생과 의논하여 정한 규칙에 기초하여 비언어적으로 전달한다. 이 영역에서는 학생이 주도권을 가지고 교실 활동이나 교실 대화에 참여한다.

교사의 온화함과 통제 범위 관찰표를 제시하면 아래와 같다.

15분 간격				학급 분위기를 나타내는 교사의 행동
1	2	3	4	A. 높은 온화함
				1. 학생 행동을 칭찬하거나 상을 줌
				2. 수업 중 학생의 생각을 이용함
				3. 학생 표현에 대해 교사가 응답함
				4. 학생 반응에 교사가 긍정적 몸짓으로 반응함

				5. 학생이 정답을 찾도록 교사가 실마리를 제공함
				6. 오답을 한 경우에도 격려함
				7. 학생 표현에 긍정적으로 반응하거나 느낌을 수용함
1	2	3	4	B. 낮은 온화함
				8. 교사가 주로 비판하고, 책망하며, 꾸짖음
				9. 교사가 학생의 말을 중도에 가로채거나 끊음
				10. 개별 학생이 잘못하면 전체 학생에게 주의를 주고, 훈계함
				11. 학생이 말하고자 하는 욕구를 무시함
				12. 교사가 눈살을 찌푸리거나 노려봄
				13. 학생에게 명령을 내림
				14. 적당한 근거를 제시하지 않고, 틀렸다고 비판함
1	2	3	4	C. 높은 통제
				15. 오직 하나의 답만을 정답으로 인정함
				16. 교사 주도의 수업을 함
				17. 학생은 교사가 원하는 답을 말함
				18. 학생이 추측하여 답을 하기보다는 정답을 알기를 기대함
				19. 해당 단원을 공부해야만 답할 수 있는 내용만을 질문함
				20. 학생 작품을 규정된 기준에 의해서만 평가함
				21. 주제와 밀접하게 관련된 답이나 추측만을 인정함
1	2	3	4	D. 낮은 통제
				22. 학생 자신의 문제나 질문만을 학습과정에 포함시킴
				23. 학생 스스로 교과를 선정하고 분석함
				24. 학생이 자신의 흥미와 관심에 따라 독자적으로 공부함
				25. 교사가 유용한 정보를 광범위하게 제공함
				26. 학생의 관심을 중심으로 수업함
				27. 시험 내용이나 학습 방법을 생각하며 공부하게 함
				28. 학생의 적극적 수업 참여를 권장함

【표 46】 교사 온화함과 통제(설양환 · 박태호 외 역, 2005: 98)

제2절 국어 수업 분석과 해석

1. 교재 분석과 수업 설계

1) 대단원 학습 내용 수준과 요소

이 수업은 1학년 2학기 읽기 첫째 마당 '상상의 날개를 펴요'의 6차시 내용이다. 이 대단원은 '시와 이야기를 편안한 마음으로 즐겁게 읽으면서 문학 반응 능력과 심미적 감수성을 기르기 위해' 설정되었다. 이 대단원의 근거를 이루는 교육과정 내용은 '작품을 즐겨 찾아 읽는 습관을 지닌다〈1-문학-3〉.'와 '책을 즐겨 읽는 습관을 지닌다〈1-읽기-6〉.'이다. 이 대단원에서 기대하는 성취수준은 학생이 시나 이야기를 읽고, 읽은 후의 느낌을 즐겁게 이야기하며, 스스로 작품을 찾아 즐겨 읽는 태도를 보이는 것이다.

대단원명	교육 과정 내용	대단원 학습 목표	소단원명	차시별 학습 목표	학습 내용 요소	수준
첫째 마당 - 상상의 날개를 펴요	[1-문-(3)] 작품을 즐겨 찾아 읽는 습관을 지닌다.	• 시나 이야기를 찾아 읽고, 느낀 점을 말할 수 있다.	1. 보고 듣고 느끼고	(1차시) 시를 읽고, 느낀 점을 말할 수 있다. (2~3차시) 시를 찾아 읽고, 느낀 점을 말할 수 있다.	읽기(6)-1 재미있게 읽은 책 소개하기 읽기(5)-2 읽고 싶은 책 목록 짜기 문학(3)-1 지속적으로 작품을 읽는 태도 갖기 문학(3)-2 자발적인 감상 태도 갖기 문학(3)-4 감상을 그림으로 표현하기 문학(3)-5 글을 읽고, 느낌 말하기	• 시를 찾아 읽고, 자유롭게 느낀 점 말하기
	[1-읽-(6)] 책을 즐겨 읽는 습관을 지닌다.		2. 내가 만드는 이야기	(4~5차시) 이야기를 읽고, 느낀 점을 말할 수 있다. (6차시) 이야기를 찾아 읽고, 느낀 점을 말할 수 있다.		• 이야기를 찾아 읽고, 자유롭게 느낀 점 말하기

【표 47】 재구성 전 학습 목표 및 내용 요소의 수준과 범위

제7차 국어 교과서는 대단원 체제로 편성되어 있다. 하나의 대단원은 두 소단원과 '한 걸음 더' 라는 보충 · 심화 활동으로 구성되어 있다. 두 소단원은 대개 병렬형이나 위계형으로 구성된다. 병렬형의 경우에는 1차시가 원리 학습, 2~3차시가 적용 학습, 4차시가 원리 학습, 5~6차시가 적용 학습이 된다. 위계형의 경우에는 1차시가 원리 학습이고, 2~6차시가 적용 학습이 된다.

1학년 2학기 읽기 첫째 마당 '상상의 날개를 펴요' 는 병렬형으로 구성되어 있다. 1소단원에서는 시를 읽고, 느낌이나 생각을 말하는 활동을 하고, 2소단원에서는 이야기를 읽고, 느낌이나 생각을 말하는 활동을 한다.

교과서에 제시된 6차시 학습 목표는 '이야기를 찾아 읽고, 느낀 점을 말할 수 있다.' 이다. 그러나 수업자는 교육과정 해설서에 제시된 1학년 문학 교육과정 내용인 '작품에 나오는 인물의 모습이나 성격을 상상한다.〈1－문－(2)〉' 를 근거로 교과서 차시 학습 목표를 '이야기에 나오는 인물의 모습이나 성격을 상상하여 말과 글로 표현할 수 있다.' 로 재구성하였다. 재구성된 수업 목표에 따라 변경된 학습 목표 및 내용 요소의 수준과 범위는 다음과 같다.

대단원명	교육 과정 내용	대단원 학습 목표	소단원명	차시별 학습 목표	학습 내용 요소	수준
첫째 마당 – 상상의 날개를 펴요	[1-문-(3)] 작품을 즐겨 찾아 읽는 습관을 지닌다. [1-읽-(6)] 책을 즐겨 읽는 습관을 지닌다. [1-문-(2)] 작품에 나오는 인물의 모습이나 성격을 상상한다.	• 시나 이야기를 찾아 읽고, 느낀 점을 말할 수 있다.	1. 보고 듣고 느끼고	(1차시) 시를 읽고, 느낀점을 말할 수 있다. (2~3차시) 시를 찾아 읽고, 느낀 점을 말할 수 있다.	읽기(6)-1 재미있게 읽은 책 소개하기 읽기(5)-2 읽고 싶은 책 목록 짜기 문학(3)-1 지속적으로 작품을 읽는 태도 갖기 문학(3)-2 자발적인 감상 태도 갖기 문학(3)-4 감상을 그림으로 표현하기 문학(3)-5 글을 읽고, 느낌 말하기	• 시를 찾아 읽고, 자유롭게 느낀 점 말하기
			2. 내가 만드는 이야기	(4~5차시) 이야기를 읽고, 느낀 점을 말할 수 있다. (6차시) 이야기에 나오는 인물의 모습이나 성격을 상상하여 말과 글로 표현할 수 있다.		• 이야기를 찾아 읽고, 자유롭게 느낀 점 말하기

【표 48】 재구성 후 학습 목표 및 내용 요소의 수준과 범위

교사가 재구성한 학습 목표는 두 가지 문제를 안고 있다. 제7차 국어 교과서 구성 체제를 위배하였고, 학생 발달 수준에서 벗어났다. 대단원 체제에서 교과서 차시 학습 목표를 재구할 때에는 차시별 관계를 고려해야 한다. 1학년 2학기 '상상의 날개를 펴요' 는 병렬형이고, 6차시를 재구성한 것이므로 적어도 4~5차시(혹은 1~5차시) 부분과 연계하여 6차시를 재구성해야 한다.

그러나 수업자의 재구성 결과는 이와 다르다. 1차시에서 5차시까지는 '시와 이야기를 읽고, 느낀 점을 말하는' 교과서 활동을 그대로 수용하였으나 6차시는 이전 차시와 무관한 '인물의 모습과 성격을 말과 글로 표현하는 활동' 으로 재구성하였다. 때문에 4~5차시(혹은 1~5차시)가 6차시와 상호 연결되지 않는다. 만약 '인물의 모습과 성격을 말과 글로 표현하는 활동' 으로 차시 학습 목표를 재구성하고자 했다면, 4~5차시도 '인물의 모습과 성격을 찾는 방법' 을 학습하는 방향으로 재구성해야 했다.

재구성한 학습 목표(6차시) 역시 학생 발달 수준에 맞지 않는다. 교사 수준에서 교육과정을 재구성한다는 것은 포괄적으로 진술된 국가 수준의 교육과정을 학생 발달 수준과, 교실 수업 문화에 맞추어 구체적이고 상세하게 진술하는 것을 말한다. 이런 점에서 보면, 교사의 교육과정 재구성은 필요하고 바람직한 것이다. 그러나 학생 발달 수준을 넘어서는 재구성은 당초 취지에 비해 교육적 효과를 달성하기 어렵다.

교사용 지도서 대단원 교수 · 학습 계획을 보면, '1학년에서 인물의 성격을 파악하는 활동은 다소 어려움이 있으므로, 인물의 성격을 파악하기 위한 기초 활동으로 인물의 말과 행동을 찾고, 인물의 말과 행동에 주의하며 이야기를 읽는 활동을 하도록 구안하였다.' 고 설명하고 있다. 즉 '이야기에 나오는 인물의 모습이나 성격을 상상한다.[1－문－(2)]' 가 해당 학년 학생 발달 수준에 맞지 않으므로, 교과서 개발 시에 학생 발달 특성을 고려하여 교육과정 내용을 재구성한 것이다. 이것을 수업자가 다시 해당 학년 교육과정 내용으로 환원시킨 것이므로 학생 발달 수준을 위배하였다고 할 수 있다. 수업 도중에 대다수의 학생이 '인물의 모습이나 성격' 에 대한 교사의 발문에 적절히 반응하지 못한 것과 학생 반응이 미진한 가운데 교사가 자문자답을 할 수밖에 없는 상황이 발생한 것은 '무리한 학습 목표 재구성' 과 관계가 깊다.

2) 교육과정 내용 및 교과서 학습 활동 분석

이 단원을 구성하는 교육과정 내용은 '[1－문－(2)] 작품에 나오는 인물의 모습이나 성격을 상상한다.', '[1－문－(3)] 작품을 즐겨 찾아 읽는 습관을 지닌다.', '[1－읽－(6)] 책을 즐겨 읽는 습관을 지닌다.'의 세 가지이다. 이것을 보다 구체적으로 살펴보면 아래와 같다.

[1－문－(2)] 작품에 나오는 인물의 모습이나 성격을 상상한다.

설정 의도 : 이 내용은 작품에 흥미를 가지고 상상력을 발휘하여 즐기도록 하는데 초점을 두고 설정하였다.

학습 의도 : 이 내용은 작품에서 인물의 성격 파악하기, 인물의 유형파악하기, 등장인물을 바꾸어 보기, 영상 매체 체험과 관련시키기 등의 학습을 의도하고 있다.

학습 활동 : 학습 활동에는 인물의 말과 행동으로 인물의 성격 파악하기, 인물이 살아가는 모습이나 인물의 유형 파악하기, 인물의 성격을 바꾸어 말하기, 인물을 영상 매체에서 본 경험과 관련시켜 말하기 등이 있다.

기　　본 : 동화나 동시를 듣거나 읽고, 작품 속의 인물에 대한 생각이나 느낌을 말한다.

심　　화 : 동화나 동시로 역할놀이를 하고, 작품 속 인물의 모습이나 성격을 말한다.

[1－문－(3)] 작품을 즐겨 찾아 읽는 습관을 지닌다.

설정 의도 : 이 내용은 작품에 흥미를 가지고 즐겨 찾아 읽는 습관을 기르기 위하여 설정하였다.

학습 의도 : 이 내용은 작품을 지속적으로 읽는 태도 가지기, 자발적인 감상 태도 기르기, 영상 매체와 관련지어 감상하는 태도 지니기, 감상을 그림으로 표현하기 등에 대한 학습을 의도하고 있다.

학습 활동 : 학습 활동으로는 주기적으로 서점이나 도서관 가기, 소개받은 책의 목록 작성하기, 친구들과 재미있는 책 돌려 읽기, 읽은 작품을 친구들에게 말하

기, 같은 작품을 여러 매체(영화, 연극)로 꾸민 것 비교하기 등이 있다.

기　　본 : 동화나 동시에서 재미를 느끼고, 즐겨 찾아 읽는다.

심　　화 : 재미있는 동화나 동시를 친구들에게 들려준다.

[1-읽-(6)] 책을 즐겨 읽는 습관을 지닌다.

설정 의도 : 이 내용은 작품에 흥미를 가지고 즐겨 찾아 읽는 습관을 중시하여 설정하였다.

학습 의도 : 이 내용은 작품을 지속적으로 읽는 태도 가지기, 자발적인 감상 태도 기르기, 영상 매체와 관련지어 감상하는 태도 지니기, 감상을 그림으로 표현하기 등에 대한 학습을 의도하고 있다.

학습 활동 : 학습 활동으로는 주기적으로 서점이나 도서관 가기, 소개받은 책의 목록 작성하기, 친구들과 재미있는 책 돌려 읽기, 읽은 작품을 친구들에게 말하기, 같은 작품을 여러 매체(영화, 연극)로 꾸민 것 비교하기 등이 있다.

기　　본 : 동화나 동시에서 재미를 느끼고, 즐겨 찾아 읽는다.

심　　화 : 재미있는 동화나 동시를 친구들에게 들려준다.

〈그림 14〉 1-2 읽기 첫째마당 6차시 교과서

교과서에 제시된 차시 활동 절차는 '활동 [1] 재미있게 읽은 동화책 이름 쓰기', '활동 [2] 독서 감상화 그리기', '활동 [3] 그림 발표하기 및 이야기에 대한 느낌 말하기'의 세 가지이다. 이 차시의 주요 활동은 재미있게 읽은 책의 내용에 대한 느낌을 말하는 것이다. 이에 활동 [1]에서는 반응을 형성하는 활동을, 활동 [2]에서는 가장 재미있게 읽은 이야기의 장면을 그리는 활동을, 활동 [3]에서는 독서 감상화를 발표하고 이야기에 대한 느낌을 말하는 활동을 한다.

3) 수업이론과 절차

① 수업원리

직접 교수법은 제6차 교육과정부터 소개된 국어과의 대표적인 교수·학습 절차이다. 직접 교수법의 특징은 교사주도 설명과 시범, 교사조력 학생주도 연습과 적용이다. 직접 교수법은 학습 방법을 구체적으로 안내하고, 문제 해결 방법을 명시적으로 제시하는 장점이 있다. 이에 비해 지나친 교사 중심의 수업으로 인해 단순 모방 학습으로 전락할 가능성이 높은 단점도 있다.

직접 교수를 적용할 때에는 학습 방법의 학습에 초점을 두어야 하고, 교사 주도의 안내 및 시범이 학생주도의 독자적 연습과 상호 균형을 이루어야 한다. 또 중심생각 찾기나 요약하기 등과 같은 전략 외에도 특정 개념이나 기능 교수에도 활용할 수 있다.

② 수업절차[42)]

제6차와 제7차 교육과정에서는 직접 교수 절차를 '설명하기 → 시범 보이기 → 질문하기 → 활동하기'로 소개하였다. 이것을 보다 구체적으로 소개하면 다음과 같다.

과정	주요 활동
설명하기	• 학습 목표(기능 또는 전략)제시하기 • 전략의 필요성과 중요성 설명하기 • 전략의 사용 방법 안내하기
시범 보이기	• 전략 사용 예 제시하기 • 교사의 시범 보이기
질문하기	• 세부 단계별 질문하기 • 질문에 대한 답변하기 • 학생들의 질문 제기 및 교사 응답하기
활동하기	• 실제 상황을 통해 반복적인 연습하기 • 다른 상황에 적용하기

【표 49】 직접 교수 절차

설명하기 단계에서는 전략의 개념 파악, 필요성과 중요성 및 사용 방법을 안내한다. 시범 보이기 단계에서는 앞에서 설명한 내용을 교사가 실제로 시범을 보이면서 학생이 문제 해결 방법을 익히게 한다. 저학년에서는 주로 예시 자료를, 중 · 고학년에서는 사고 구술법을 활용한다. 질문하기 단계에서는 설명과 시범 내용을 학생이 제대로 파악했는지 평가하는 질문을 한다. 평가 결과가 좋지 않으며 설명하기나 시범 보이기 단계로 되돌아간다. 활동하기 단계는 교사조력 학생주도의 적용단계이다. 처음에는 교사와 함께 비교적 간단한 내용의 문제를 해결하고, 점차 학생 스스로 다른 상황에 적용하는 활동을 한다.

③ 차시에 적용된 직접 교수 절차

이 수업의 핵심은 생각그물 전략을 활용한 인물의 모습과 성격 파악이다. 이를 위해 교사는 직접 교수 수업 설계 시에 학생에게 생각그물 활용 전략을 소개하였고, 인물의 모습과 성격을 파악하는 활동을 시범보였으며, 학생의 독자적 연습과 적용을 유도하였다. 교사는 이러한 목적을 달성하기 위해 교사용 지도서에 소개된 직접 교수 절차 중 일부를 변형하였다. '질문하기'를 전략 연습하기 과정에 통합시켰다. 또 '교사질의 학생응답'이라는 전형적인 질문 구조가 아닌 학생 스스로 질문을 만드는 활동을 하게 하였다. 이 수업에 적용된 직접 교수 절차는 다음과 같다.

과정	주요 활동
목표 확인과 안내하기	• 학습 목표 확인하기 • 학습 절차 안내하기
전략 설명하기	• 전략 제시하기 • 전략의 필요성과 중요성 설명하기 • 전략의 사용 방법 안내하기
전략 시범 보이기	• 전략이 사용된 예시 • 교사의 시범 보이기
전략 연습하기	• 질문하기 • 실제 상황을 통한 반복된 연습하기 • 다른 상황에 적용하기
정리 확인하기	• 학습 내용 발표하기

【표 50】 수정된 직접 교수 절차

④ 본시 수업 절차

이 수업은 직접 교수 절차에 따라 진행되었다. 이 부분은 1학년 2학기 국어 읽기 첫째 마당 「상상의 날개를 펴요」의 '2) 내가 만드는 이야기'의 6차시 수업 장면이다.

이 수업은 목표 확인하기 → 전략 설명하기 및 전략 시범 보이기 → 전략 연습하기 → 정리 · 확인하기의 단계로 진행된다. 이에 따른 교수 · 학습 절차는 다음과 같다.

<table>
<tr><th colspan="2">과정</th><th>학습 내용</th><th>교수 – 학습 활동</th></tr>
<tr><td rowspan="3">도입</td><td rowspan="3">목표
확인
하기</td><td>동기유발
하기</td><td>• 마법의 성에 갇힌 친구를 구하는 문제 상황을 제시한다.
• 이야기에 나오는 인물들의 성격과 모습을 알아본다.</td></tr>
<tr><td>학습 목표
확인하기</td><td>• 학습 목표를 제시하고, 문답법으로 학생들에게 학습 목표를 확인한다.</td></tr>
<tr><td>학습 절차
안내하기</td><td>• 학습 내용과 절차를 안내한다.</td></tr>
<tr><td rowspan="5">전개</td><td rowspan="3">전략
설명
하기 및
시범
보이기</td><td>학습 내용
확인하기</td><td>• 학습 내용을 읽고, 내용을 알아본다.</td></tr>
<tr><td>전략
설명하기</td><td>• 학습에 필요한 전략인 마인드맵을 설명한다.</td></tr>
<tr><td>전략 시범
보이기</td><td>• '혹부리 할아버지' 로 인물의 성격과 모습을 마인드맵으로 작성하는 시범을 보인다.</td></tr>
<tr><td rowspan="2">전략
연습
하기</td><td>활동 1
문제 만들기</td><td>• '혹부리 할아버지' 에 대해 스스로 문제를 만들어 보는 활동을 한다.</td></tr>
<tr><td>활동 2
마인드맵 조직하기</td><td>• 책을 선택하여 읽고, 이야기에 나오는 인물의 모습과 성격을 마인드맵으로 나타낸다.</td></tr>
<tr><td>정리</td><td>정리
확인
하기</td><td>학습 내용
확인하기</td><td>• 학습 내용을 일대일 문답법으로 확인한다.</td></tr>
</table>

【표 51】 적용된 직접 교수 절차

목표 확인하기는 학습 동기 유발, 학습 목표 확인, 학습 활동 안내의 세 부분으로 구성된다. 학습 동기 유발 부분에서는 전 차시에서 다룬 '마법의 성' 이야기를 활용하여 배경지식을 활성화시키면서 문제 상황을 제시하고, 학습 동기를 유발한다. 학습 목표 확인 부분에서는 마왕이 제시한 문제 상황을 해결하려면 학습 목표('인물의 모습과 성격을 말과 글로 표현하는 능력을 획득해야 한다.')에 도달해야 한다는 도전과제를 제시한다.

학습 활동 안내 부분에서는 실물 화상기를 이용한 인물 소개, 문답법을 활용한 학생 이해도 평가 및 예상 활동 유도 등을 하면서 학습 내용과 절차를 안내한다.

전략 설명하기와 시범 보이기 단계는 통합하되, 마인드맵 소개와 시범에 초점을 두었다. 이 단계에서는 주요 학습 전략인 마인드맵에 대해 설명하고, '혹부리 할아버지' 를 예로 들면서 '인물의 성격과 모습' 을 찾는 방법을 시범보인다. 전략 연습하기 단계에서는 두 가지 활동을 한다. 활동 1에서는 '혹부리 할아버지' 에 대해 읽고, 학생 스스로 세 문제를 만들게 한다. 활동 2에서는 학생 스스로 이야기를 선택하고, 읽은 다음에 '인물의 모습과 성격' 을 마인드맵으로 표현한다. 정리 · 확인하기 단계에서는 이제까지 활동했던 내용을 정리하고, 문답법을 활용하여 '인물의 모습과 성격' 을 말하게 한다.

⑤ 교수 · 학습 과정(안)

<table>
<tr><th>단원</th><td>첫째 마당
(2) 내가 만드는 이야기</td><th>차시</th><td>6/9</td><th>지도교사</th><td>이○○
선생님</td></tr>
<tr><th>학습 주제</th><td>인물의 모습과 성격 표현하기</td><th>대상</th><td>1학년</td><th>장소</th><td>1학년
교실</td></tr>
<tr><th>학습 목표</th><td colspan="5">이야기에 나오는 인물의 모습과 성격을 말과 글로 표현할 수 있다.</td></tr>
<tr><th rowspan="3">수업 전략</th><td>학습 내용 조직</td><td colspan="4">단일 교과 복수 활동</td></tr>
<tr><td>학습 집단 조직</td><td colspan="4">대집단 · 일제식 수업</td></tr>
<tr><td>중심 활동</td><td colspan="4">개별 활동 → 일대일 활동</td></tr>
</table>

교수 · 학습 과정		기법	교수 · 학습 활동	시간	자료
도입	목표 확인 하기	ICT 활용 학습법	• 동기 유발하기 - 그림을 보고, 무슨 이야기에 나오는 인물인지 말해 봅시다. - 이 그림에 나타난 인물의 모습이나 성격을 상상하여 말해 봅시다. - 읽은 이야기 중에서 생각나는 인물을 말해 봅시다.	5'	그림 자료
	학습 절차 안내 하기	문답법	• 학습 목표 확인하기 - 이야기에 나오는 인물의 모습이나 인물의 성격을 상상하여 쓰거나 말할 수 있다. * 학생이 목표를 이해한 수준을 예를 들어 설명한 다음, 학습 목표를 학생이 확인할 수 있도록 학생이 예를 들어 말하도록 한다. • 학습 절차 안내하기 - 글 읽기 → 인물의 모습과 성격 마인드맵으로 나타내기 → 인물의 모습과 성격 상상해서 말하기		
전개	전략 설명 하기	ICT 활용 학습법 문답법	• 학습할 전략 내용 이해하기 - 이야기에 들어 있는 여러 가지 내용 중에서 인물은 꼭 필요합니다. 인물을 이해하기 위해서 인물의 모습과 성격을 상상합니다. 인물의 모습과 성격을 생각그물을 이용하여 나타내도록 합시다. 생각그물을 이용하면 이야기에 나오는 인물의 모습과 성격을 한눈에 알기 쉽게 정리하여 나타낼 수 있습니다. * 인물의 모습을 알 수 있는 장면이나 말, 대화, 행동이나 생각을 살펴보면 인물의 성격을 알 수 있습니다.	5'	그림 자료
	전략 시범 보이기	생각 그물	• 읽기 전략 학습하기 - 선생님이 하는 것을 잘 보고 따라하도록 합니다.	5'	읽기 자료 ①

교수 · 학습 과정		기법	교수 · 학습 활동	시간	자료
			* 교사는 인물의 모습과 성격을 생각그물로 나타내는 과정을 칠판에 보여준다. – '읽기 자료①' 을 읽고 어떻게 생각그물을 하는지 주의 깊게 살펴보도록 합니다. * 교사가 하는 것과 동일한 방법으로 학생들이 해야 하기 때문에 학생들이 집중하도록 안내한다. '읽기 자료①' 을 읽으면서 인물의 모습이나 성격을 알 수 있는 부분을 찾아 인물의 모습과 성격을 말하면서 생각그물로 나타낸다. * '읽기 자료①' 을 먼저 해결한 학생은 '읽기 자료②' 를 스스로 해결해 보도록 안내한다.		읽기 자료 ②
	전략 연습 하기	학습지 활용법	• 글 읽고 내용 파악하기 – 글을 읽고, 문제를 만들어 봅시다. * 학생들이 준비해 온 이야기책이나 학급 문고를 짝과 바꾸어 읽도록 지도한다. 이야기책 대신 읽기 자료③, ④를 활용할 수 있다. * 학생들이 준비한 이야기책을 읽으면서 문제를 만든다. 문제 만들어 쓰기 기능이 미약한 학생은 말로 문제 만들기를 한다. 활동을 하는 중에, 교사는 학습 목표, 학습 내용을 지속적으로 안내해 주도록 한다. • 의사소통하기 – 이야기를 읽고 만든 문제를 바탕으로 이야기에 나오는 인물의 모습이나 성격에 대해서 짝과 이야기를 나눠 봅시다. * 짝과 이야기 나누기를 하거나 모둠별로 이야기를 나눌 수 있다.	20'	읽기 자료 ③ 읽기 자료 ④
		생각 그물	• 인물의 모습이나 성격을 생각그물로 나타내기 – 여러분이 준비한 이야기를 읽고, 인물의 모습과 성격을 '생각그물' 로 나타내어 봅시다.		

교수 · 학습 과정		기법	교수 · 학습 활동	시간	자료
			* 생각그물의 예시 자료를 제시하여 학생들이 참고할 수 있도록 한다. * 생각그물용 종합장을 이용한다.		
정리	학습 내용 확인 하기	문답법	• 학습 내용 발표하기(전체 학습) – 여러분이 작성한 생각그물을 바탕으로 인물의 모습이나 성격에 대해 발표해 봅시다. * 전체 학생의 학습 결과를 확인하고, 발표를 하는 중에, 교사는 전체 평가를 한다. • 학습 내용 발표하기(개별 학습) – 여러분이 작성한 생각그물을 보고, 인물의 성격에 대한 여러분의 생각과 느낌을 상상해서 말해 봅시다. * 교사는 신속하게 학생들과 의사소통 하면서 학생들의 학습 결과를 확인하여 수행평가 누가기록표에 기록하도록 한다.	5'	누가 기록 표
	차시 학습 예고		• 차시 학습 예고하기 및 과제 학습 제시하기 – 새로운 이야기(짧은 이야기)를 읽고, 인물의 모습이나 성격을 찾아 생각그물로 정리하여 선생님께 말하도록 합니다.		

2. 수업 관찰과 분석

직접 교수 절차를 적용한 읽기 수업 동영상을 수업 과정, 수업 방법, 수업 환경의 세 가지 측면에서 분석한다. 수업 과정은 직접 교수의 절차에 따른 수업 흐름을, 수업 방법과 수업 환경은 수업 전반을 분석 대상으로 삼는다. 각 요소별 상, 중, 하를 분석 등급으로 삼고, 분석 도구는 평정 척도의 하위 유형인 점검표를 활용한다.

1) 수업과정

① 학습 목표 확인하기

학습 목표를 확인하는 수업 장면이다. 교사는 지난 시간에 활용한 '마법의 성' 이야기를 활용하여 학습 동기를 유발하였고, 도전 과제를 제시하여 학생의 적극적인 학습 활동 참여를 유도하였다.

교 사	①마법의 성에 누가 갇혔을까요? 우리 유시열 어린이가 갇혔어요. 유시열 어린이가. (학생 웃음) 그런데 이 마법의 성에서 유시열 어린이를 탈출시켜야 하는데, 마왕이 이런 주문을 했어요. "어, 너희들이 만약에 이야기를 읽고, 인물의 모습이나 성격을 제대로 파악하면, 시열이를 살려 주겠다." 이런 이야기를 했습니다. 그런데 선생님은 자신 있어요. 우리 1학년 1반 아이들은 그 정도라면 자신있게 할 수 있다고 생각합니다. 할 수 있겠어요?
학 생	②예.
교 사	③그러면 여러분이 공부할 내용이 무엇인지 제대로 알았는지 선생님이 한번 질문을 하도록 하겠어요. 자, 오늘 우리가 공부할 내용이 무엇이라고 했습니까?
학 생	④인물의 모습과 성격을 파악한다는 거요(학생이 얼떨결에 떨리는 목소리로 간신히

	대답을 하였다. 인물의 모습과 성격에 대한 개념 이해를 바탕으로 한 것이 아니라, 교사가 한 말을 암송한 것에 불과하다.).
교 사	예, 참 잘 했죠. 예를 한 번 더 정확히 들어보겠어요? 예를 들 수 있겠습니까? 음, 이렇게 읽어서 이렇게 해 가지고 이렇게 하면 좋겠어요. ⑤예, 서유라 어린이. 한 번 예를 들어 말해 보세요.
학 생	모습과 성격이 어떻게 생겼는지, 어떻게 착한 마음인지 한 번 글로 써 보거나 말을 합니다.
교 사	예, 착한 마음인지, 착하지 않은 마음인지 그런 자세한 내용도 쓰는 거군요.

〈자료 44〉 학습 목표 확인

교사는 마법의 성에 갇힌 친구를 구하려면 '이야기를 읽고 인물의 모습이나 성격을 파악해야 한다.' 는 도전 과제를 제시하여, 주의를 집중시키고, 학습 동기를 유발하였다(①). 이 장면에서 교사가 사용한 주의 집중 방식은 '호기심 자극 발문' 에 해당되고 (Borich, 2003), 학습 활동 참여 유도 방식은 칠판이나 유인물에 학습 문제를 제시하는 '문제 풀기(질문, 연습장, 유인물, 칠판이나 OHP 등)' 에 해당된다[43].

전문성이 돋보인 학습 동기 유발과 학습 활동 참여유도 수업장면에 비해, 학습 목표 이해도 점검 장면은 개선이 필요하다. 수업 장면을 보면, 교사는 학생의 학습 활동 참여를 유도하면서 '예/아니오' 대답만을 요구하는 단순 발문을 하였고(①), 학생들은 '예' 라는 대답을 하였다(②). 이에 교사가 학생에게 학습 목표가 무엇인지 확인하는 발문을 하였고(③), 학생들은 얼떨결에 감으로 대답을 하였다(④). 그러자 다른 학생에게 예를 들어 설명하도록 요구하였다(⑤). 이에 특정 학생만 간신히 응답할 뿐 대다수 학생은 교사의 질문을 이해하지도, 반응하지도 못하였다.

이 수업 장면에서는 유능한 교사가 학습 목표를 설명하거나 추론할 때에 사용하는 선행조직자 언어 표지(①선수학습과 연계, ②언어나 시각자료를 활용한 주요 학습 내용 요약, ③후속학습과 연계, ④중요 학습 내용이나 활동에 대한 단서제공, ⑤수업개관 요약 등)를 발견할 수가 없다. 지금까지의 내용을 점검표로 제시하면 다음과 같다.

과정		분석 요소	분석 등급 상-중-하
도입	학습 목표 확인하기	1. 흥미 있는 발문을 활용하여 학습 분위기를 조성한다.	상
		2. 선수 학습과 관련지어 학습 목표를 구성한다.	상
		3. 학습자의 성취 수준을 고려하여 학습 목표를 구성한다.	없음
		4. 학습 목표를 교사주도의 일방적 제시가 아닌 학생과의 토론 · 토의를 거쳐 제시한다.	하
		5. 구두, 판서, 차트, 실물화상기, 멀티미디어 등 다양한 자료를 활용하여 학습 목표를 제시한다.	상
		6. 학습 단서, 학생 사고를 자극하는 발문, 그래픽 조직자를 활용하여 글을 읽는 목적을 확인시킨다.	하

【표 52】 학습 목표 확인 점검표

② 전략 설명하기

저학년 학생에게는 전략을 개념적으로 설명하기 어렵기 때문인지 '전략 설명하기'와 '전략 시범 보이기'를 통합하여 수업을 진행하였다. 동영상 자료에서는 '설명하기'의 모습이 뚜렷이 드러나지 않는다. 다만 교수 · 학습 과정(안)을 참고할 때, 이 교사는 다음과 같이 학생에게 인물의 모습과 성격의 개념을 설명하고, 그것을 파악하는 방법에 대해 시범을 보였을 것으로 추론할 수 있다.

이야기에서 인물은 꼭 필요합니다. 인물을 이해하기 위해서 인물의 모습과 성격을 상상합니다. 인물의 모습과 성격을 생각그물을 이용하여 나타내도록 합시다. 생각그물을 이용하면 이야기에 나오는 인물의 모습과 성격을 한눈에 알기 쉽게 정리하여 나타낼 수 있습니다. 인물의 모습을 알 수 있는 장면이나 말, 대화, 행동이나 생각을 살펴보면 인물의 성격을 알 수 있습니다.

〈자료 45〉 설명하기

직접 교수법의 절차 중 '설명하기' 부분에서는 일반적으로 전략의 필요성과 중요성 및 사용 방법을 안내한다. 설명을 할 때에는 시각 자료나 언어 자료를 활용하는 것이 효과적이다. 시각 자료에는 판서, OHP, 실물화상기, 모형, 기자재가, 언어 자료에는 예시, 그림책, 개인 경험 회상, 선행 지식 연계, 연습 문제 등이 있다.

인물의 '모습' 이나 '성격' 은 1학년 학생의 발달 수준을 넘어서는 것이다. 이런 어려운 개념을 학습할 때에는 시각 자료나 언어 자료를 활용한 설명이 필요하다. 또 '친절하게 설명하고, 하나씩 차근차근 설명하며, 학생 반응을 확인하면서 설명하는 능력'도 필요하다.

그러나 이 수업 장면에서는 자료를 활용한 설명 장면이나 학생이 선호하는 설명 장면을 발견할 수 없다. 학습 목표에 대한 설명 부재는 학습 활동 부재로 이어질 수 있다는 점에서 경계하고, 개선해야 한다. 지금까지 논의 내용을 점검표로 제시하면 아래와 같다.

과정		분석 요소		분석 등급 상-중-하
전개	설명하기	시각적	판서를 활용한 설명	없음
			시각 자료를 활용한 설명	없음
			슬라이드나 영화 자료를 활용한 설명	없음
			모형이나 기자재를 활용한 설명	없음
			예시나 질문을 활용한 설명	없음
		언어적	그림책을 활용한 설명	없음
			개인 경험의 회상을 활용한 설명	없음
			선행 지식과 연계시키는 설명	없음
			연습 문제를 활용하는 설명	없음
			비교나 대조를 활용한 설명	없음

【표 53】 설명하기 점검표

③ 시범 보이기

'시범 보이기' 의 장면이다. 교사는 마인드맵을 이용하여 학생과 함께 추론해 가면서 인물의 모습과 성격을 파악하는 방법을 시범보이고 있다.

교 사	여러분에게 인물의 성격, 인물의 모습과 관계되는 그런 내용을 가지고, 선생님이 마인드맵으로 나타내는 방법을 보여 줄 거예요. 엄연주와 유시열을 구출하기 위해서, 탈출시키기 위해서 우리는 이 마인드맵을 잘 해야 됩니다. 선생님이 그릴 내용은 여러분이 여기 같이 읽었던 혹부리 할아버지, 혹부리 할아버지와 관계있는 그런 내용입니다. 제일 먼저, 커다란 원을 하나 그리죠. 너무 큰 원을 그리지 않고, 좀 제목을 넣을 수 있는 크기의 원을 하나 그립니다. 선생님이 한 번 그려 볼게요. 이렇게 원을 그렸습니다. 자, 이 속에 선생님이 무엇을 넣을 것 같아요?
학 생	제목.
교 사	제목! 그래요. 제목을 넣으면 되겠죠? 혹부리 할아버지. 제목을 쓴 다음에 큰 가지를 만드는 거죠. 큰 가지를 하나 만들겠습니다. 하나를 만들고, 그 다음에 또 하나를 만들겠어요. 그러면 여기에는 어떤 내용을 써야 할까요? 여기다가는…….
학 생	모습, 성격…….
교 사	인물의 모습, 인물의 성격, 성격 좋습니다.

〈자료 46〉 시범 보이기

시범을 보이는 유형에는 사고 구술법을 활용한 수업(Roehler & Herrman, 1988)이 있고, 학생 발달 수준에 적합한 예시 자료를 활용한 수업이 있으며, 시범 보이기 수업을 할 때에는 책임이양의 절차에 따라 교사주도에서 학생주도로 진행하는 것이 효과적이다(Au & Raphael, 1998 ; Nagel, 2001 ; 박태호, 2006). 이 수업 동영상에서는 사고 구술법은 관찰되지 않았고, 예시 자료를 활용한 시범, 교사주도에서 학생주도로 책임을 이양하는 모습만 관찰되었다.

교사는 '시범 보이기' 의 첫 번째 단계로 소리내어 읽기와 빠르게 읽기를 하였다.

학생 각자 이야기를 소리 내어 읽게 한 후, 다시 한 번 눈으로 빠르게 읽게 하였다. 그런 다음 마인드맵을 이용하여 인물의 모습과 성격을 정리하는 모습을 시범보였다. 이 장면에서는 교사 단독 시범 외에도 유능한 동료와 교사의 상호 시범 장면을 관찰할 수 있다. 교사는 마인드맵을 시범보이면서 학생의 자발적 추론과 동참을 유도하였다. 또 '시범 보이기' 를 할 때에 교사의 일방적인 설명에만 그치지 않았고, 학생의 부분 참여를 유도한 장면도 돋보였다.

그러나 시범 내용의 적절성에 대해서는 비판의 여지가 있다. 이 차시의 학습 목표는 '이야기에 나오는 인물의 모습이나 성격을 상상하여 말과 글로 표현할 수 있다.' 이고, 교사가 사용한 전략은 '마인드맵' 이다. 교사는 '혹부리 영감' 이라는 읽기 자료를 학생과 함께 읽은 후, 함께 추론해 가면서 마인드맵을 완성하는 모습을 보여준다.

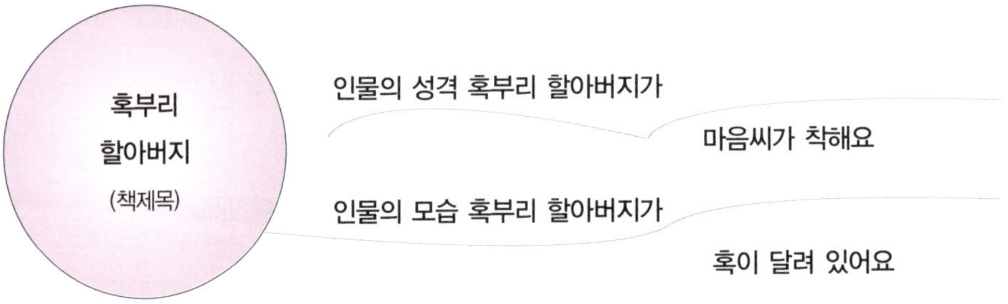

〈그림 15〉 인물에 대한 생각그물

교사 시범은 주어진 학습과제 해결에 필요한 사고 과정을 구체적이고 단순한 예를 통하여 보여주는 것이다. 이때에 교사는 자신의 생각을 큰 소리로 중얼거리며 학생 앞에서 말할 수도 있고, 과제 수행의 전 절차를 행동으로 직접 보여 줄 수도 있다. 이러한 점을 고려할 때에 이 교사가 보여준 시범은 학습과제 해결에 필요한 사고 과정의 시범이 아닌 마인드맵 작성 방법의 시범에 가깝다고 할 수 있다. 때문에 인물의 '성격' 과 '모습' 을 찾아내는 유능한 독자의 사고 과정을 말로 중얼거리며 드러내는 활동을 발견할 수 없다. 이것을 점검표로 제시하면 다음과 같다.

과정		분석 요소	분석 등급 상-중-하
전개	전략 시범 보이기	1. 사고 구술법(ta, TA, PM)을 활용하여 문제를 해결하는 고차원적인 사고 과정을 시범보인다.	없음
		2. 학생의 발달 수준에 맞는 예시 자료를 활용하면서 시범을 보인다.	상
		3. 책임이양의 절차에 따라 교사주도에서 학생주도로 시범 수업을 한다.	상

【표 54】 시범 보이기 점검표

④ 전략 연습하기

전략 연습하기는 크게 두 부분으로 이루어진다. 하나는 읽은 글의 내용을 파악하기 위해 문제를 만드는 부분이고, 다른 하나는 파악한 내용을 바탕으로 인물의 모습과 성격을 마인드맵으로 표현하는 부분이다.

교 사	책을 읽었으면 그 내용을 알아야 되니까, 그 내용을 알기 위해서 이제 여러분은 문제를 만들어 볼 겁니다. 자, 여기 보세요. 문제 1, 문제 2, 문제 3이라고 되어 있죠? 예, 그 내용을 보기 바랍니다. 혹부리 할아버지를 읽고, 문제를 만듭니다. 세 문제만 만들겠습니다. 자, 문제 만들기. 시작!
	〈문제 만드는 중〉
교 사	자, 좋습니다. 선생님이 여기서 문제 만들기를 멈추도록 하겠어요. 왜냐하면, 이것은 연습이니까, 여러분이 어 이야기책을 직접 읽으면서 이야기책에 문제를 내는 시간을 선생님이 좀 더 주겠습니다. 이 내용을, 여러분들이 방금 읽은 내용을, 선생님이 보여 준 마인드맵과 비슷한 모양으로 자세하게 나타낼 수 있겠죠? 그러면 이제 지금부터 이야기책을 한 장씩 넘겨 가면서 인물의 모습이나 성격이 잘 나타나 있는 부분을 찾아봅시다. 할 수 있겠죠?

〈자료 47〉 연습하기

연습하기에서는 교사의 도움에 기초한 독자적 과제 해결이 원칙이다. Rosenshine (1983)에 따르면, 연습하기는 개별학습을 원칙으로 하고, 학생이 완전하게 이해할 때까지 연습을 시키며, 학생이 과제를 해결하는 동안에 교사는 조력자나 관찰자 혹은 상담자가 되어 학생의 과제 수행을 점검하고 격려한다. 그런 다음에 학업성취도가 95% 이상이 되면 활동을 종료하고, 다른 활동에 도전한다(설양환 · 박태호 외 역, 2005: 215).

연습하기의 평가 범주는 학생 발달 수준에 적합한 연습 기회 제공하기, 학습 내용이나 기능을 세분하여 지도하기, 소집단이나 개별학습 지도하기, 새로운 과제에 도전하게 하기로 구분하였고, 등급을 '상', '중', '하'로 구분하였다. 이 수업 장면에서는 소집단이나 개별학습 지도 장면, 새로운 과제 도전 장면, 기능을 세분하여 지도하는 장면을 관찰할 수 없었고, 책임이양에 기초한 연습기회 제공 항목을 관찰할 수 있었다.

교사주도에서 학생주도로 책임을 이양시키는 장면이다. 교사는 새로운 글을 읽기 전에 자신이 시범을 보였던 '혹부리 할아버지'를 가지고 문제를 만들게 한다. '교사는 직접 교수법의 단계 중 '질문하기' 단계를 '전략 연습하기' 과정에 통합하였다. 이러한 교사의 의도는 마인드맵을 하기 전에 글을 읽고 내용 파악을 위한 '문제 만들기' 모습으로 구현된다. 교사질의 학생응답의 구조 대신에 학생이 자문자답을 하는 구조를 채택하였다.

그러나 이러한 질의방식은 적절치 않다. 직접 교수법에서 요구하는 '질문'이란 습득해야 할 학습 내용(지식이나 기능/전략 혹은 태도)에 대한 질문이다. 이때의 질문은 교사주도에서 학생주도로 학습 활동의 주도권이 점차 이양되는 시점에서 학생의 독자적 학습 활동 유무를 판단하는 준거 역할을 해야 한다. 위의 학습 장면처럼 질문하기 기능을 '읽기 자료 내용 파악에 관한 문제 작성'으로 대신하는 것은 적절하지 않다. '질문하기'를 전략 연습하기 단계에 통합시키기 보다는 설명하기나 시범 보이기 활동과 연계시키는 것이 타당하다. 이것을 점검표로 정리하면 다음과 같다.

과정		분석 요소	분석 등급 상-중-하
전개	전략 연습 하기	1. 학생 발달 수준에 맞게 연습하기 부분을 세분하여 지도한다.	중
		2. 학생 발달 수준에 적합한 연습 기회를 제공한다.	중
		3. 교실을 순회하면서 소집단이나 개별 학습 지도를 한다.	없음
		4. 새로운 과제에 도전하도록 부추기고 격려한다.	없음

【표 55】 연습하기 점검표

⑤ 정리 · 확인하기

수업을 정리하는 장면이다. 교사는 학습 내용을 개별적으로 확인하면서 수업을 마무리한다.

교 사	이제 정리를 할 시간인데, 여러분은 혼자서 마인드맵으로 인물의 성격과 모습도 나타냈어요. 그리고 또 글을 읽으면서 이야기책에 직접 그 내용을 알기 위해서 문제도 만들었습니다. 나머지 어린이들은 계속 문제를 만들도록 해요. 그러면 선생님이 한 명씩 나오면 누가 잘 했는지, 얼마나 잘했는지 직접 선생님이 물어볼 거예요. 확인해 볼 겁니다. 그렇게 확인하면서 이 수업을 마치도록 하겠습니다. (의자에 앉아서 교사와 학생이 일대일로) 자, 인물의 성격하고 모습에 대해 이야기해 보도록 하세요. 정리해 가지고.
학 생	인물의 성격은 자랑을 조금 하고…….
교 사	주인공이 누가 나옵니까? 주인공이 누구예요?
학 생	너구리요.
교 사	너구리. 또 다른 인물도 나오고. 너구리의 모습은 어때요?
학 생	뚱뚱해요.
교 사	뚱뚱해요? 또 통통해요? 또 다른 특징은 없어요? 다른 모습? 통통한 것밖에 모르

	겠어요? 뭐 눈이나…….
학 생	코가 길어요.
교 사	코가 좀 길고, 성격은 어떤 거 같아요?
학 생	착해요.
교 사	착해요? 착한 것만 느껴집니까? 또 다른 부분은 없어요? 뭐, 친구들한테 잘 해 준다든지. 도와준다든지 그런 부분은 없습니까? 좋습니다. 들어가세요.

〈자료 48〉 정리 · 확인

이 부분에서는 교사의 수업 운영 대화 전략이 돋보인다. 실마리제공하기나 맞장구치기 전략을 사용하여 학생의 학습 활동 참여를 유도하거나 격려를 한다. 저학년 학생의 수준을 충분히 고려하여 구체적이고 세부적인 실마리 제공하기 전략을 사용하였다. 또 저학년 학생에게 심리적으로 안정감을 주기 위해서 맞장구치기 전략도 사용을 하였다. 다만 아쉬운 점은 발문 뒤에 이어진 교사의 휴지두기가 부족하다는 점이다. 기다려주는 시간을 충분히 주었다면 학생은 자신의 생각을 보다 풍부하게 말할 수 있었을 것이다. 이것을 점검표로 제시하면 아래와 같다.

과정		분석 요소	분석 등급 상-중-하
정리	정리 확인 하기	1. 중요한 학습 내용을 판서하면서 정리한다.	없음
		2. 칭찬과 격려를 하면서 학습 내용을 정리한다.	상
		3. 학생 발표 내용을 교사가 종합하면서 정리한다.	상
		4. 전시학습과 관련지어 정리한다.	없음
		5. 다양한 발문을 하여 관련 내용에 대한 이해도를 파악한다.	상
		6. 중요한 수업 내용을 강조하거나 요점을 제시한다.	상

【표 56】 정리 · 확인 점검표

2) 수업 방법

수업 방법은 학습 기회, 학습 과제 제시, 학습 자료, 발문, 피드백, 내용 전달, 평가, 학습 환경의 측면에서 살펴보았고, 등급은 '상', '중', '하'로 구분하였다.

① 학습기회

Borich(2003)에 따르면, 학습 기회 제공 유형에는 과제 풀기(질문, 연습장, 유인물, 칠판이나 OHP), 피드백 제공하기, 칭찬하기, 점검하고 기록하기, 학생 반응을 촉진하는 수업대화 사용하기가 있다(설양환 · 박태호 외 역, 2005: 232~256). 이 수업에서는 문제를 풀거나 피드백을 제공하면서 학습 기회를 제공하고, 학습 참여를 유도하였다. 예를 들면, 인물의 모습이나 성격이 드러난 이야기 자료를 유인물로 제시하고, 마인드맵 기법을 활용하여 인물의 모습이나 성격을 정리하였다. 또 발문을 활용하여 인물의 모습이나 성격 파악에 대한 학생 이해도를 측정하였다.

칭찬하기와 학생 반응을 촉진하는 교실 수업대화는 개선이 필요하다. 칭찬하기는 언어를 매개로 이루어지는 긍정적 피드백의 한 유형으로 다양성과 지속적 강화가 생명이다. 예를 들면, 학습 조건(과제, 배경 지식, 학생 발달 수준, 성향 등)이 다른 학생에게 '좋았어.'나 '잘했어.'와 같은 막연한 용어를 반복하여 사용하고, 더 이상의 논평을 하지 않는다면 강화 효과를 기대할 수 없다(Costa, 1984;Brophy, 1981).

의미 없는 칭찬은 강화 효과가 없으므로 개선해야 한다. Brophy(1981)는 효과적인 칭찬을 위한 지침으로 뜻하지 않게 칭찬하기, 성과를 구체적으로 칭찬하기, 지속성과 다양성 그리고 진실성을 가지고 칭찬하기, 성취 과제의 가치를 평가하며 칭찬하기, 유사 성공에 대한 기대를 표명하며 칭찬하기 등을 제시하였다. 그러나 이 수업 동영상에서는 '참 잘했어.'나 '좋아요.' 같이 사용 빈도도 낮고, 유형도 제한적인 수업대화만 관찰될 뿐, 위에서 제시한 효과적 칭찬 유형은 찾기가 어렵다.

또 다양한 방식의 칭찬도 필요하다. 칭찬 방식에는 '말로 하는 칭찬', '글로 하는 칭찬', '몸짓으로 하는 칭찬'이 있다. 이 수업 장면에서는 '말로 하는 칭찬'만 있고, 글이나 몸짓으로 하는 칭찬은 보이지 않는다. 보다 다양한 방식을 구사할 필요가 있다.

학생 반응을 촉진시키는 수업대화를 사용해야 한다. 여기에는 ①개념 이해와 시범을 위한 수업대화('여러분의 이해를 돕기 위해 선생님이 인물의 모습이나 성격을 찾는 방법을 시범을 보이겠습니다.'), ②입증하게 하기의 수업대화('피노키오가 거짓말을 잘 한다고 생각을 하는 까닭은 무엇입니까?'), ③경쟁의식을 감소시키는 수업대화('오늘은 친구와 짝을 지어서 인물의 모습과 성격을 함께 찾아봅시다.'), ④적당한 시선 접촉을 유지하는 수업대화('창수가 문제를 얼마나 열심히 푸는지 선생님이 보겠습니다.), ⑤기다리며 격려하는 수업대화(인물의 성격을 찾는 것은 쉽지 않습니다. 천천히 생각하세요. 선생님이 기다리겠습니다.'), ⑥부족한 반응을 격려하고 정교하게 다듬는 수업대화('유리가 조금은 색다르게 문제를 풀고 있네? 자 그럼 처음으로 다시 돌아가서 문제를 살펴볼까요?') 등이 있다(설양환 · 박태호 외 역, 2005: 250).

이 수업 장면에서는 이러한 부분들이 관찰되지 않는다. 교사의 자문자답만이 관찰된다. 예를 들면, 학생이 인물의 모습이나 성격을 교사에게 적절하게 설명하지 못하였을 때, 교사는 학생의 부족한 반응을 정교하게 다듬는 활동을 하기보다는 유능한 다른 학생에게 발문을 하거나 교사 자신이 대답을 하는 경우가 있다.

수업 방법	분석 요소	분석 등급 상-중-하
학습 기회	1. 질문, 연습장, 유인물, 칠판을 활용한 문제풀기	상
	2. 학생 발달 수준에 적합한 피드백 제공하기	하
	3. 다양한 방식으로 칭찬하기	하
	4. 점검하고 기록하기	없음
	5. 학습 참여 유도하는 수업대화 사용하기	없음

【표 57】 학습기회 점검표

② 학습 과제 제시

학습 과제를 제시할 때에는 학습 활동 목적, 학생 발달 수준, 학습 참여 욕구, 학습 내용 등을 고려하거나 반영해야 한다. 이 수업에서는 학습 과제에 학습 활동의 목적과 가치를 명확히 반영하였다. 마법의 성 이야기를 활용하여 급우인 시열이를 구출하려면 차시 학습 목표인 이야기를 읽고, 인물의 모습이나 성격을 말할 수 있어야 한다다는 도전 과제를 제시한 것이 한 예이다. 또 학습 과제에 중요한 학습 내용이 반영되어 있다. 연습하기 단계에서 연습 문제를 만들 때에 인물의 모습이나 성격을 찾는 연습 문제를 만들게 하였다.

수업 방법	분석 요소	분석 등급 상-중-하
학습 과제	1. 학습과제에 차시 활동 목적과 가치가 반영되어 있다.	상
	2. 학습과제 유형과 수는 학년 발달 수준에 어울린다.	하
	3. 학습과제가 학습자의 흥미와 욕구를 반영하였다.	중
	4. 학습과제가 학습자의 참여를 촉진시킬 수 있도록 개방 체제로 설계되어 있다.	중
	5. 학습과제가 학습자의 개인적, 창의적 반응을 조장하거나 수용하도록 설계되어 있다.	중
	6. 학습과제에 중요한 학습 내용의 개념과 원리가 반영되어 있다.	상
	7. 학습과제에 학습 활동 관련 최신 정보가 반영되어 있다.	상

【표 58】 학습 과제 제시 점검표

③ 학습 자료

다양한 학습 자료를 사용하였다. 여기에는 청각 자료, 언어 자료, 시각 자료, 촉각 자료가 해당된다(설양환 · 박태호 외 역, 2005: 172). 이 수업에서는 시각 자료와 청각 자료를 동시에 활용하였다. '이야기 인물이나 관련 장면을 실물화상기와 프로젝션 텔레비전을 활용하여 보여주는 부분' 은 시각 자료에 해당되고, '인물이나 모습을 화면에 제시한 다음에 설명이나 질문 혹은 상호대화를 하는 장면' 은 청각 자료에 해당된다. 그러나 동일 수업 중 동일 학생을 대상으로 동일 매체를 사용하는 것은 지양해야 한다. Marx & Walsh(1988)에 따르면, 모둠별 학습 시에 서로 다른 유형의 매체를 활용하면, 자기주도 학습을 하는 느낌을 가진다고 한다. 이 수업에서는 시종일관 동일 자료와 동일 매체를 사용하고 있다. 언어 자료와 촉각 자료를 추가하여 사용할 필요가 있다.

수업 방법	분석 요소	분석 등급 상-중-하
학습 자료	1. 학습자료 제작 시 학습자의 흥미와 관심과 동기를 반영하였다.	상
	2. 칠판, 실물화상기, VTR, 컴퓨터, 녹음기, 자석 칠판, 융 등과 같은 다양한 수업 자료를 학습 상황에 맞게 적절히 활용하고 있다.	하

【표 59】 학습자료 점검표

④ 발문

발문을 할 때에는 학생 발달 수준을 고려하고, 학생 참여 유도 방안을 모색해야 한다. 또 핵심 내용 중심으로 발문을 하고, 관련 내용에 대해서 이해하기 쉽게 구체적으로 지시를 하며, 학생의 반응을 유도하고 기다리는 발문을 사용해야 한다.

발문 시 학생 발달 수준을 고려해야 한다. 이 수업에서는 주로 지식이나 이해 수준의 발문이 관찰되었고, 분석이나 종합 혹은 평가와 같이 고등 수준의 발문은 잘 관찰되지 않았다. 이것은 교사가 반복이나 암기 혹은 설명 중심의 수업을 했다는 것을 의미한다. 교사주도 직접 교수 절차에 따른 수업 동영상이라는 점을 감안해도, 이러한 부분은 개선의 여지가 있다.

설양환 · 박태호 외 역(2005: 182)에 따르면, 하위 수준의 학습자에게는 하위 수준의 발문을, 상위 수준의 학습자에게는 상위 수준의 발문을 하는 것이 효과적이다. 여기서 하위 수준의 발문에는 지식, 이해, 적용이, 상위 수준의 발문에는 분석, 종합, 평가가 해당된다. ①지식 수준의 발문을 할 때에는 반복이나 암기 중심 수업을 하고, 정의내리기나 설명하기 혹은 찾아내기와 같은 활동을 요구하는 수업대화를 사용한다. ②이해 수준의 발문을 할 때에는 설명과 도해 중심 수업을 하고, 요약하기나 의역하기 또는 고쳐 말하기 등의 수업대화를 사용한다. ③적용 수준의 발문을 할 때에는 연습이나 변환 중심 수업을 하고, 적용하기나 활용하기 수업대화를 사용한다. ④분석 수준의 발문을 할 때에는 귀납이나 연역 중심 수업을 하고, 관계파악하기나 구별하기 혹은 변별하기 등의 수업대화를 사용한다. ⑤종합 수준의 발문을 할 때에는 일반화 중심 수업을 하고, 형성하기와 구성하기 혹은 생산하기 등의 수업대화를 사용한다. ⑥평가 수준의 발문을 할 때에는 변별이나 추론 중심 수업을 하고, 평가하기와 정당화하기 등의 수업대화를 사용한다.

학생의 다양한 반응을 유도하는 발문을 사용해야 한다. 학생 반응을 유도하는 발문에는 교사의 언어적 확증(좋아, 맞아 등)이나 행동 표현(고개를 끄덕임)을 동반한 학생 반응 수용, 학생 반응을 수용은 하지만 불완전하다고 말을 하는 부분 수용(꼭 맞는 것은 아니지만 방향은 잘 잡았어요.), 학생 반응을 수용할 수 없다고 말을 하는 거부(틀렸어요. 또 다른 사람?)가 있다(설양환 · 박태호 외 역, 2005: 181). 이 수업에서는 학생의 다양한 반응을 유도하는 교사 발문(전폭 수용이나 부분 수용)을 관찰할 수 있다. 그러나 일부 유능한 학생을 대상으로 한 유도 발문이라는 점에서 문제가 있다. 중 · 하 수준 학생의 참여를 유도하는 발문 사용이 필요하다.

이 수업의 목표는 '인물의 모습이나 성격' 파악이다. 그러나 핵심 내용과 관련한 발문을 분석하면 문제가 드러난다. 교사가 1학년 학생의 발달 수준을 넘어서는 학습 용어(인물, 성격, 모습)를 그대로 사용하고, 격려하기나 맞장구치기(pumping)와 같이 부족한 학생 반응을 격려하고 유도하는 발문을 거의 사용하지 않기 때문이다. 지금까지 논의 내용을 점검표로 제시하면 다음과 같다.

수업 방법	분석 요소	분석 등급 상-중-하
발문	1. 학습자를 발달 단계를 고려하여 발문을 한다.	하
	2. 학습자의 다양한 반응과 참여를 유도하는 발문을 한다.	하
	3. 핵심적인 학습 내용에 초점을 두어 발문을 한다.	상
	4. 구체적이고 이해하기 쉬운 발문을 한다.	하
	5. 학습자의 반응을 유도하고 기다리는 발문을 한다.	하

【표 60】 발문 점검표

⑤ 피드백

피드백은 반응한 학생에게 기대하는 반응 대상과 유형을 명확하게 알려주는 것이다. 비록 학생의 초기 반응이 부정확하거나 불합리할지라도 학생을 혼란스럽게 하거나, 굴욕감을 주거나 기대 수준을 낮추어서도 안 된다. 교사의 임무는 학생 활동 판단이 아닌 도움 제공에 있기 때문이다. 피드백 유형에는 교사 수준의 피드백, 학생 생각을 다음 수업에 활용하는 피드백, 교사와 학생이 서로의 생각을 비교하는 피드백이 있다.

수업 방법	분석 요소	분석 등급 상-중-하
피드백	1. 학생 생각을 교사 수준에서 수정하면서 긍정적으로 피드백 한다.	상
	2. 학생의 생각을 추측하거나 분석한 후 그 결과를 다음 활동에 적용하면서 긍정적으로 피드백 한다.	하
	3. 교사와 학생의 생각을 서로 비교하면서 긍정적으로 피드백 한다.	하
	4. 학생 생각을 비난, 무시, 거부하면서 부정적인 피드백을 한다.	없음

【표 61】 피드백 점검표

⑥ 내용전달

내용 전달 평가 요소에는 수업 내용, 교수 · 학습 절차, 토론과 토의 활동, 교사의 설명 방식, 학습 용어, 교사와 학생의 의사 소통 유형 이 있다. 이 수업에서는 학문 공동체에서 인정하는 직접 교수 절차를 사용하였고, 중요 내용을 강조하거나 요점을 정리하는 활동을 관찰할 수 있다. 그러나 학생 발달 수준을 벗어난 학습 용어 사용이나 교사의 설명 방식은 개선 대상이다.

이 수업에서 특히 문제가 되는 것이 학생 발달 수준을 넘어선 학습 용어 사용이다. 수업 중 '인물, 모습, 성격, 마인드맵' 이라는 학습 용어를 사용하였다. 그러나 이러한 학습 용어는 1학년 학생의 발달 수준을 넘어서는 것이다. 교사는 학생이 인물의 성격을 찾을 수 있다는 전제 하에 수업을 진행하지만, 수업 동영상을 보면, 교사가 지명을 한 일부 학생을 제외하고는 대다수의 학생이 반응하지도 않고, 집중하지도 않는다.

이러한 현상은 교사의 설명 부족에서 기인한다. 설명 대상은 있으나 그것을 설명하는 도구 즉 방법이 없기 때문이다. '인물, 모습, 성격' 은 설명 대상이므로, 이것을 설명하기 위한 방법이 있어야 한다. 구체물이나 그림 자료 혹은 예시 자료를 활용한 설명이 필요하다. 예를 들면, '인물' 의 개념을 설명하고자 한다면, 이야기에 나오는 여러 인물 유형을 실물 화상기로 제시한 다음에, '이야기에 나오는 사람이나 동물을 인물이라고 한다.' 고 정의를 하면 된다. 여기서 인물은 대상이고, 그것을 설명하는 도구는 예시 자료를 활용한 개념 정의이다. 또 인물의 성격을 설명하고자 한다면, 다양한 유형의 인물과 그에 따른 성격 유형(친절하다, 게으르다, 성질이 급하다, 부지런하다, 욕을 잘 한다 등)을 제시하고, 인물 그림과 일치하는 성격을 찾아보는 활동을 할 수 있다. 지금까지 논의 내용을 점검표로 제시하면 아래와 같다.

수업 방법	분석 요소	분석 등급 상-중-하
내용 전달	1. 중요한 수업 내용을 강조하거나 요점 제시	상
	2. 학문 공동체에서 인정하거나 추천하는 교수학습 절차 사용	상
	3. 수업 중 말하고 듣고 읽고 토론하는 활동이 자연스럽게 이루어진다.	중

	4. 하나씩 차근차근 또박또박 지시한다.	중
	5. 수업 내용에 알맞은 적절한 예시나 증거를 제시한다.	하
	6. 학습자의 수준에 알맞은 학습 용어를 사용한다.	하
	7. 언어적/비언어적 의사소통이 활발하게 이루어진다.	하

【표 62】 내용전달 점검표

⑦ 평가

평가를 '수업 내용과 평가 내용의 일치도 여부', '평가 시 학습자 오류 경향 분석', '평가 도구의 명확성', '수준별 학습 활용 여부'로 구분하여 살펴보았다. 이 중 마지막 두 항목은 수업 동영상에서 관찰되지 않았다. 이것을 '상', '중', '하'로 구분하여 평가하였다.

수업 내용과 평가 내용은 서로 일치한다. 그러나 질문 방식은 개선의 여지가 있다. 일문일답이나 자문자답 형식의 평가는 피해야 한다. 또 평가 결과에 대한 피드백도 개선을 해야 한다. 특히 일대일 평가 시에 다수의 학생이 수업에 집중하지 않는 모습을 보인다. 이 부분도 개선해야 한다. 지금까지 논의 내용을 점검표로 제시하면 아래와 같다.

수업 방법	분석 요소	분석 등급 상-중-하
평가	1. 수업 내용과 평가 내용이 일치한다.	상
	2. 평가 시, 학습자의 오류 경향을 분석하여 수정한다.	하
	3. 학업성취 도달여부를 파악할 수 있는 평가 기준과 도구가 명확하게 제시되어 있다.	없음
	4. 평가 결과를 보충 · 심화 학습의 판별 자료로 활용할 수 있다.	없음

【표 63】 피드백 점검표

⑧ 학습 환경

학습 환경 요소에는 주의집중, 학습자 행동관찰, 학습분위기, 순회지도 등이 있다. 이 수업 장면에서는 교실 순회 지도 장면만 관찰되었다. 순회 지도 시에는 학습 조직 유형에 맞게 피드백을 해야 한다(설양환 · 박태호 외 역, 2005: 237~238). 개별 학생을 지도할 때에는 연습지의 오류를 지적하거나(틀린 답에 ×, 정답 제시), 학생과 눈을 맞추면서 고개를 끄덕일 수 있고, 동료 답안지를 채점하게 할 수 있다. 모둠별로 순회 지도를 할 때에는 모둠 구성원끼리 채점을 하게 할 수 있다. 전체 학생을 지도를 할 때에는 매체나 유인물 혹은 칠판을 활용하여 정답을 공개할 수 있고, 특정 학생을 지명하여 정답을 말하게 하거나 정답을 불러주면서 채점을 하게 할 수 있다. 이 수업 장면에서는 모둠별 순회를 하면서 학생과 눈을 맞추거나 고개를 끄덕이는 교사 행동만 관찰될 뿐, 위에서 제시한 구체적 요소들은 관찰되지 않았다. 지금까지 논의 내용을 점검표로 제시하면 아래와 같다.

수업 방법	분석 요소	분석 등급 상-중-하
학습 환경	1. 주의 경고, 훈계 경고 등을 활용하여 수업 집중도를 높인다.	관찰불가
	2. 수업 형태에 맞게 학습자의 행동을 관리하고 지도한다.	관찰불가
	3. 상호존중을 바탕으로 한 학습 분위기를 조성한다.	관찰불가
	4. 교실 순회 활동을 하면서 소집단이나 개별 학습 지도를 한다.	중

【표 64】 학습 환경 점검표

3) 수업 환경

수업 환경을 판서와 교실 환경으로 구분하여 살펴보았다. 판서에는 판서 내용과 시기, 학생 사고 활동과 판서 유형, 학습 내용 정리, 필순과 속도, 판서의 구조적 활용 등이 해당되고, 교실 환경에는 주의경고, 학생 행동 관리, 학습 분위기, 교실 순회 등이 해당되며, 이것을 '상', '중', '하'의 세 등급으로 구분하였다.

① 판서

판서 항목에서는 다양한 유형의 판서만이 관찰되었다. 교사가 마인드맵 활용 방법을 판서로 보여주었다. 그러나 글자 크기가 저학년 학생의 발달 수준에 적절한 것인지는 재고의 여지가 있다. 또 구두 전달 기법을 활용하여 학습 안내를 하고 있는데, 이 부분을 안내판을 활용하여 칠판에 부착하거나 판서를 하거나 PPT로 제작하여 제시하는 편이 좋았을 것이다. 지금까지 논의한 내용을 점검표로 제시하면 아래와 같다.

수업 방법	분석 요소	분석 등급 상-중-하
판서	1. 판서의 시기와 내용과 양이 적절하다.	관찰불가
	2. 수업의 흐름에 따라 판서를 하면서 학생 사고 활동을 유도한다.	관찰불가
	3. 다양한 유형으로 판서를 하거나(문자, 지도, 도해), 매체 또는 교구를 활용하여 판서를 한다.	상
	4. 학습 내용을 정리하는 판서를 한다.	관찰불가
	5. 글자의 크기와 필순이 바르고, 판서 속도가 알맞으며 어문 규정을 준수한다.	관찰불가
	6. 칠판을 구조적으로 활용하거나 색분필 등을 이용하여 시각적 효과를 내면서 수업 내용을 효과적이고 체계적으로 정리한다.	관찰불가

【표 65】 판서 점검표

② 교실 환경

교실 환경에는 학급 문고, 독서 · 토론 환경, 학생 작품 전시, 교과서와 학습장 준비, 책걸상 정리 · 정돈 등이 해당된다. 이 수업 동영상에서는 다양한 매체를 활용하는 수업 장면만이 관찰되었다. 교사는 실물화상기와 대형 텔레비전을 활용하여 학생의 학습 동기 유발, 학습 목표 제시, 학습 활동 안내 등의 활동을 하고 있다. 이것을 점검표로 제시하면 아래와 같다.

수업 방법	분석 요소	분석 등급 상-중-하
교실 환경	1. 학생들이 좋아하는 다양한 유형의 도서가 학급문고에 비치되어 있다.	관찰불가
	2. 학생들이 편안하게 쉬면서 책을 읽을 수 있는 별도의 독서 코너가 조성되어 있다.	관찰불가
	3. 소집단 독서 토론 · 토의를 할 수 있는 공간이 조성되어 있다.	관찰불가
	4. 독서 기록장, 낱말 퀴즈, 인물 탐구 등처럼 읽기 반응을 다양하게 확장시킨 결과물이 전시되어 있다.	관찰불가
	5. 수업 시간에 컴퓨터, 녹음기, 인터넷, 텔레비전 등과 같은 다양한 매체를 활용할 수 있다.	상
	6. 교과서와 학습장 준비가 잘 되어 있다.	관찰불가
	7. 책걸상 정리 정돈이 잘 되어 있다.	관찰불가
	8. 유리창과 커튼의 개폐가 계절과 온도에 맞게 적절히 되어 있다.	관찰불가
	9. 전등과 채광은 학습자의 시력보호에 적절한 밝기를 유지하고 있다.	관찰불가

【표 66】 교실 환경 점검표

보충설명

36) 선행 조직자의 유형과 예는 문정미(2000) 참조.

37) 이 수업자료는 김명실 교사(서울교대 부속초등학교)의 6-2 말하기 · 듣기 수업 동영상 일부이다. 한국교육과정평가원 교수학습센터에 개별학습모형의 예로 소개되어 있다(http://classroom.kice.re.kr/kice/content06/index.jsp).

38) 오영숙(대전 문지초등학교) 교사의 수업 동영상 자료이다. 교실을 방문하여 직접 촬영하였다. 오 교사는 대전광역시교육청 주최 수업실기대회에서 입상을 하였고, 현재 국어 수업 컨설팅 요원으로 활약하고 있다.

39) Tomlinson(2000)은 수준별 학습 요소로 ①능력별 집단 구성, ②동료 지도, ③학습 센터 활용, ④복습과 보충지도 자료, ⑤매체를 활용한 개별 학습, ⑥게임이나 역할극등을 제안하였다(설양환 · 박태호 외 역, 2005: 144~145). 능력별 집단 구성은 학습 과제의 난이도나 학생 발달 수준에 따라 모둠을 편성하는 것이다. 예를 들면, 읽기 능력이 우수한 학생은 사전에 글을 미리 읽은 다음에 수업 시간에는 상위수준의 개별 학습지를 푼다. 읽기 학습 부진아는 낮은 수준의 읽기 자료를 읽으면서 독서 활동을 한다. 동료 지도는 유능한 학습 독자가 미숙한 학습 독자를 지도하는 것이다. 학습 센터에서는 컴퓨터나 미디어를 활용하여 학습 활동을 한다. 교실에서의 단순 연습이나 학습지 활용보다 더 효과적이다. 복습과 보충지도 자료는 전차시의 중요한 내용을 보기 좋게 요약하거나 추가로 제작한 자료이다. 매체를 활용한 개별학습은 소프트웨어나 프로그램화된 개별학습 자료, 청각 자료를 활용하여 수준별 학습을 하는 것이다. 게임이나 시뮬레이션 그리고 역할극은 자기주도 학습의 필수 요소이다. 게임과 시뮬레이션은 구조적 학습 활동 자료이고, 역할극은 학생들이 새로운 활동을 시도하고 연습할 수 있는 기회를 제공한다.

40) Kounin(1970)은 유능한 교사와 미숙한 교사의 차이를 교실에서의 시선 처리로 설명하고 있다(설영환 · 박태호 외 역〈2004: 170〉에서 재인용). 교사가 근처에 있는 학생만을 대상으로 눈맞춤을 하면서 말을 하거나, 판서를 하는 도중에 학생에게 등을 보인 상태에서 말

을 하거나, 창문 방향을 보면서 말을 하는 행동은 미숙한 교사의 대표적 행동이라고 한다. 이러한 문제를 극복하려면, 수업 중 교실 전체를 둘러보고, 가급적 여러 학생과 눈을 맞추면서 목소리나 신체 움직임에 변화를 주어야 한다.

41) 박태호(2004)에서는 반응대화라는 명칭을 사용하였다.

42) 교육인적자원부(2000), 초등학교 교사용 지도서 국어 1-1. 대한교과서주식회사, p. 361.

43) Borich(2003)는 주의집중 방식 유형으로 ㉠충격 요법 활용 발문, ㉡논쟁 조장 발문, ㉢모순 상황 제시 발문, ㉣호기심 자극 발문의 네 가지를 들었고(박태호 외, 2005: 168~170), 학습 동기 유발 방식으로 ㉠문제 풀기(질문, 연습장, 유인물, 칠판이나 OHP 등), ㉡피드백 제공하기, ㉢칭찬하기, ㉣점검하고 기록하기, ㉤수업대화 사용하기의 다섯 가지를 들었다(설양환 · 박태호 외 역, 2005: 232~256).

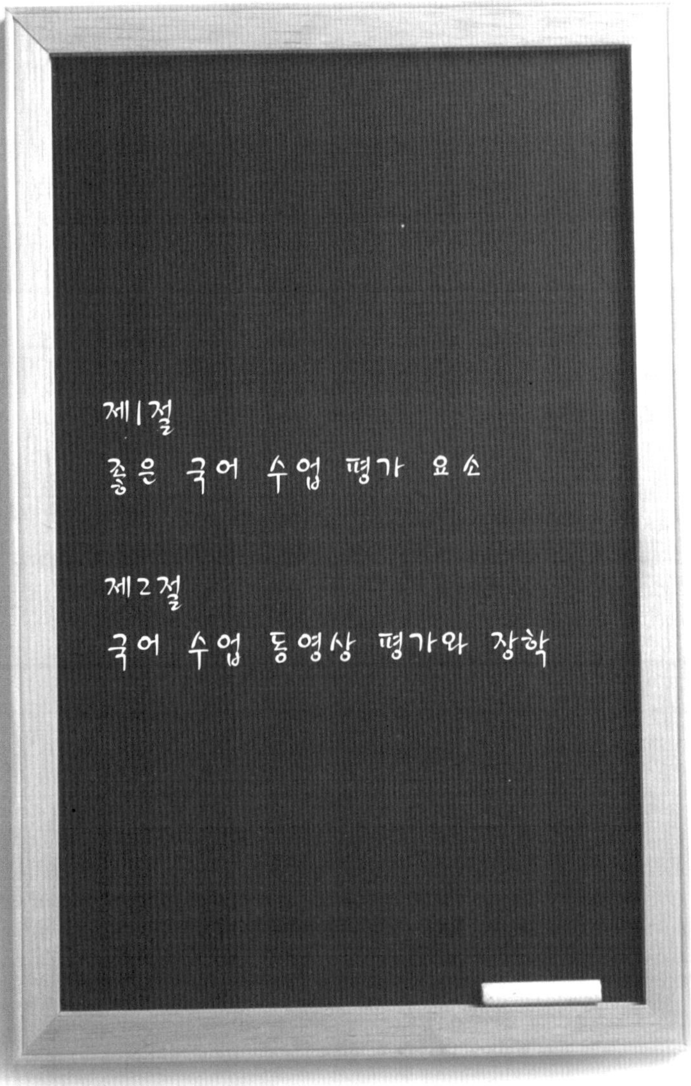
제1절
좋은 국어 수업 평가 요소
제2절
국어 수업 동영상 평가와 장학

3 장

국어 수업 평가와 장학

제1절 좋은 국어 수업 평가 요소

1. 과정중심 국어 활동 평가 요소

국어 수업을 온전하게 해석하기 위해서는 국어 수업 현상을 체계적으로 관찰하고 분석할 수 있는 틀이 있어야 한다. 이 틀은 '국어' 요인과 '수업' 요인을 균형 있게 반영해야 한다. 그러기 위해서는 국어나 국어 교육 관련 연구물에서 '국어 활동'을 분석해낼 수 있는 요소를 추출해야 한다. 또 수업 관련 연구물에서 '수업 활동'을 분석해낼 수 있는 요소를 추출해야 한다.

'국어 활동' 분석 요인을 설정할 때에는 국내 · 외에서 이루어진 과정중심의 읽기와 쓰기 연구를 참고하고자 하며, '수업' 관련 분석 요인을 설정할 때에는 교육학이나 교과교육학의 연구 결과를 참고하고자 한다. '읽기'와 '쓰기', '수업' 요인에 대한 균형 잡힌 연구는 '국어 수업 분석' 범주와 요소를 국어 수업의 특성에 맞게 개발할 수 있는 기반이 된다.

1) 과정중심 쓰기 활동과 평가 요소

(1) 과정중심 쓰기 활동

과정중심의 쓰기 연구는 다음의 세 가지 유형으로 진행되어 왔다(박태호, 2003). 쓰기 현상을 설명하는 쓰기 이론에 초점을 맞춘 연구(박영목:1994, 1995;박영목 · 한철우 · 윤희원, 1995), 구성주의 관점을 바탕으로 하여 과정중심 쓰기 모형과 전략을 구체화시켜 현장 적용의 과정을 거친 연구(최현섭 · 박태호, 1994;이정숙, 1997;박태호, 1996;경인초등국어교육학회, 1995, 1996, 1997;최현섭 · 박태호 · 이정숙 · 이수진, 2004), 제7차 교육과정 및 과정중심의 쓰기 교재 구성과 연계시킨 연구(이재승, 1999)이다. 과정중심 쓰기 교육의 철학적, 이론적 기반에 대해서는 연구자마다 조금씩 차이가 나나, 과정중심의 쓰기 절차와 전략에 대해서는 대체적으로 일치된 견해를 보이고 있다. 이 연구에서는 최현섭 · 박태호 · 이정숙(2000),최현섭 · 박태호 · 이정숙 · 이수진(2004)의 주장을 바탕으로 하여 과정중심의 쓰기 절차를 생각열기, 생각엮기, 애벌쓰기, 고쳐쓰기, 평가하기, 발표하기의 여섯 단계로 구분한 다음, 쓰기 과정별 쓰기 활동 요소를 추출하고자 한다.

① 생각열기

생각열기는 아이디어를 생산하는 단계이다. 이 단계에서는 다양한 생각이나 기법을 쉽게 떠올리거나 펼쳐 내야 하고, 이를 위해서는 창의적 사고 능력이 필요하다.

창의적으로 생각하려면 글을 쓰는 목적이 분명해야 한다. 글을 잘 쓰는 사람은 글을 쓰는 목적과 예상 독자를 고려하면서 내용을 생성한다. 이러한 과정을 거치면 산만하게 생성되거나 수집되기 쉬운 생각을 글감과 관련된 내용으로만 한정하여 집중적으로 생성해 낼 수 있다. 이에 비해서 글쓰기 능력이 부족한 학생은 글쓰기를 단지 평가 도구로만 인식하고, 교사만을 유일한 청자로 생각하기 때문에 글을 쓰는 목적이나 독자 요인을 진지하게 고려하지 않으며, 관련된 배경 지식을 다양하고 풍성하게 생성할 필요성을 느끼지 못한다.

창의적으로 생각하려면 글감과 관련된 배경 지식이 풍부해야 한다. 글을 잘 쓰는 학생은 자료 조사, 아이디어 생성, 관련 자료 해석과 정리 등에 많은 시간을 보낸다. 이들은 창의적 사고 활동에 필요한 내용 생성 전략의 개념, 유형, 활용 방법을 알고 있다. 이에 비해서 글쓰기 능력이 부족한 학생은 유능한 학생에 비해 내용 생성에 투입하는 시간 비율이 턱없이 부족하다. 좋은 글을 쓰려면 글감과 관련된 정보를 수집하거나 생각을 떠올리기 위한 다양한 활동을 전개해야 하는데, 생각을 여는 활동에 많은 노력을 기울이지 않는다. 또 머릿속에 들어 있는 글감과 관련된 배경 지식을 다양하고 풍성하게 활성화시키지도 못한다. 심지어는 자신이 가지고 있는 배경 지식조차도 다 떠올리지 못하는 경우도 흔하다. 이들은 과제가 제시되면 글감과 관련된 단편적 정보만을 약간 떠올리거나 내용을 충분히 생성하기 전에 사고 활동을 멈춘다.

글감과 관련된 다양한 생각을 창의적으로 생성할 수 있는 활동의 예로 조사한 정보를 가지고 KWL 표 완성하기, 생각그물 만들기, 면담하기, 육하원칙에 따라 글 읽으면서 내용 정리하기 등을 들 수 있다.

② 생각엮기

생각엮기는 창의적으로 펼친 생각을 고르고 정리하는 단계이다. 생각을 엮으려면 글 구조에 관한 지식이 필요하다. 글을 쓴 목적, 독자, 내용을 글 구조에 따라 묶거나 분류하면서 생각을 체계적으로 정리할 수 있기 때문이다. 예를 들면, 논술을 잘 쓰는 학생은 '원인과 결과', '문제와 해결'의 글 구조를 활용하여 자신의 생각을 정리하고, '~의 문제는', '~의 원인은', '~의 해결 방안은', '~에 대한 내 생각은' 등의 표지어를 사용하여 자신의 생각을 논리적으로 정리할 수 있다. 또 설명의 글을 잘 쓰는 학생은 '순서', '열거', '나열' 등의 글 구조를 활용하여 자신의 생각을 정리하고, '첫째, 둘째, 셋째'나 '처음에, 다음에, 마지막에' 등의 문구를 사용하여 자신이 알고 있는 정보를 체계적으로 정리할 수 있다.

창의적으로 펼친 생각을 특정 범주에 따라 정교하게 엮어 내는 방법 중의 하나가 글의 뼈대를 세우는 것이다. 여기에는 순서(나열, 열거), 이야기, 원인과 결과, 문제와 해결 등이 있다.

주제 :

첫 번째 처음에 시작점에	
두 번째 다음에 후에	
세 번째 그 후에 지금	
네 번째 마지막에 결론적으로	

〈그림 16〉 시간 순서 맵

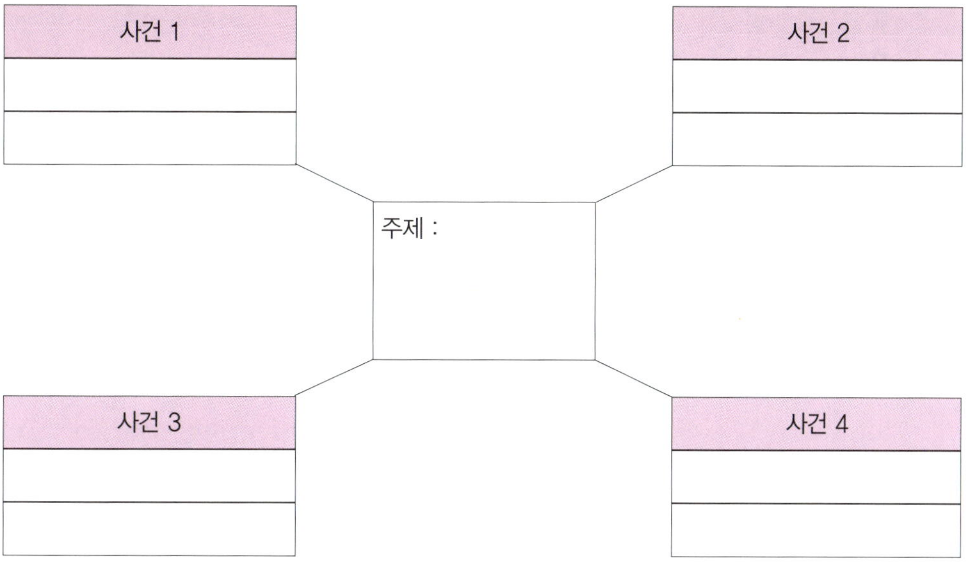

〈그림 17〉 사건 순서 맵

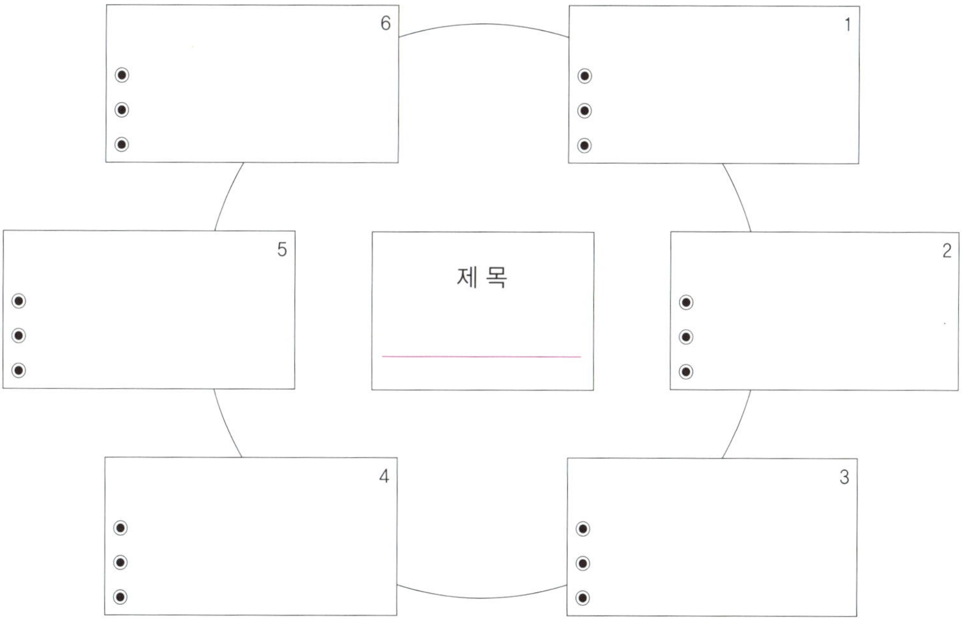

〈그림 18〉 이야기 순환 맵

〈그림 19〉 이야기 구조 맵 1

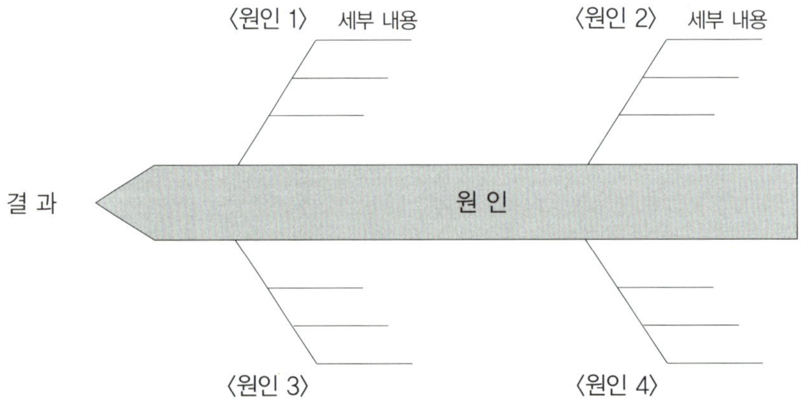

〈그림 20〉 물고기 뼈 원인 · 결과 맵

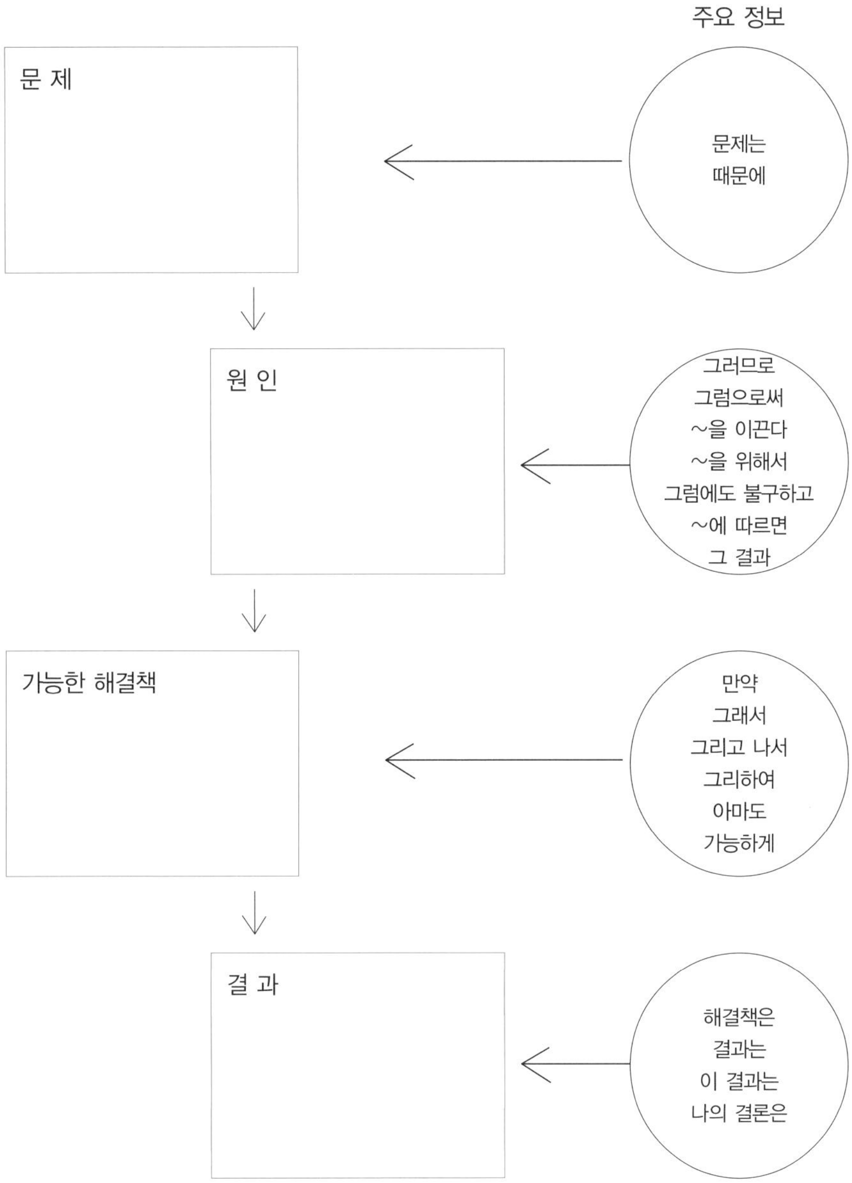
주요 정보
문 제
문제는
때문에
원 인
그러므로
그럼으로써
~을 이끈다
~을 위해서
그럼에도 불구하고
~에 따르면
그 결과
가능한 해결책
만약
그래서
그리고 나서
그리하여
아마도
가능하게
결 과
해결책은
결과는
이 결과는
나의 결론은

〈그림 21〉 문제와 해결

③ 애벌쓰기(초고쓰기)

애벌쓰기는 생각열기와 생각엮기 과정에서 펼치고 묶은 생각을 문장 단위 이상의 문자 언어로 표현하는 단계이다. 본격적 의미의 쓰기 활동 단계라고 할 수 있다. 생각을 글로 표현하는 처음 쓰기 단계에서는 낱말이나 구 차원의 생각을 문장이나 문단 혹은 글 차원으로 표현하기 때문에 복잡한 인지 작용이 일어난다. 이를 위해서는 상황에 어울리는 낱말을 사용해야 하고, 문장 성분을 활용하여 짜임새 있는 문장을 만들어야 하며, 일정한 기호를 사용하여 문장과 문장을 연결시켜야 한다. 또 문장을 쓸 때에는 구체적인 문장이나 보여 주는 문장을 써야 한다. 동사와 형용사, 부사 등을 활용하면 구체적인 문장을 쓸 수 있다. 보여 주는 기법을 활용하여 우회적으로 표현하면서 독자의 흥미를 유발할 수 있고, 수준 높은 문장을 쓸 수 있다. 그 외에도 글을 쓴 목적을 중심 문장으로 명확히 드러내야 하고, 그것을 뒷받침하는 문장으로 제시해야 한다. 뒷받침 문장으로 예시와 근거, 사실과 통계 등의 자료를 쓸 수 있다.

애벌쓰기 과정에서도 생각을 수정하고 보완하거나 삭제하는 활동이 일어난다. 내용을 생성하거나 조직하는 단계에서 미처 예상하지는 못했지만, 좋은 생각이 떠올랐다면 수용할 수 있고, 어울리지 않는 생각은 삭제할 수 있다. 예를 들면, 대화나 인용 혹은 속담을 이용하여 독자의 흥미를 유발하는 도입 문장이나 사실과 예시 혹은 통계 자료를 이용하여 중심 생각을 뒷받침하는 문장을 추가로 작성할 수 있다. 반면에 무의미어나 상투어 혹은 반복되는 문장은 수정하거나 삭제할 수 있다. 또 긴 문장을 완결된 짧은 문장으로 제시하여 독자가 읽기 쉽고, 이해하기 쉬운 문장으로 수정할 수 있다.

애벌쓰기에서는 한 번에 완결된 글 쓰기를 목표로 해서는 안 된다. 완결된 글이 되기까지 고치고 다듬는 활동을 지속적으로 반복해야 하기 때문이다. 완성된 글의 질이 다듬기 활동의 질과 관계가 있는 것도 이 때문이다. 그런데 글쓰기 능력이 떨어지는 일부 학생의 경우 아이디어생성에 어려움을 겪을 뿐만 아니라, 그것을 글로 표현할 때에도 아는 것만 간단히 쓰는 경향이 있다.

애벌쓰기 활동 유형에는 글감 제한하기, 제목붙이기, 첫 부분 쓰기, 첫 문장 쓰기, 문장 완성하기, 구체적으로 쓰기, 사실과 의견 쓰기, 은유 표현 쓰기, 속담을 이용하여 쓰기, 중심 문장과 뒷받침 문장 쓰기, 끝 부분 쓰기 등이 포함된다.

2. 주어진 글감을 〈보 기〉와 같이 구체적인 글감으로 바꾸어 봅시다.

〈보 기〉

청소를 하자 ⇨ 교실을 깨끗이 청소하자

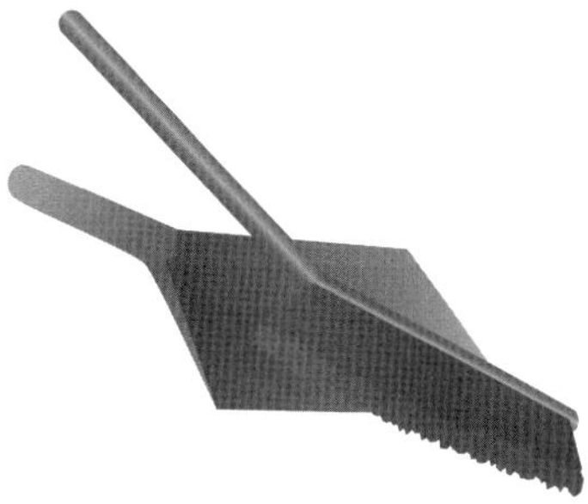

① 환경을 보호하자 ⇨ ______

② 웃어른을 공경하자 ⇨ ______

③ 친구와 사이좋게 지내자 ⇨ ______

④ 에너지를 아끼자 ⇨ ______

⑤ 교통 사고를 줄이자 ⇨ ______

⑥ 독서를 하자 ⇨ ______

〈자료 49〉 글감 제한하기

1. 〈보 기〉의 문장에서 주어, 목적어, 서술어에 해당하는 낱말을 찾아봅시다.

〈보 기〉

나무가 공기를 맑게 합니다.

■ 주어는 ( ) 입니다.

■ 목적어는 ( ) 입니다.

■ 서술어는 ( ) 입니다.

〈자료 50〉 문장 완성하기

1. 다음 글을 읽고, 물음에 답해 봅시다.

(1) 적당한 제목을 붙여 보세요.

( )

이를 잘 닦아야 한다. 이를 안 닦으면 입 안에서 냄새가 나게 되어 다른 사람에게 불쾌감을 준다. 또 이를 잘 닦지 않으면 삭은니가 생겨, 음식물을 씹기가 힘들어지고 아파서 고생을 하기도 한다.

(2) 제목을 그렇게 붙인 까닭은 무엇인가요?

〈자료 51〉 제목 붙이기

2. 다음 문장을 읽고, 밑줄 친 낱말을 구체적으로 바꾸어 써 봅시다.

예) 나는 음악실에서 피아노와 바이올린을 켰다. ⇨ 나는 음악실에서 피아노를 치고, 바이올린을 켰다.

(1) 우리는 패스트 푸드점에서 햄버거와 콜라를 먹었다.

⇨

(2) 어머니께서는 이와 머리를 씻으라고 하셨다.

⇨

(3) 우리는 독서를 통해 감동과 삶의 지혜를 배울 수 있다.

⇨

(4) 왼손잡이들에게 스트레스와 우울한 정서를 갖게 할 수 있다.

⇨

〈자료 52〉 구체적으로 쓰기

1. 다음 그림을 보고, 그림에 알맞은 중심 문장을 찾아 ○표 해 봅시다.

〈보 기〉

• 쓰레기를 잘 줍습니다. (   )

• 친구들과 사이좋게 놀고 있습니다. (   )

• 책을 많이 읽어야 합니다. (   )

〈자료 53〉 중심 문장

1. 다음은 어떤 주장하는 글의 내용을 그림으로 도식화한 것입니다. 끝 부분에 들어갈 내용을 끝맺음 방법에 따라 써 봅시다.

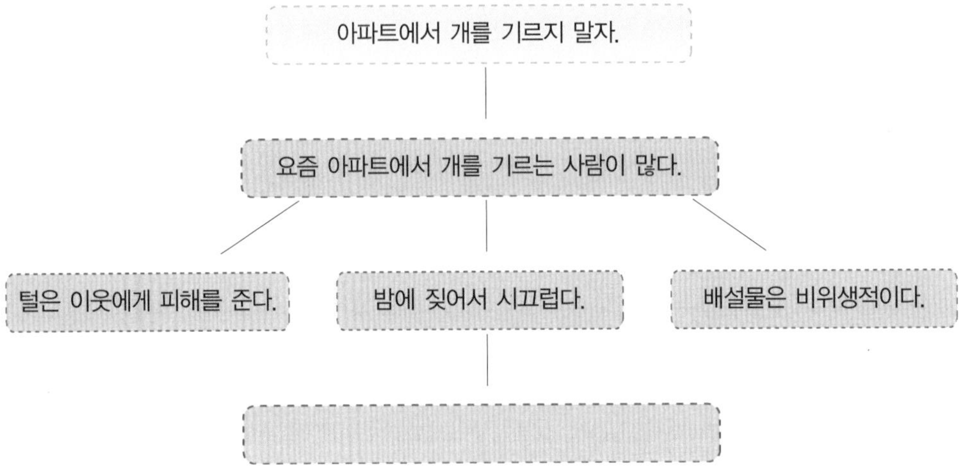

〈자료 54〉 끝 부분 쓰기

④ 고쳐쓰기

고쳐쓰기는 자기 자신 혹은 친구나 선생님과 의논을 하면서 작품 내용과 형식을 다듬는 단계이다. 고쳐쓰기를 하면서 독자에 대한 감각을 기를 수 있고, 다른 사람의 작품을 비판적으로 살펴보면서 좋은 글의 특성을 알게 된다. 이때 교사는 학생이 우호적인 분위기에서 서로 의논하며 다듬기를 할 수 있게 분위기를 조성하고, 학습자의 문제 해결 능력을 길러야 한다.

고쳐쓰기에서는 협의 중에 논의된 문제를 수정하고 보완한다. 글을 쓴 목적이나 구조에 따라 글 차원에서 내용을 추가하거나 삭제할 수 있고, 문단이나 문장 차원에서 생각의 배열 방식, 중심 문장과 보조 문장, 주술 호응, 접속어와 지시어, 꾸며 주는 말, 낱말 등을 검토할 수 있다. 고쳐쓰기의 목적은 작품의 완성에 있다. 작품의 완성도는 반복하여 다듬을 때에 더 높아진다. 고쳐쓰기를 할 때에는 다음의 사항에 유의해야 한다.

첫째, 전체에서 부분의 순서로 글을 고쳐 쓴다. 미숙한 작가는 글의 기계적 특성에 초점을 두어 다듬는 경향이 있다. 주로 띄어쓰기와 맞춤법, 문장 부호를 집중적으로 보고, 글의 구조나 내용 변환 및 낱말이나 문장 수정은 뒷전이다. 이에 비해 유능한 작가는 글 구조에 초점을 두어 고쳐 쓰는 활동을 진행한다. 글의 내용을 바꾸기도 하고, 문단 내용을 재배열하기도 하며, 문장이나 낱말을 고치고 다듬는다. 유능한 작가는 낱말에서 글로 진행되는 상향식 고쳐쓰기가 아닌 글에서 낱말로 진행되는 하향식 고쳐쓰기를 한다.

둘째, 자신의 작품을 독자의 입장에서 비판적으로 살펴보아야 한다. 대부분의 초보 작가들은 자신이 쓴 글을 비판적인 관점에서 평가하는 능력이 떨어진다. 미숙한 작가는 자신의 글을 날카롭게 살펴보면서 오류를 발견하기 어렵다. 이럴 때에는 동료 글을 살펴보는 것이 좋다. 동료의 글을 읽으면서 어색한 부분에 대해 이의를 제기하고, 문제 해결 방안을 모색하면서 자신의 글을 고쳐 쓰는 능력을 기를 수 있다.

셋째, 전통적인 작문 교육에서 중시하던 글의 형식적인 측면도 중시해야 한다. 전통적인 작문 교육의 문제는 글의 기계론적 측면에 대한 지나친 강조이지, 형식적인 측면의 부정은 아니다. 한 편의 글을 읽을 경우, 글씨를 날려서 쓴 학생의 작품보다는 깨끗하고 정성스럽게 쓴 학생의 글이, 띄어쓰기를 무시하고 쓴 학생의 글보다는 띄어쓰기를 잘 한 학생의 글이, 맞춤법 오류가 많은 학생의 글보다는 맞춤법에 맞게 쓴 학생의 글이 더 독자의 주의를 끈다는 사실을 생각하면 글의 형식적인 측면도 간과할 수 없다.

고쳐쓰기와 관련된 요소를 내용, 조직, 목소리, 낱말 선택, 문장의 유창성, 띄어쓰기와 맞춤법의 여섯 가지 항목으로 구분하여 제시하면 아래와 같다.

- ☐ 글감이 글을 쓴 목적과 어울리는가?
- ☐ 글감이 구체적인가?
- ☐ 중심 생각이 분명하고, 뒷받침 생각이 적절한가?
- ☐ 뒷받침 생각이 풍부하고 주제를 뒷받침하는가?
- ☐ 독자의 질문을 예상하고 관련 답변을 준비하면서 글을 썼는가?
- ☐ 내용이 분명하고 일관성이 있는가?
- ☐ 내용이 참신하고, 조직적이며, 글쓴이의 지식이나 경험이 잘 드러났는가?

【표 67】 내용 고쳐쓰기 요소

- ☐ 글의 제목이 주제를 잘 반영하였는가?
- ☐ 머리글에 독자의 흥미와 관심을 유발시키는 부분이 있는가?
- ☐ 글의 조직과 글을 쓴 목적이 독자의 수준과 어울리는가?
- ☐ 글의 조직이 탄탄하고 자연스러워 글을 쉽게 읽을 수 있는가?
- ☐ 글에 제시된 아이디어가 적절하고 타당한가?
- ☐ 뒷받침 내용을 논리적이고 효과적인 방법으로 제시하였는가?
- ☐ 글의 끝 부분에 독자가 확신할 수 있는 해결 방안을 제시하였는가?

【표 68】 조직 고쳐쓰기 요소

- ☐ 목소리가 독특하고 재미있는가?
- ☐ 다양한 목소리를 사용하고 있는가?
- ☐ 운치 있고 또렷한 목소리를 사용하였는가?
- ☐ 독자와 대화를 하고 있는가?
- ☐ 개인의 경험과 진실이 담겨 있는가?
- ☐ 작가가 자신의 주장을 독자에게 말하고 있는가?
- ☐ 작가가 자신의 생각을 일관성 있게 말하고 있는가?
- ☐ 작가와 독자 사이에 강한 유대감이 형성되어 있는가?

【표 69】 목소리 고쳐쓰기 요소

- ☐ 의미를 정확하게 드러내는 낱말을 문맥에 맞게 사용하였는가?
- ☐ 상황에 적절한 낱말을 글의 목적과 성격에 부합되게 사용하는가?
- ☐ 구체적인 낱말을 사용하여 문장을 참신하게 만들었는가?
- ☐ 독자의 주의와 흥미를 끄는 낱말을 사용하였는가?
- ☐ 다양하고 생동감 있는 낱말을 사용하였는가?
- ☐ 꾸며 주는 말을 적절하게 사용하였는가?

【표 70】 낱말 고쳐쓰기 요소

- ☐ 글의 흐름이 부드럽고, 리듬감이 있는가?
- ☐ 문장의 구조와 길이가 다양한가?
- ☐ 문장의 구조가 문법(어순, 호응, 의미)에 맞는가?
- ☐ 문장 표현(종결, 높임, 시간, 태, 부정)이 올바른가?
- ☐ 문장의 짜임이 탄탄하고, 설득력이 있고 이해하기 쉬운가?
- ☐ 문장과 문장의 연결이 자연스러운가?

【표 71】 문장 고쳐쓰기 요소

- ☐ 맞춤법에 맞게 정확하게 썼는가?
- ☐ 띄어쓰기를 정확하게 하였는가?
- ☐ 문장 부호를 정확하게 사용하였는가?
- ☐ 표준어와 외래어 규정에 맞게 정확하게 썼는가?
- ☐ 조사와 어미를 바르게 썼는가?
- ☐ 들여쓰기를 정확하게 하였는가?

【표 72】 띄어쓰기와 맞춤법 고쳐쓰기 요소

⑤ 평가하기

대표적 쓰기 평가 유형에는 총체 평가법(holistic scoring)과 분석 평가법(analytic scoring)(배향란, 1994), 그리고 주요 특성 평가법이 있다(박태호, 2006).

㉠ 총체 평가법(holistic assessment)

총체 평가법은 쓰기 텍스트를 전체적인 인상에 근거하여 평가하는 평가 방법이다. 총체적으로 평가하므로 시간과 비용을 최소화할 수 있어 경제적이며, 하나의 평가 척도를 다른 유형의 텍스트에서도 그대로 활용할 수 있다는 점이 유리하다. 그러나 특정 텍스트가 어떤 부분에서 긍정적인 평가를 받고, 어떤 부분에서 부정적인 평가를 받았는지에 대한 정보를 얻을 수 없다.

총체 평가법은 평가 결과를 교수·학습에 송환하고자 할 때에 구체적으로 어떤 부분을 지적하여 송환을 제공해 줄 것인가를 결정하기 어렵다. 따라서 교수·학습에 대한 정보 추출을 목적으로 하는 평가보다는 학기말이나 학년말에 총체적인 쓰기 능력의 성장 정도나 성취 수준을 알아보기 위한 평가 도구로 활용하는 것이 적절하다. 또한 채점자가 많은 분량의 텍스트를 평가할 경우에도 유리하다. 총체 평가법은 평가 척도가 요약된 형태로 제시되므로 평가자의 전문적 식견이 부족할 경우, 주관적인 인상에 의한 평가가 되기 쉬우므로 사전에 평가자 연수가 충분히 이루어져야 한다.

쓰기 과제	평가 기준	주 석
자신이 경험한 일 중에서 가장 기억에 남는 일 한 가지 쓰기	표현적인 글의 특성을 잘 나타내었고, 일반적인 쓰기 기능도 뛰어남.	상황이나 장면을 구체적으로 잘 묘사하고 있으며, 왜 그 사건이 자신에게 중요한지를 잘 나타내었다. 그리고 당시의 상황이나 장면, 사람들을 독자들이 잘 알도록 서술하고 있으며, 어법의 실수가 거의 없다.

【표 73】 총체 평가 기준과 주석 예시

㉡ 분석 평가법

분석 평가법은 디드리히(Diedrich) 등에 의하여 제시되었다. 전체적인 유창성보다는 텍스트를 몇 개의 요소로 분류하여 평가한다. 분석 평가법의 개발자인 디드리히 등은 300여 편의 글을 평가자에게 무작위로 배분한 다음, 1점에서 9점의 범위 내에서 평가하도록 하고, 점수 산출 기준을 평가자마다 기술하게 하였다. 그 결과 텍스트 내용, 조직, 어휘 사용, 표현력, 맞춤법 등이 텍스트 평가의 결정적 요소로 나타났다.

분석 평가법은 텍스트를 하위 요소로 나누어 세밀하게 평가함으로써 총체 평가법의 한계를 극복할 수 있다. 분석 평가법은 세부적인 지식이나 전략의 탐구에 초점을 두는 평가, 학습이 일어났는가를 따지는 평가, 평가 결과의 송환을 목적으로 하는 평가에 적합한 평가이므로, 개별 학습자의 쓰기 양상을 구체적으로 파악할 때에 유용한 평가 방법이다.

쓰기 과제	평가 기준
자신이 겪은 일을 생각이나 느낌이 잘 드러나게 쓰기	내용 : 주제 및 소재 선정이 적절하고 자신의 생각과 느낌이 잘 드러나 있는가?
	조직 : 처음, 중간, 끝이 분명하고 글의 흐름이 자연스럽고 문단 구분이 잘 되었는가?
	표현 및 문체 : 문체 및 어휘 사용이 개성 있고 상황이나 장면을 부각시키는 묘사가 구체적인가?
	맞춤법 : 맞춤법이나 어법에 맞고 글씨를 바르게 썼는가?

【표 74】 분석 평가법의 평가 기준 예시

ⓒ 주요 특성 평가법

주요 특성 평가법은 미국의 현직 교사들이 개발한 평가 방법이다. 1984년 미국 오레곤 주의 베어버튼(Beaverton) 지역 교사 17명이 분석적 쓰기 평가 연구 모임(Analytical Writing Assessment Committee)을 만들면서 이 분야에 대한 연구를 시작하였다. 이후 좋은 글의 특성과 평가 방안에 대한 연구가 시작되었다(Spandel, 2002).

주요 특성 평가는 좋은 작품의 특성이나 요소를 중심으로 하는 평가방법이다(Tompkins, 2000: 153~154;진대연, 2004: 504). 주요 특성 평가를 지지하는 연구자들은 질 좋은 작품의 특성이나 요소가 작품 형식이나 청자의 영향을 많이 받는다고 믿는다. 때문에 작품의 질을 평가할 때에도 구체적 과제 상황에 알맞은 평가 기준을 사용한다고 믿는다. 이때 사용되는 주요 특성 평가 지침에는 특정 쓰기 과제나 작품 유형, 작품의 장르적 특성에 부합되는 텍스트 내용이나 형식적 특징, 장르 특성을 반영한 평가 척도, 평가 수준별 작품 표본, 각 표본에 대한 평가 예시 자료 등이 반영된다.

주요 특성 평가는 1980년대에 첫 선을 보인 이후 후속 연구자에 의해 20여 회에 걸쳐 수정 · 보완되는 과정을 거쳤고, 최근에는 6가지 정도로 압축되었다. 이것을 6가지 주요 특성 평가법이라고 한다. 여기에는 내용, 조직, 목소리, 낱말, 문장의 유창성, 관습(띄어쓰기와 맞춤법)의 여섯 가지가 있다. 최근에는 프레젠테이션 요소를 추가한

6+1 쓰기 주요 특성 평가법도 등장하였다(Spandel, 2002).

⑥ 발표하기

작품 발표하기는 과정 중심 글쓰기의 마지막 단계이다. 자신이 완성한 작품을 다른 사람에게 공표하는 것이다. 완성된 작품을 학교 신문이나 교지 혹은 지역 사회 신문에 투고할 수 있고, '나도 작가'와 같은 프로그램을 개발하여 학교 방송 시간이나 교실 자유 시간에 친구들에게 들려줄 수 있으며, 자신이 직접 녹음한 내용을 들려줄 수도 있다. 또 작품집을 만들어 친구와 돌려가며 읽거나 전시를 할 수도 있다. 작품집을 만들 때에는 컴퓨터나 타자기 등의 인쇄 매체를 이용하여 가급적 책의 형태를 갖추는 것이 좋다(박태호 역, 2007).

학생은 작품화하기 활동을 하면서 작가와 독자의 역할을 동시에 경험한다. 내 작품을 다른 사람에게 읽어 주거나, 다른 사람의 작품을 읽거나 들으면서 독자나 청자 요인에 대해 주의를 기울인다. 또 교사나 동료와 대화를 하면서 담화 공동체의 담화 관습을 익힌다.

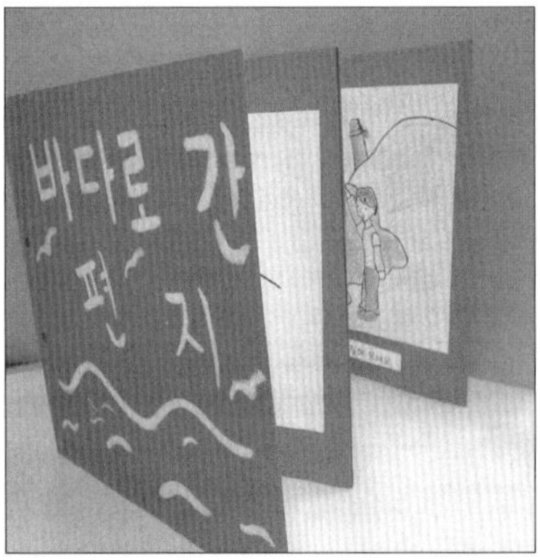

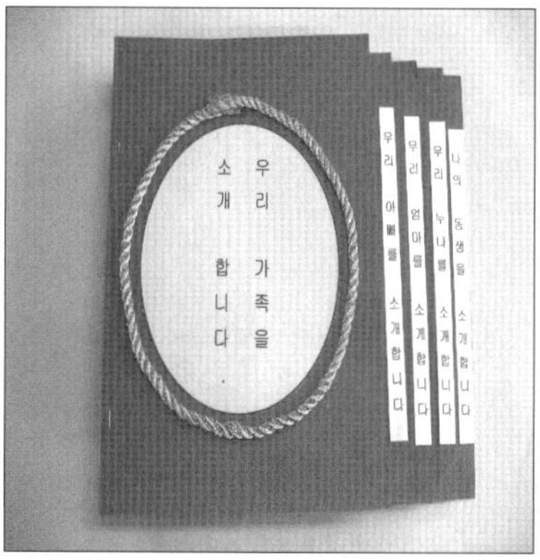
우리 가족을 소개합니다.
우리 아빠를 소개합니다
우리 엄마를 소개합니다
우리 누나를 소개합니다
나의 동생을 소개합니다

동물의 사육제

우리강아지

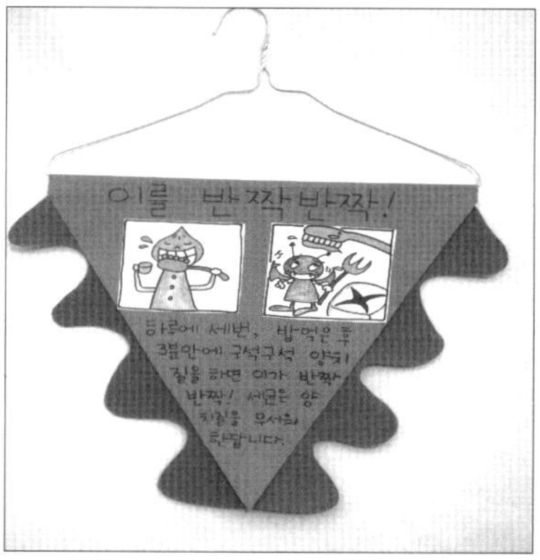
이를 반짝반짝!

구름은 정말 바쁜가봐요.
쉬지도 않고 놀러가잖아요.
비가 오면 나는 싫은데 꽃들은 좋아해요.
비가 온 뒤, 무지개를 보았어요.
참 예쁘고 신기했어요.

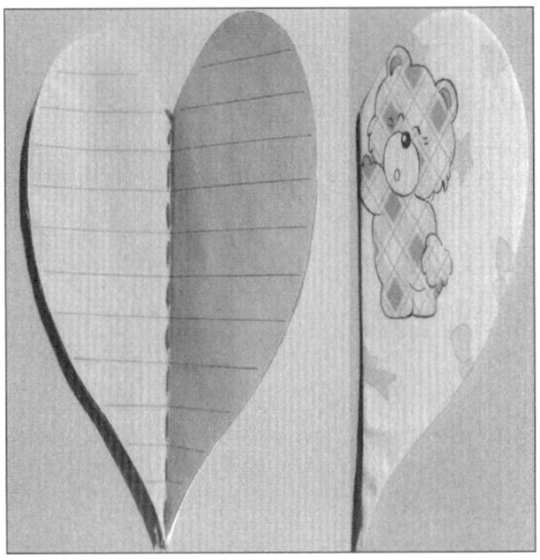

수빈이의
관찰 일기

지은이

(2) 과정중심 쓰기 활동 평가 요소

위에서 과정중심의 쓰기 절차와 전략에 대해서 살펴보았다. 과정중심의 쓰기를 쓰기 전 · 중 · 후로 구분한 다음, 쓰기 전은 〈생각열기〉와 〈생각엮기〉의 과정으로, 쓰는 중은 〈애벌쓰기〉와 〈고쳐쓰기〉의 과정으로, 쓴 후는 〈평가하기〉와 〈발표하기〉의 과정으로 세분하였다. 이것이 쓰기 활동 평가의 여섯 가지 범주가 된다. 이제 위의 범주를 기본으로 하여 평가 요소를 추출하고자 한다.

1 생각열기 평가 요소

- 알맞은 글감을 정하게 한다.
- 생각열기 전략(생각그물, 영화 및 매체 감상, 인터뷰, 관찰과 기록, 조사, 상상, 다른 자료 읽기 등)을 활용하여 글감과 관련된 생각을 떠올리게 한다.
- 전문가나 유능한 동료가 생각을 떠올리는 과정을 시범보인다.
- 생각을 자유롭게 떠올리지 못하는 학생에게는 수업대화를 사용하여 도움을 준다.
- 부진 학생의 경우에는 친구와 짝을 지어 함께 생각을 떠올리게 한다.

2 생각엮기 평가 요소

- 자신의 생각을 처음-가운데-끝의 구조에 따라 정리하게 한다.
- 글 구조의 첫 부분은 글을 쓰는 목적, 독자의 흥미나 관심을 끌 수 있는 내용과 관련된 내용으로 정리하게 한다.
- 글 구조의 첫 부분에는 본문 관련 핵심 정보를 제시한다.
- 글 구조의 가운데 부분을 순서, 비교/대조, 원인/결과, 문제/해결 등과 같은 구조에 따라 정리하게 한다.
- 생각엮기 전략(다발짓기와 개요짜기)을 활용하여 아이디어를 엮거나 분류하게 한다.
- 전문가나 유능한 동료의 생각엮기 과정을 시범보인다.

- 글 구조의 마지막 부분은 내용 정리와 종료를 알리는 부분으로 구성한다.
- 부진 학생은 친구와 짝을 지어 생각을 엮는 활동을 함께 한다.
- 글감과 관련된 중요 어휘를 재빨리 쓴다.

3 애벌쓰기 평가 요소

- 글을 쓴 목적이 잘 드러나게 한다.
- 독자가 읽기 쉽고, 이해하기 쉬운 글을 쓰게 한다.
- 진실한 글, 감동을 주는 글, 독자의 관심을 끄는 글을 쓰게 한다.
- 자신의 개성, 창의성과 독창성이 잘 드러나는 글을 쓰게 한다.
- 얼른쓰기 전략을 활용하여 일정 시간 동안 떠오르는 생각을 자유롭게 쓰게 하고, 글의 형식보다는 내용에 초점을 두어 쓰게 한다.
- 구두작문을 이용하여 생각을 자연스럽고 편안하게 말로 쓰게 한다.
- 글감에 대한 글쓴이의 풍부한 경험과 지식, 깊은 안목과 폭넓은 생각이 잘 드러나게 쓰게 한다.
- 중심 내용을 잘 선정하고, 뒷받침하는 내용은 흥미 있는 내용으로 선정한다.
- 글의 첫 부분은 독자의 호기심을 유발하게 쓴다.

4 고쳐쓰기 평가 요소

- 고쳐쓰기 과정에 많은 시간을 할애하도록 지도한다.
- 돌려읽기와 같은 다듬기 전략을 활용하여 글을 다듬게 한다.
- 필요한 경우에는 글의 내용을 재조직하면서 다듬게 한다.
- 정보를 추가하거나 삭제하면서 글을 다듬게 한다
- 교정부호를 사용하여 오류를 고쳐 쓰게 한다.
- 움직이는 말을 효과적으로 활용하여 글을 쓰게 한다.
- 꾸며주는 말을 효과적으로 활용하여 글을 쓰게 한다.
- 목적, 내용, 독자, 형식에 어울리는 낱말을 선택하여 글을 쓰게 한다.

- 독자의 요구와 수준을 고려하여 문장을 쓰게 한다.
- 문장의 길이를 상황에 알맞게 조절하며 다듬게 한다.
- 시각적 효과(표, 그림, 사진 등)를 고려하면서 글을 쓰게 한다.
- 문단과 문단을 자연스럽게 연결하면서 쓰게 한다.
- 특정 오류 유형을 집중적으로 찾아내어 고쳐 쓰게 한다.
- 글을 어순에 맞게 쓰게 한다.
- 들여쓰기의 개념과 용법을 정확히 알고 쓰게 한다.
- 글자의 크기, 간격을 고려하면서 글을 쓰게 한다.
- 줄을 잘 맞춰 글을 쓰게 한다.
- 글자의 여백을 고려하면서 글을 쓰게 한다.
- 맞춤법, 띄어쓰기, 표준 발음에 주의하며 글을 쓰게 한다.
- 문장 부호의 개념과 용법을 정확히 알고 쓰게 한다.
- 필순에 맞게 정자로 글을 쓰게 한다.
- 최종 교정이 끝나면 완료라고 표시하게 한다.

5 평가하기 평가 요소

- 글을 쓴 목적과 관련지어 평가하게 한다.
- 객관적이고 합리적인 평가기준을 활용하여 평가하게 한다.
- 글쓰기 과정도 평가하게 한다.
- 자기 평가, 동료 평가, 교사 평가와 같은 다양한 평가 유형을 적용하여 글을 평가하게 한다.
- 글의 장점과 단점을 잘 파악하게 한 후, 부족한 부분을 보완하게 한다.

6 발표하기 평가 요소

- 완성된 작품을 학교 신문이나 교지에 투고하게 한다.
- 완성된 작품을 학교 방송 시간에 읽게 한다.

- '나도 작가'와 같은 코너를 이용하여 교실에서 수시로 발표하게 한다.
- 작품 발표를 할 때에는 자신 있게, 또렷한 목소리로 읽게 한다.
- 작품집을 만들어 친구와 돌려가며 읽거나 전시하게 한다.
- 컴퓨터나 타자기 등을 인쇄매체를 이용하여 책의 형태를 갖추게 한다.
- 그림, 사진, 그래픽 등의 자료를 적절하게 이용하여 작품의 질을 높인다.
- 작품을 녹음하여 친구들 앞에서 들려주게 한다.

2) 과정중심 읽기 활동과 평가요소

(1) 과정중심 읽기 활동

과정중심 읽기 교육에 관한 국·내외의 논의는 다음의 두 가지 유형으로 진행되었다. 비문학 텍스트 대상의 과정중심 읽기 교육(노명완·박영목·권경안, 1988;박영목·한철우·윤희원, 1995;이재승, 1997;Vacca & Vacca, Gove. 2000;최현섭 외, 2001; Graves, 2003)과 문학 텍스트 대상의 과정중심의 읽기 교육이다(한철우·박진용·김명순·박영민 편저, 2001;이성은, 2003).

비문학 텍스트를 대상으로 한 과정중심 읽기 활동은 이재승(1997), 최현섭 외(2001), Graves(2003)를, 문학 텍스트를 대상으로 한 과정중심 읽기 활동은 한철우 외(2001)와 이성은(2003)을 참고할 수 있다. 이재승(1997), 최현섭 외(2001), Graves(2003)는 읽기 전 활동 유형으로 어휘지도, 예측하기, 학습동기 유발, 배경지식 활성화, 텍스트 관련 정보 제공, 어린이의 삶과 읽기 경험과의 연계를 제시하였다. 읽는 중 활동 유형으로 다양한 유형의 읽기(묵독, 낭독, 소리내어 읽어주기, 안내된 읽기)와 텍스트 수정하기를 제시하였다. 읽은 후 활동 유형으로 질문하기, 토론하기, 쓰기, 드라마, 비언어적 활동, 그래픽 조직자, 다시 말하기, 관계 짓기 등을 제시하였다.

한철우 외(2003)와 이성은(2003)은 문학작품 읽기 전 활동 유형으로 예측 안내표, 앙케이트 질문표, 대조표, 의미지도, K-W-L을 들었고, 읽는 중 활동 유형으로 문학 지도, 인물 지도, 인물망, 반응 일지, 느낌 도표, 대조표를 들었다. 또 읽은 후 활동 유형으로 대립척도표, 테이블 대화, 문학보고 카드, 플롯 조직표, 다문화 수레를 들었다. 이들이 제시한 읽기 전략 중에서 '예측 안내표, 앙케이트 질문표, 대조표, 의미지도, K-W-L'은 문학과 비문학 텍스트 사이의 경계를 넘나들며 사용될 수 있는 읽기 전략이고, 나머지는 주로 문학 텍스트 읽기 전략이라고 할 수 있다.

위에 제시된 읽기 활동들을 읽기 목적과 전략으로 구분하여 제시하면 읽기 전 활동 목적 유형에는 읽기 목적 확립, 학습동기 유발, 배경지식 활성화, 예측하기, 어휘지도 등이 해당되고, 읽기 활동 목적 유형에는 글 읽기, 중심 생각 찾기, 글구조 파악하기, 추론하기 등이 해당된다. 또 읽은 후 활동 목적 유형에는 내용 파악하기, 반응 확장하기, 요약하기 등이 해당된다. 이것을 정리하면 아래와 같다.

읽기 과정 구분	읽기 전	읽기	읽은 후
목 적	• 읽기 목적 확립 • 학습동기 유발 • 배경지식 활성화 • 예측하기 • 어휘지도	• 읽기 • 중심생각 찾기 • 글구조 파악하기 • 추론하기	• 내용 파악하기 • 반응 확장하기 • 요약하기
전 략	◆ 읽기 목적 확립 • 학습 단서연상하기 ◆ 학습동기 유발 • 미리 적거나 토론 • 단서와 그림 활용 ◆ 배경지식 활성화 • KWL • 예측안내 • 미리보기 • 마인드맵 ◆ 예측하기 • 예측안내 • 예상/결과 확인 • 선택 안내 • 태도 목록 확인 ◆ 어휘지도 • 의미 맵 • 사전 활용 • 의미 자질 분석	◆ 읽기 • 조용히 읽기 • 소리 내어 읽기 • 소리 내어 읽어주기 • 친구와 함께 읽기 • 번갈아 읽기 ◆ 중심생각 찾기 • 수레바퀴 • 피라미드 ◆ 글구조 파악하기 • 원인과 결과 • 비교와 대조 • 문제와 해결 • 주장과 근거 • 순서 • 나열	◆ 내용 파악 • 사실적 발문 • 해석적 발문 • 적용적 발문 ◆ 반응확장 • 독후감 • 드라마 • 무언극 • 그림 • 율동 ◆ 요약하기 • 그래픽 조직자

【표 75】 과정중심의 읽기 목적과 전략

① 읽기 전 단계의 읽기 전략

학생들에게 읽기 전 활동은 매우 중요하다. 읽기 전 활동은 글의 주제나 개념에 대한 배경지식 조성이나 활성화에 기여할 수 있다. 또 읽기의 목적을 분명하게 해 주고, 호기심을 자극하며, 독서 동기를 유발한다.

㉠ 연상하기

연상하기는 학생들이 글을 읽지 않은 상태에서 글에 나오는 핵심 단어나 중요 구절, 주제와 관련된 다른 자료를 보면서 내용을 자유롭게 떠올리는 전략이다. 연상하기 전략을 활용하면 배경지식을 활성화시킬 수 있다(최현섭 외, 2001).

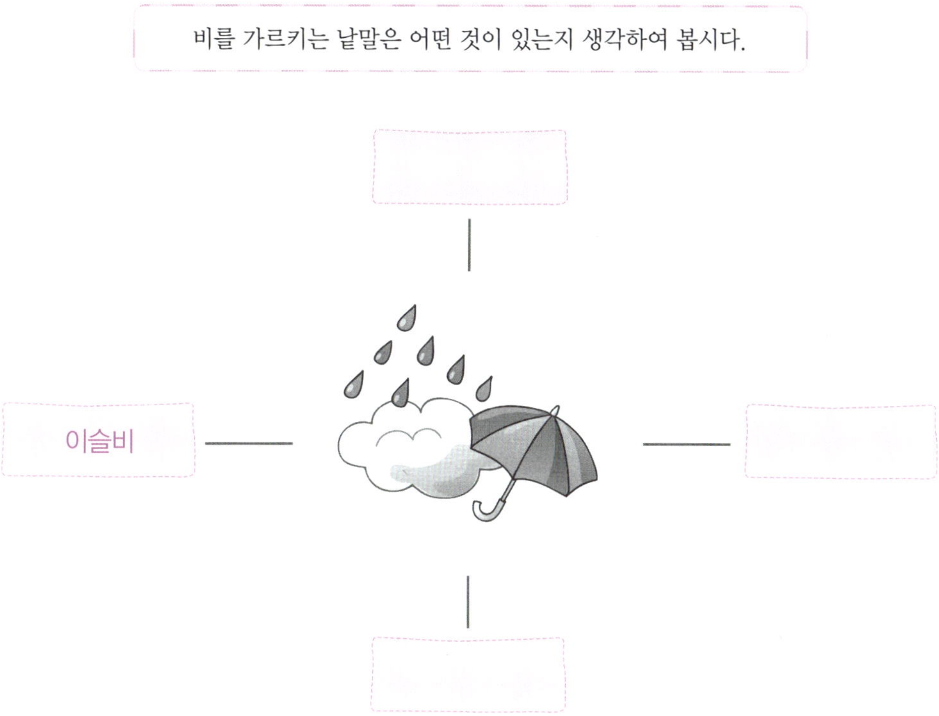

〈그림 22〉 '비'와 관련된 연상하기

〈그림 23〉 '왼손잡이'와 관련된 연상하기(6-1 읽기, 교육부)

ⓛ 예측하기

예측하기는 글을 읽기 전에 글의 제목, 사진과 삽화, 글의 내용 일부(낱말, 핵심 개념, 문장, 발췌한 내용)를 보면서 결과를 미리 짐작하는 전략이다. 예상지침, 예상/결과 확인, 선택 안내, 태도 목록 확인 전략이 있다.

예상 지침 제시는 배경지식을 활용하여 읽을 내용을 미리 짐작하는 전략이다(Heber, 1978). 이야기 제목, 이야기 주요 내용과 관련된 핵심 낱말이나 문장, 이야기 전개 과정에 중요한 영향을 미치는 주요 장면과 관련된 내용 일부, 이야기 결말 예측의 주요 단서가 되는 시간과 장소 그리고 배경의 일부를 몇 개의 항목으로 나열한 후, 이것을 토대로 이야기 내용을 미리 예측한다.

이야기 제목	봄을 부르는 할미꽃
핵심 낱말 핵심 문장	• 칠순 잔치 · 할머니의 키가 점점 작아짐 • 옷을 홀랑홀랑 벗어던짐 • "나, 이제 너랑 안 놀아!" • "이거 내거야. 왜 네가 가졌어?" • "엄마, 배고파. 맘마 줘!"
이야기 내용 일부	• "엄마, 이제 할머니가 나이를 다 나누어 주셨나 봐요. 나이가 하나도 없는 갓난아기로 변하셨어요. 이제 할머니께서는 어떻게 되시나요?"
배경 장소 시간 일부	• 은지가 초등학교 입학 무렵부터 5학년까지
결과 예측 부분	• "너무 걱정하지 마라. 사라져 가는 것은 자꾸 작아지는 할머니의 육신일 뿐 할머니의 영혼은 영원히 남아 있단다." • "나 예쁜 옷 입혀 줘!" 할머니께서는 오랜만에 맑은 정신이 드는 목소리로 입을 여셨습니다.

【표 76】 예상 지침표

예상/결과 확인은 글을 읽기 전에 쟁점이 될 만한 내용에 대해 찬반을 묻는 진술에 '예', '아니오'로 대답을 한 후, 글을 읽고 나서 그 결과를 확인하는 전략이다. 예상/결과 확인 전략을 사용하는 목적은 글을 읽기 전에 학생의 다양한 반응을 조장하는 것이므로 학생에게 정답을 요구해서는 안 된다(한철우 외, 2003). 아기돼지 삼형제를 가지고 예상/결과 확인표를 작성하면 아래와 같다.

※ '아기돼지 삼형제' 이야기를 읽기 전에, 이 이야기가 어떻게 될 것인지 생각해 보고, ______부분에 ○표 해 보세요.

예측해보기	예	아니오
1. 아기 돼지 삼형제는 다같이 힘을 합쳐 집을 지을 것이다.	______	______
2. 나무로 만든 집은 벽돌로 만든 집보다 튼튼할 것이다.	______	______
3. 늑대가 아기 돼지들을 모두 잡아먹을 것이다.	______	______
4. 첫째 아기 돼지가 가장 튼튼한 집을 지을 것이다.	______	______

【표 77】 아기돼지 삼형제 예상/결과 확인표

선택 안내는 읽을 내용 중에서 문제 상황이나 문제 장면을 제시한 후에 결과를 예상하는 전략이다. 학생들은 학습지에 제시되어 있는 지시 사항(문제 장면이나 문제 상황 포함)을 읽은 후, 발생 가능한 문제 해결 방안 중에서 옳다고 인정하는 항목을 선택한다(Bean, Sorter, Singer, & Fraze, 1986).

※ 활동 지시 사항 : 다음 이야기를 읽고, 아래에 제시된 목록 중에서 은지가 어떤 선택을 할지 V표시를 하여 봅시다.

길을 잃어버린 어린 강아지가 은지를 따라 집에 왔습니다. 은지는 강아지를 집에서 길렀으면 합니다. 그런데 어머니께서는 강아지 주인에게 강아지를 돌려주는 것이 마땅하며, 설사 집에서 기르게 된다고 하더라도 강아지에게 먹이 주는 일, 아플 때에 병원에 데리고 가는 일을 은지 혼자서 할 수 없기 때문에 안 된다고 하셨습니다.

어렵게 주인을 찾아서 그 강아지를 돌려주었습니다. 그런데 그 강아지 주인의 직업은 사냥개를 기르는 것이었습니다. 소리도 지르고, 밥도 굶겨 가면서 훈련을 시켜 용감한 개로 기르는 것을 자랑으로 삼는 사람이었습니다. 은지는 눈물을 훔치면서 집으로 돌아왔습니다. 어린 강아지가 자꾸 눈앞에 어른거렸습니다. 그러던 어느 날, 강아지가 은지네 집을 다시 찾아왔습니다.

※ 선택사항

- ☐ 주인에게 다시 돌려보낸다.
- ☐ 동물보호소에 신고한다.
- ☐ 애견 센터에 강아지를 다시 판다.
- ☐ 강아지를 잘 돌봐줄 수 있는 사람을 찾아서 맡긴다.
- ☐ 강아지 주인에게서 강아지를 산다.
- ☐ 부모님께 강아지를 사달라고 조른다.

【표 78】 선택 안내표

태도 목록은 글을 읽기 전에 글에서 쟁점이 될 만한 부분을 제시한 후, 신념이나 가치관에 따라 정서적 수준의 반응을 표현하게 유도하는 전략이다. 독자의 가치 판단이나 신념 표현에 초점을 두어야 한다.

※ 활동 지시 사항 : 다음의 물음에 대해 찬성과 반대의 의견을 밝힌 다음, 친구와 다시 의논하여 내 생각을 분명하게 밝혀봅시다.

※ 선택사항	
1. 재활용 물품에서 더러운 쓰레기를 분류하는 것은 쓸데없는 짓이다.	찬성 반대
2. 종이, 플라스틱, 유리, 알루미늄, 양철 깡통조차도 분류해서 재활용해야 한다.	찬성 반대
3. 위생적인 쓰레기매립처리는 쓰레기 처리의 가장 좋은 방법이다.	찬성 반대
4. 쓰레기로부터 퇴비를 생성해내는 것은 손쉬운 쓰레기 처리 방법이다.	찬성 반대

【표 79】 태도 목록

ⓒ 미리보기

미리보기는 글의 앞뒷면, 제목, 목차, 사진, 저자 등을 보면서 글의 정보를 미리 살펴보는 전략이다. 미리보기를 통해서 책의 내용을 쉽게 이해하거나 기억할 수 있고, 필요한 부분의 정보를 미리 파악할 수 있다(최현섭 외, 2001). 글을 읽기 전에 사진을 보고, 일제 강점기 우리 민족의 삶에 대하여 말하거나, 청주고인쇄 박물관 홈페이지를 보면서 관련 내용을 살펴보는 활동들이 미리보기에 해당된다.

〈그림 24〉 미리보기(6-1 읽기, 교육부)

다음은 청주 고인쇄 박물관을 안내하는 홈 페이지의 한 장면입니다. 어떤 정보를 찾고 싶은지 말하여 봅시다.

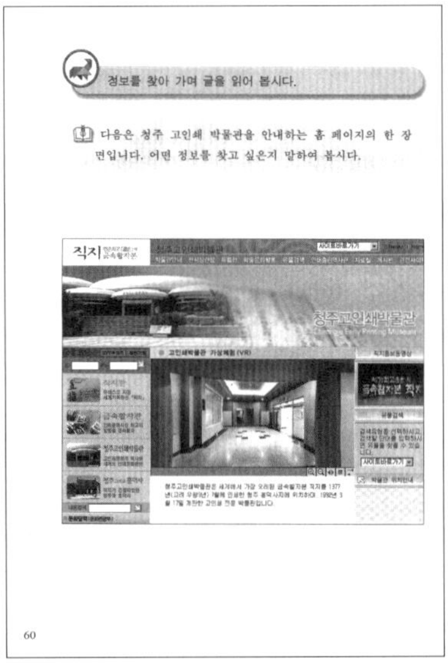

〈그림 25〉 미리보기(5-2 읽기, 교육부)

㉣ 앙케이트/질문표

앙케이트/질문표는 글의 주제와 관련된 정보, 주요 사건, 태도, 과거 경험 등에 대한 태도나 가치 판단을 목록으로 작성하고, 관련 내용을 질문하여 학생 경험을 환기시키는 전략이다. 정답 확인이 목적이 아니므로 보편적 가치와 상반된 반응을 보인 학생에게 반응 수정을 요구해서는 안 된다(한철우 외 a, 2001;이성은, 2003). '걸리버 여행기' 에 대한 앙케이트/질문표의 예는 아래와 같다.

질문	답변
1. 만일 내가 소인들만 사는 나라에 가게 된다면?	□ 소인국의 말과 문화를 배우고, 그곳에 정착한다. □ 소인국의 예쁜 물건을 모아 다시 집으로 돌아온다. □ 몸짓이 큰 것을 이용하여 소인국의 왕으로 군림한다.
2. 항해를 하다가 풍랑을 만나서 배가 난파되었어요. 깨어 보니 소인국 사람들이 내 몸을 온통 밧줄로 묶어놓았다면?	□ 당황하여 엉엉 소리 내어 운다. □ 소인국 사람들에게 여기가 어디인지 물어본 다음, 집으로 돌아갈 방법을 찾는다. □ 밧줄을 다 끊어 버리고, 소인국 사람들의 집을 다 부순다.
3. 만약 소인국 왕이 이웃나라와의 전쟁에서 이기게 해 달라고 도움을 요청한다면?	□ 모르는 척한다. □ 서로 전쟁을 하지 말고 사이좋게 지내라고 한다. □ 적군을 모두 물리치겠다고 한다.

【표 80】 앙케이트/질문표

㉤ 대조표(Contrast chart)

대조표는 특정 정보에 대한 상반된 범주를 제시하면, 각 범주별로 대조되는 정보를

적으면서 배경지식을 활성화시키는 전략이다(한철우 외 a, 2001;이성은, 2003). '소가 된 게으름뱅이' 에 대한 대조표의 예는 아래와 같다.

※ 활동 지시 사항 : 자신을 소로 변한 게으름뱅이라고 생각해 봅시다. 그렇다면 어떤 일이 하기 쉽고, 어떤 일이 하기 어려울까요?	
하기 쉬운 일	하기 어려운 일

【표 81】 소가 된 게으름뱅이 대조표

ⓑ 의미지도(Semantic Map)

의미지도는 특정 주제에 대한 정보를 범주, 도식화하여 관련 주제에 대한 배경 지식을 구조적으로 활성화시키고, 어휘력을 향상시킬 목적으로 사용하는 전략이다. 의미지도를 작성할 때에는 중심 내용을 적고, 둘레에 원을 그린 다음에 하위 내용을 적고, 그 둘레에 원을 그린다. 그것을 선으로 연결하고, 하위 내용에 예시나, 개념을 적는다(한철우 외 a, 2001;이성은, 2003). '의좋은 형제' 에 대한 의미지도의 예는 다음과 같다.

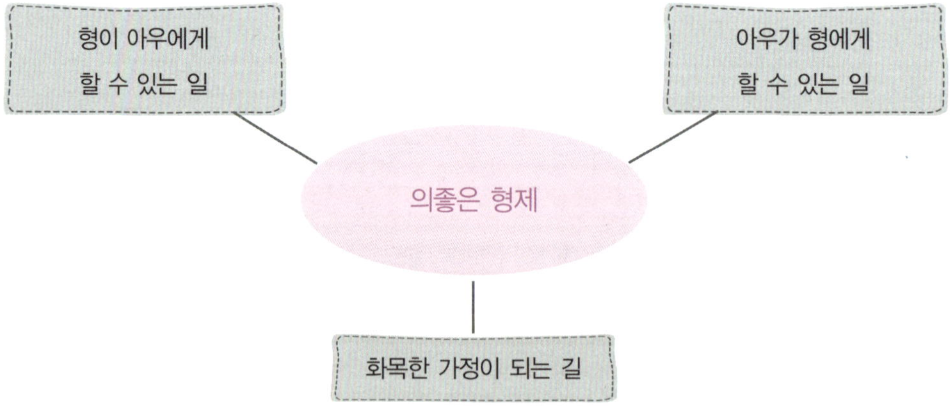

〈그림 26〉 의미지도

ⓐ KWL 전략(know, want to know, learned know)

KWL 전략은 주제에 대한 배경지식을 활성화시키는 전략이다. 글을 읽기 전에 표의 좌측에 이미 알고 있는 내용을, 중앙에 알기 원하는 내용을, 우측에 읽은 후에 알게 된 내용을 기록한다. KWL은 독서 목적 확립과 의미 파악에 도움이 된다(한철우 외a, 2001;이성은, 2003).

'류관순' 에 대한 KWL의 예는 아래와 같다.

※ 활동 지시 사항 : 류관순 이야기를 읽기 전에, 류관순에 대하여 자기가 알고 있는 것, 알고 싶은 것을 적어 봅시다. 알게 된 것은 읽은 후에 기록합니다.

알고 있는 것	알고 싶은 것	알게 된 것
• 나라를 빼앗겼다. • 일본 사람들에게 무시당했다. • 우리말을 사용하지 못했다.	• 왜 나라를 빼앗겼는가? • 어떻게 일본에게 대항했는가? • 그 당시 학교에서는 무엇을 배웠나?	

【표 82】 K-W-L 전략

② 읽는 중 단계의 읽기 전략

읽는 중 전략은 읽기의 핵심 부분이다. 이해를 중심으로 하는 대부분의 읽기 목표를 읽는 중에 달성하게 되기 때문이다. 읽는 중 이해에 기초한 전략을 제시하는 것에 초점을 두고 전략들을 제시하면 다음과 같다.

㉠ 읽기

읽기 전략의 유형에는 번갈아 읽기, 함께 소리 내어 읽기, 따라 읽기, 혼자 읽기가 있다. 번갈아 읽기는 글을 단락이나 쪽 단위로 구분한 다음, 친구와 짝을 지어 번갈이 읽는 전략이다. 학생들은 자신이 선택한 부분을 읽고 연습한 다음, 친구와 번갈아 가면서 읽고, 듣는 활동을 한다. 동질 집단 구성원끼리 책을 읽는 경우에는 상호 동일 분량을 정하고, 수준이 다른 이질집단 구성원끼리 책을 읽는 경우에는 분량을 다르게 한다.

함께 소리 내어 읽기는 글의 전체 내용이나 지정된 내용을 학생 모두가 동시에 소리를 내면서 읽는 전략이다. 주인공의 대사가 나오는 부분, 반복되는 구가 들어있는 부분, 글의 일정 부분을 함께 읽는 활동으로, 초보자나 글 읽기에 어려움을 겪는 학생에게 유용한 전략이다. 조용히 읽고 도움 받기는 조용히 글을 읽으면서 이해하기 어려운 개념이나 낱말 혹은 내용 이해에 지장을 주는 요인을 표시한 다음, 교사나 유능한 동료에게 도움을 청하는 전략이다. 이 전략을 활용하면 미숙한 독자의 자발적인 읽기 능력을 기를 수 있다. 조용히 앉아서 듣기는 일명 라디오 읽기라고 한다. 차례대로 번갈아 읽기나 함께 읽기에 실증을 느낄 때에 사용하면 효과적인 전략이다. 본문의 특정 부분을 친구가 읽는 동안 책을 덮고 조용히 앉아서 들으면 된다. 읽기가 끝나면 들은 내용에 대해 질의응답을 하거나 토론할 수 있다.

따라 읽기는 교사나 유능한 동료가 읽어 주는 글의 특정 부분을 따라 읽는 전략이다. 반복되는 낱말이 들어 있는 짧은 문장이나 운율이 잘 드러나는 시, 의성어나 의태어, 비유, 반복, 운율 등이 들어 있는 시나 이야기 교재, 인물의 말과 행동이 잘 표현되어 있는 이야기나 극본 종류의 글을 읽을 때 효과적으로 사용할 수 있는 전략이다.

혼자 읽기는 말 그대로 다른 사람의 도움을 받지 않고 학생 스스로 읽는 전략이다. 초보 독자나 중간 수준 독자의 읽기 능력 향상에 도움이 된다. 매일 특정 시간에 지속적으로 혼자 읽는 활동을 하면 글 읽기 능력이 많이 향상될 것이다. 이러한 능력을 신장시키기 위해서는 자발적 독서 환경 조성이 중요하다. 교실 주변에 편안하게 책을 읽을 수 있는 환경을 만들어 주고, 학생의 발달 수준과 흥미에 적합한 다양한 유형의 읽기 자료를 비치한다.

ⓛ 훑어 읽기

훑어 읽기는 제한된 시간 내에 책을 빠른 속도로 훑어 읽으면서 원하는 정보를 찾는 전략이다. 전화 번호부에서 필요한 번호 찾기, 사전에서 필요한 단어 찾기, 열차 시간표에서 필요한 번호 찾기 같은 것이 대표적인 예이다(최현섭 외, 2001)[44].

내 이름은 석주명

◉ 내 이름은 석주명입니다. '나비 박사 석주명(3-1 읽기, 8~12쪽)' 에 나오지요. 교과서의 내용을 얼른 훑어 읽고(1분 동안) 둘 중에서 더 관계가 있다고 생각하는 쪽에 V표 하여 봅시다.

① 나비	☐	벌	☐
② 일제시대	☐	조선시대	☐
③ 올림픽	☐	3 · 1운동	☐
④ 한라산	☐	지리산	☐
⑤ 일본	☐	프랑스	☐

ⓒ 중심생각 찾기

중심생각은 필자가 독자와 소통하고자 하는 중요 내용이다. 중심생각을 찾는다는 것은 글을 잘 이해하고 있다는 것을 의미한다. 중심생각을 찾을 때에는 ①사소한 것을 삭제하고 어떤 목록들을 제한하여 하나의 상위 단어를 쓴다, ②상위 화제와 상위 명제에 밑줄을 친다, ③중심생각이 없으면 중심생각을 구성한다, ④중복되는 정보는 삭제한다(한철우 외 b, 2001).

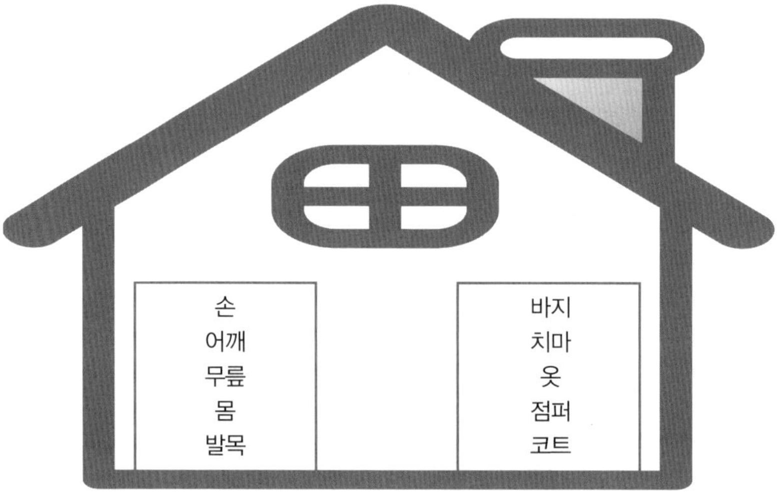

① 우리나라에는 유명한 산이 많습니다. ② 제주도에 가면 한라산이 있습니다. ③ 강원도에는 흔들바위가 있는 설악산이 있습니다. ④ 전라도에는 어리석은 사람이 가면 지혜로워진다는 지리산이 있습니다.

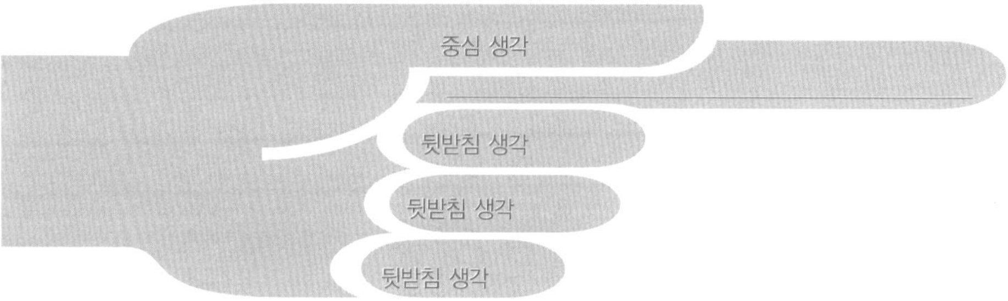

㉣ 글 구조 파악하기

글은 필자의 개요(독자의 입장은 구조)에 따라 구성된 것이다. 글을 이해하는 과정은 개요(구조)를 포착하는 것이다. 글 구조에 관심을 가지면, 글의 세부 사항에만 몰입하지 않고, 글 전체를 한 눈으로 보는 능력이 생긴다. 대표적인 전략이 그래픽 조직자이다. 대개 벤다이어그램, 시간 순서도, 중심 아이디어표, 이야기 그물, 인물 분석표, 비교 · 대조표, 의미망 등이 포함된다(한철우 외 a, 2001;최현섭 외, 2001;이성은, 2003).

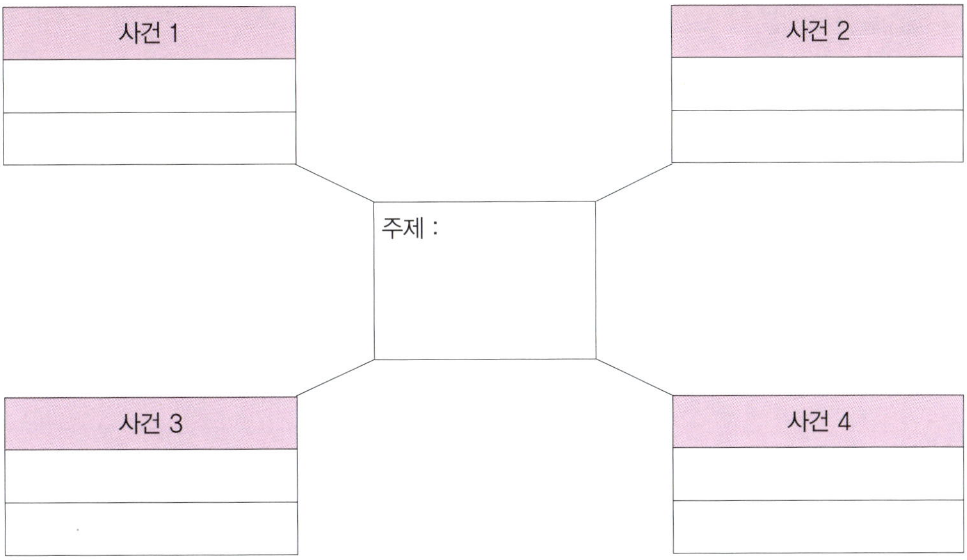

〈그림 27〉 사건 순서 맵

〈그림 28〉 시간 순서 맵

〈그림 29〉 이야기 구조 맵 1

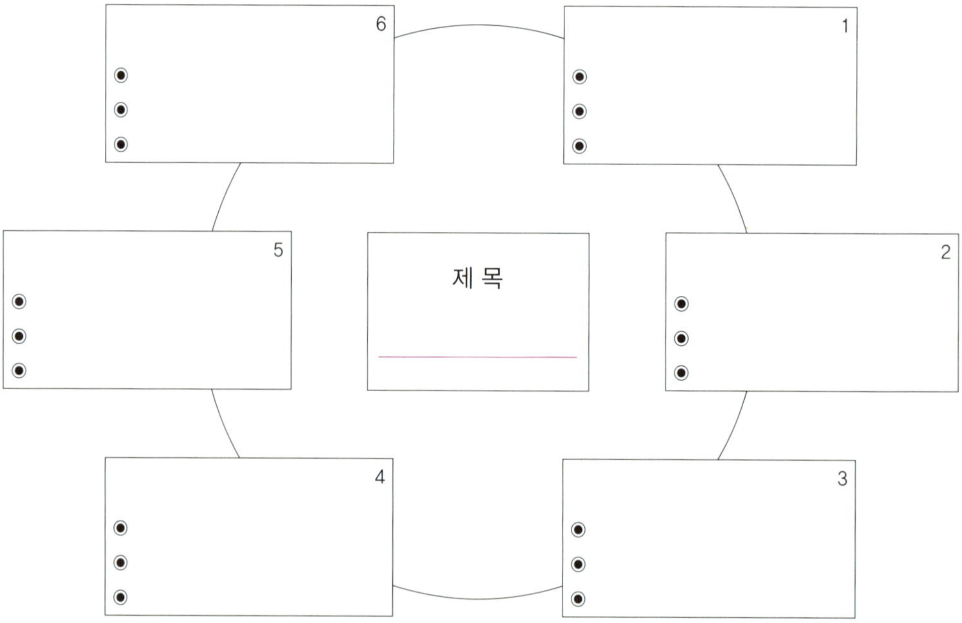

〈그림 30〉 이야기 순환 맵

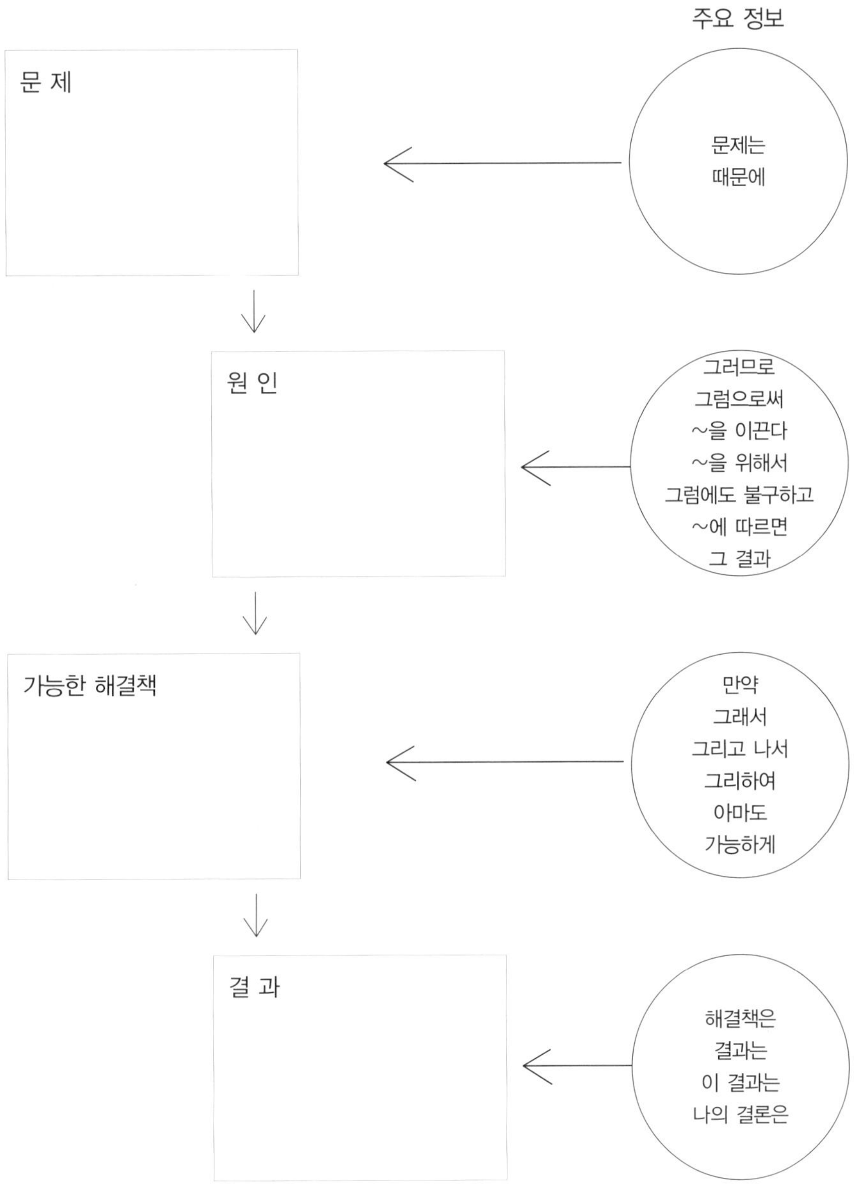
주요 정보
문 제
문제는
때문에
원 인
그러므로
그럼으로써
~을 이끈다
~을 위해서
그럼에도 불구하고
~에 따르면
그 결과
가능한 해결책
만약
그래서
그리고 나서
그리하여
아마도
가능하게
결 과
해결책은
결과는
이 결과는
나의 결론은

〈그림 31〉 문제와 해결 맵

– 물고기 뼈 원인 · 결과 맵 –

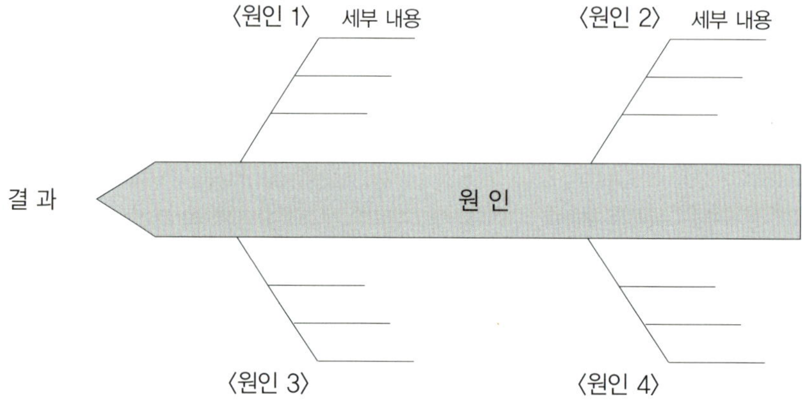

〈그림 32〉 원인 · 결과 맵

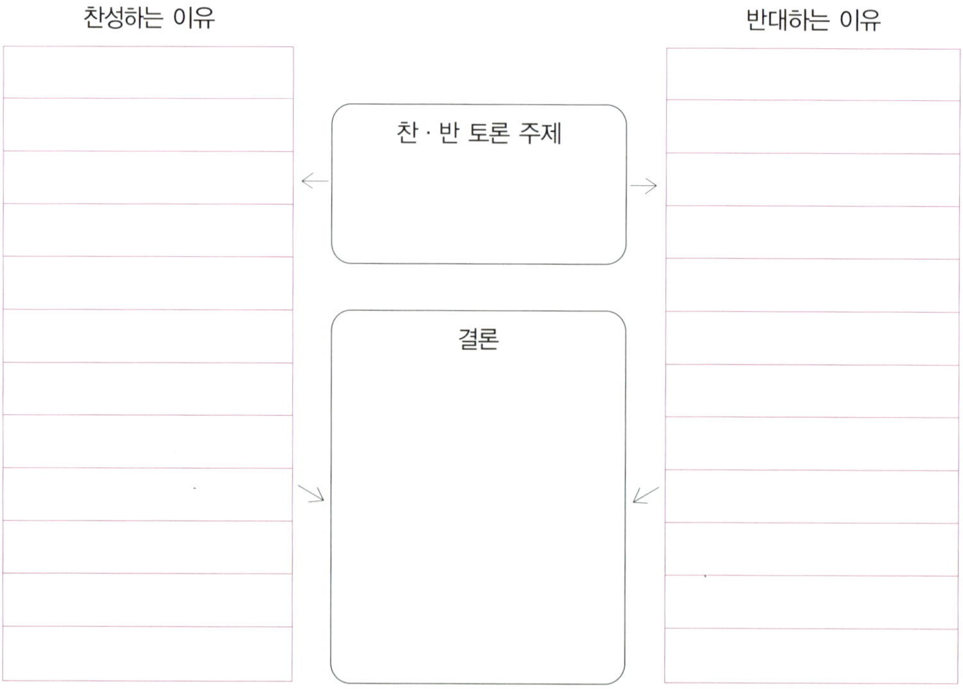

〈그림 33〉 토론 맵

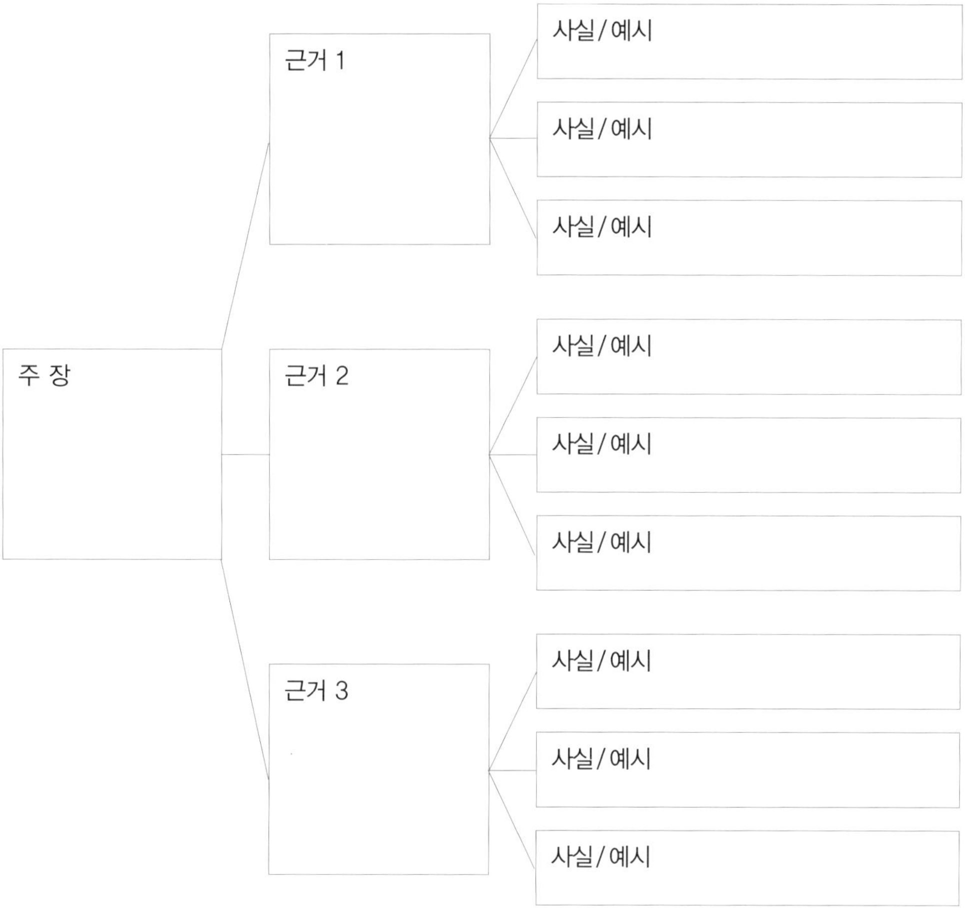

〈그림 34〉 설득 맵

ⓜ 추론하기

작가가 모든 정보를 글에 담을 수 없다. 글의 전후 맥락이나 독자의 사전 경험과 지식으로 쉽게 보충할 수 있는 부분은 생략하면서 적절한 긴장을 유지하기도 한다. 이때에 독자는 생략된 부분의 정보를 보완하면서 독서와 감상을 한다. 여기서 가장 중요한 읽기 기능이 추론이다. 추론은 독자의 사전 지식을 기초로 문장과 문장, 문단과 문단 사이의 정보 비약을 채우는 기능을 한다.

초기 단계에서는 주로 문장과 문장을 연결하는 활동을 하다가 점차 문단이나 글 차원으로 확대시키면서 추론 활동을 지도할 수 있다(최현섭 외, 2001;한철우 외 b, 2001).

ⓑ 인물망(Character web)

인물망은 등장 인물을 분석하는 것이다. 인물의 특성을 파악하고, 예를 제시하면서 인물망을 만든다. 인물망은 독해와 학습 능력 향상, 읽기와 쓰기 연계 지도에 도움이 된다(한철우 외 a, 2001;이성은, 2003). '걸리버 여행기' 에 나오는 걸리버의 특성을 인물망으로 제시하면 아래와 같다.

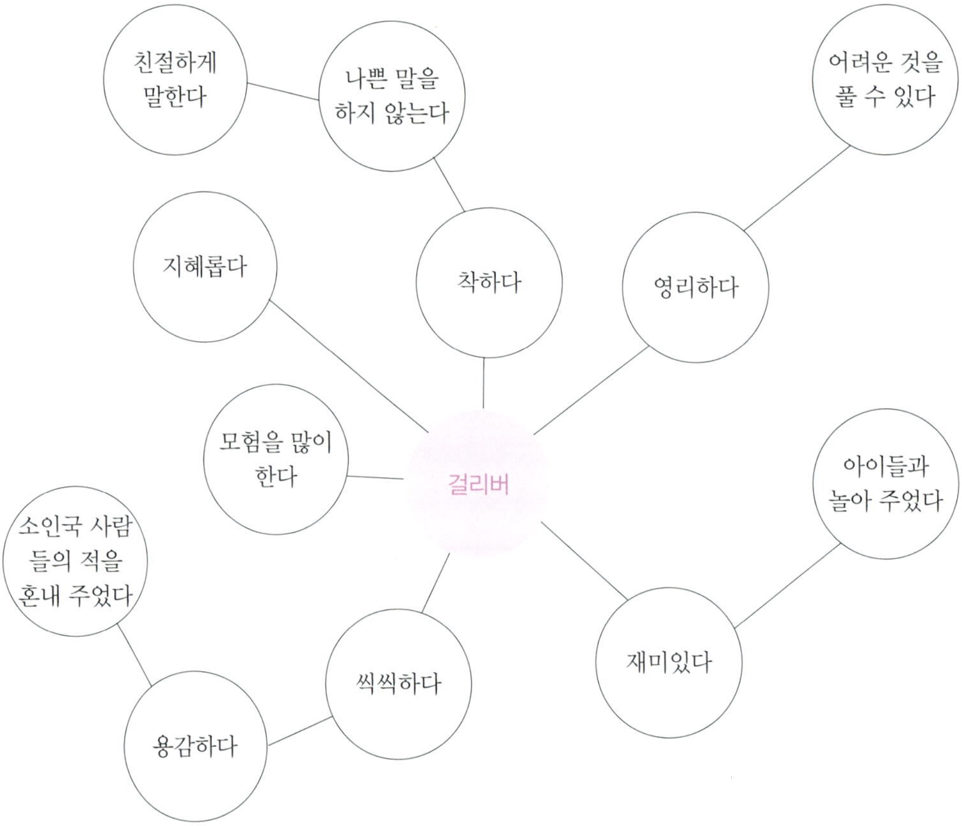

〈그림 35〉 인물망

ⓢ 느낌 도표(Feelings Chart)

느낌 도표는 특정 사건에 대한 각 등장 인물들의 반응 분석에 유용한 전략이다. 작품에서 발생한 몇 가지 사건을 제시하고, 그 사건에 영향을 받은 인물들을 열거한다.

사건은 표의 왼쪽에, 인물은 표의 오른쪽에 열거한다(한철우 외 a, 2001;이성은, 2003).

※ 활동 지시 사항 : '내 짝꿍 최영대'를 읽고 난 후, 각 사건에 따른 인물들의 감정을 적어 봅시다.

사건	등장 인물		
	최영대	나	반 친구들
1학기 때 친구들이 영대를 괴롭힐 때	슬픔, 괴로움, 화가 남, 마음이 아픔	화가 남, 외로움, 미안함	미움, 괴롭히고 싶음, 싫음, 냄새가 남
수학여행에서 영대가 울었을 때	슬픔, 마음이 아픔	슬픔, 미안함, 불쌍함	슬픔, 미안함, 불쌍함, 사과하고 싶음
그 사건 이후	기쁨, 기분 좋음	기쁨, 기분 좋음, 고마움, 미안함	기분 좋음, 미안함, 즐거움, 웃음

【표 83】'내 짝 최영대'의 느낌 도표 예시

③ 읽은 후 단계의 읽기 전략

글을 읽은 후에는 그것을 학생 자신의 것으로 삼고, 새로운 사고로 나아가기 위한 전략이 필요하다. 이를 위해 읽은 내용을 정리하기도 하고, 읽은 내용을 토대로 다양한 사고활동을 하기도 한다. 읽은 후 단계에서 활용할 수 있는 전략은 다음과 같다.

㉠ 요약하기

요약하기는 중요 내용을 간추리는 전략이다. 흔히 내용에 대한 기억이나 회상을 요약으로 생각하기도 하는데, 독자가 자신의 방식으로 재구성하는 것이 중요하다. 요약하기는 ①불필요하거나 중요하지 않은 정보는 삭제하고, ②중요하지만 지나치게 많은 정보는 삭제하고, ③항목이 나열된 경우에는 상위어로 대치하며(의자, 책상, 탁자 등은 가구로 대치), ④다양한 하위 요소들로 구성된 행동은 포괄적 행동으로 대치하고('상민은 집을 떠나 역으로 갔다. 그는 차표를 구입하고……'와 같은 문장은 '상민은 서울로 갔다.' 로 정리한다.), ⑤주제 문장을 표현하고, ⑥글 전체 구조 (비교, 연대기, 과정, 인과 분석 등)를 파악하는 과정을 거친다. 이러한 과정은 중심 내용 찾기와 매우 유사하다(최현섭 외, 2001 ; 한철우 외b, 2001).

㉡ 대립 척도표

대립 척도표는 등장 인물의 다양한 측면을 극과 극 척도표를 활용하여 평가하고 분석하는 전략이다. 먼저 등장 인물을 선정하고, 설명 목록을 만든다. 그리고 양극단에 인물의 특성을 표시하는 척도를 설정하고, 읽기 후에 표시하게 한다(한철우 외 a, 2001 ; 이성은, 2003).

※ '빨강머리 앤'을 읽고 난 후, 앤과 다이애나의 성격이 어느 쪽에 가까운지 이름을 써 넣으세요.						
용감하다	앤			다이애나		소심하다
명랑하다	앤		다이애나			어둡다
소극적이다	다이애나				앤	적극적이다
건강하다	앤			다이애나		약하다
긍정적이다	앤		다이애나			부정적이다
모범적이다		다이애나			앤	엉뚱하다

【표 84】 대립 척도표

㉢ 테이블 대화

테이블 대화는 친구와 짝을 지어 문학 작품에 나오는 인물의 말과 행동에 대해 의견을 교환하거나 역할놀이를 하는 것이다. 문학 작품에 대한 논의나 역할놀이는 문학 작품 주요 사건이나 문제에 대한 독자의 입장을 밝히는 것으로, 이러한 활동을 하면서 공동의 문제 해결 방안을 찾을 수 있다.

테이블 대화는 독서 토론 활동과 관계 깊다. 학생들은 인물의 생각, 태도, 성격, 상황 판단 방식 및 해결 방식에 대해 함께 의견을 나누면서, 동일 문제에 대한 친구의 의견이나 반응을 접할 수 있다. 토의가 가장 활발하게 일어나므로 학생 개인의 다양한 반응을 공적 반응으로 유도해야 한다(한철우 외, 2001).

ㄹ 문학 보고 카드

문학 보고 카드는 등장 인물의 특징을 평가하는 전략이다. 학생들은 우선 인물의 특성을 평가할 항목을 만든다. 그런 다음에 각 항목에 등급을 부여하고, 관련 근거를 제시한다. 개별 항목은 학문적인 내용보다는 '용기가 있다.', '참을성이 있다.' 등과 같은 개인적인 특성과 관련된 사항이어야 한다. 각 항목은 높은 수준의 사고를 요구해야 하고, 인물의 성격과 행동을 분석할 수 있어야 한다(한철우 외 a, 2001 ; 이성은, 2003). 다음은 '푸른 구슬 붉은 구슬'에 대한 문학 보고 카드이다.

※ '푸른 구슬 붉은 구슬' 이야기를 읽고 난 후, 형과 동생을 평가하고, 그 까닭을 쓰시요.

인물	인물	인물	인물
형	욕심	◎	• 아버지의 재산을 모두 차지하였다. • 두 개의 구슬을 모두 가져왔다.
	남을 돕는 마음	△	• 가난한 동생을 돕지 않았다.
	이해심	△	• 가난한 동생을 돕기는커녕, 동생을 구박했다.
동생	욕심	△	• 아버지의 재산을 형에게 빼앗기고도 불평하지 않았다. • 두 개의 구슬 중 한 개만 가지고 왔다.
	남을 돕는 마음	◎	• 자신도 어려움에 처해 있으면서도 불쌍한 할머니를 도와 드렸다.
	이해심	◎	• 형이 자기를 구박하였는데도, 구슬이 있는 곳을 가르쳐 주었다.
◎ : 많음 ○ : 보통 △ : 부족			

【표 85】 문학보고카드

㉤ 플롯 조직표(Plot Organizers)

플롯 조직표는 이야기 줄거리를 순서대로 연결하여 정리하는 전략이다. 읽기 후에 사건을 순서대로 기억하게 하거나 다시 책을 보며 선행 학습 내용을 기억하거나 정리할 때에 유용한 활동이다. '애벌레의 탄생과정' 처럼 사건 경과를 순차적으로 설명하는 경우에 더 효과적이다(한철우 외 a, 2001 ; 이성은, 2002). 다음은 '천둥 케이크' 이야기를 읽고 플롯 조직표를 만들어 본 예이다.

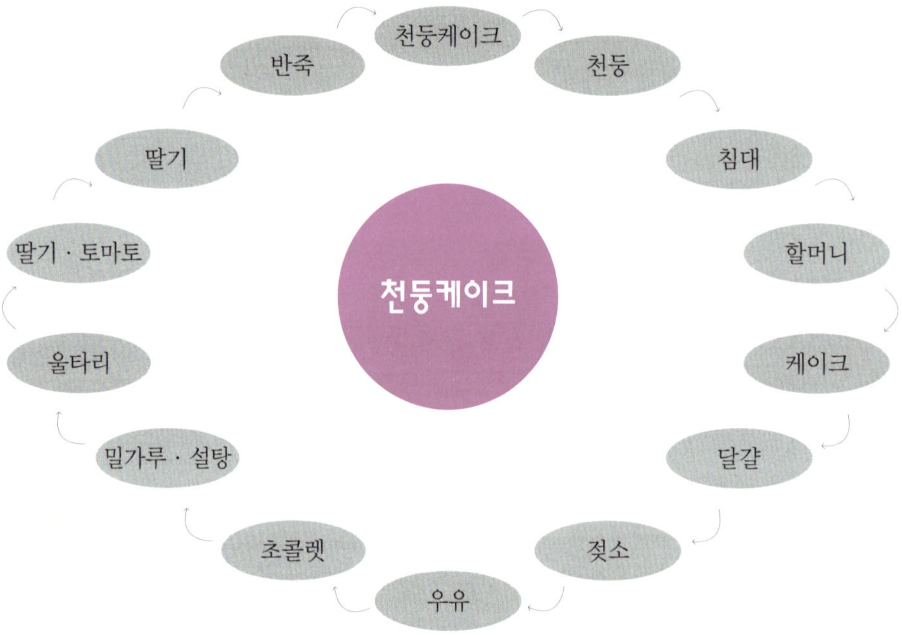

(2) 과정중심 읽기 활동 평가 요소

이제 읽기 목적과 전략을 활용하여 읽기 수업 분석 요소를 설정할 차례이다. 여기에는 몇 가지 원칙이 작용한다.

첫째, 읽기 목적과 전략을 결합시켜 읽기 수업 분석 요소를 만들어 내야 한다. 예를 들면, 읽기 전 활동의 경우 마인드 맵을 이용하여 예측하기나 배경지식 활성화하기, 어휘 지도, 연상하기 등을 할 수 있다. 또 미리보기 전략을 활용하여 배경지식을 활성화하거나 예측하기를 할 수 있고, 학습동기를 유발할 수 있다. 그 외에도 예측안내, 예상/결과 확인, 선택 안내 등의 전략을 활용하여 글을 읽기 전에 예측하거나 학습 동기를 유발시킬 수 있다.

둘째, 읽기 전 · 중 · 후로 제시되어 있는 읽기 전략의 경계를 엄격하게 고집하지 말고, 상황에 맞게 적절하게 부려서 써야 한다. 그래픽 조직자의 경우, 읽기 전 활동에서는 읽을 내용을 개관하거나 예측 전략으로, 읽기 활동에서는 예측한 내용과 비교해 가며 글을 읽는 전략으로, 읽은 후 활동에서는 글의 내용을 요약하는 전략으로 활용할 수 있다. 또 읽는 중 전략에 해당되는 소리 내어 읽기나 번갈아 읽기를 읽기 학습 동기 유발 전략으로 활용할 수 있다. 그 외에도 읽기 후 활동인 무언극을 읽기 전 활동의 학습동기 유발에 사용할 수도 있다.

셋째, 문학중심의 읽기 전략과 비문학 중심의 읽기 전략을 엄격하게 구별하지 말고, 상황에 맞게 적절하게 사용해야 한다. 문학 텍스트를 활용하여 과정중심의 읽기 수업을 할 경우, 앙케이트 조사나 예측 안내표와 같은 과정중심의 문학 전략을 활용하여 배경지식을 활성화시키거나 학습동기를 유발시킬 수 있다. 반면에 동물의 생태를 다룬 생태 동화나 공상 과학 동화 등 사실적 정보를 많이 소유한 동화의 경우에는 KWL과 같은 과정중심의 비문학 읽기 전략을 활용하여 배경지식을 활성화시킬 수 있고, 문학 작품 읽기 목적을 설정할 수 있으며, 문학 작품 관련 내용에 대해 의미를 부여할 수 있다. 한편 예측 안내표와 같은 문학 전략을 친교 표현 및 반응의 글과 관련된 내용을 예측하는 도구로 활용할 수 있다.

지금까지 읽기 과정별 목적과 전략에 대해서 살펴보았고 목적과 전략을 결합시켜 분석 요소를 추출하는 방안에 대해서도 살펴보았다. 이것을 기반으로 하여 읽기 수업 분석의 범주와 요소를 제시하면 아래와 같다.

1 읽기 전 활동 평가 요소

- 학습 단서나 학생 사고를 자극하는 발문 혹은 그래픽 조직자를 활용하여 글을 읽는 목적이나 학습 활동 안내하기
- 미리보기 전략(글의 제목, 삽화, 글의 도입 부분, 글 구조, 글의 내용 일부)을 활용하여 학습자의 흥미를 유발시키기
- 글을 읽기 전에 글감에 대해 미리 토론하거나 적으면서 학습자의 흥미를 유발시키기
- KWL이나 예상 안내표 혹은 선행조직자나 앙케이트/질문표 등을 이용하여 배경지식을 활성화시키기
- 예측하기 전략(그림보고 예측, 중요한 장면이나 줄거리보고 예측, 예측 안내표)을 활용하여 학습자의 흥미 유발하기
- 마인드 맵이나 의미 맵 혹은 의미자질 분석이나 사전을 이용하여 중요한 개념이나 어휘 지도하기
- 읽기 기능, 전략의 개념과 사용 시기와 방법 등에 대해서 미리 시범 보이기

2 읽기 활동 평가 요소

- 학년별 발달 수준에 따라 다양한 읽기 방식 적용하기(읽어주기(교사), 소리 내어 읽기(학생), 조용히 읽기(묵독), 함께 읽기(합창독), 안내된 읽기(친구와 짝을 지어 함께 읽기), 반복하여 읽기, 들려주기(라디오 읽기), 따라 읽기 등)
- 글을 읽는 도중에 예측하거나 가설을 설정하였던 부분이 나오면 서로 비교하면서 읽거나 큰 소리로 확인하며 읽기
- 다양한 발문(열린 발문/닫힌 발문, 낮은 수준/높은 수준 발문 등)을 활용하여 독서

토론 · 토의 수업을 유도하거나 조장하기

- 읽기 과제 해결에 필요한 사고 과정 시범 보이기
- 그래픽 조직자를 활용하여 중심생각 찾기
- 인물 맵을 이용하여 인물의 성격 파악하기
- 알맞은 속도로 글 읽기
- 부연 설명하기나 다시 읽기 혹은 맥락 중심의 읽기 등과 같은 독해 점검 전략을 활용한 글 읽기

3 읽은 후 활동 평가 요소

- 글을 읽기 전에 예측하거나 미루어 짐작하였던 내용과 글을 읽고 나서 알게 된 내용을 서로 비교하며 수정 · 보완하여 읽기
- 글의 내용이나 중요한 사건 및 개념을 요약하거나 다시 설명하기
- 읽은 내용을 요약하여 쓰거나 평가하여 쓰기 혹은 부연 설명하며 쓰기
- 학습자의 수준에 맞는 다양한 발문(사실적-파, 해석적-초, 적용적-보라색 아이콘)을 활용하여 책의 내용에 대한 독자의 이해 정도 파악하기
- 다양한 활동(역할극, 손가락 인형놀이, 이야기 다시 꾸미기, 그림 표현하기, 노래 부르고 율동하기 등)을 하여 읽은 내용에 대한 확장된 반응 요구하기
- 모둠별 협동학습을 유도하여 함께 글을 쓰거나 토론하기
- 테이블 대화를 활용하여 문학 텍스트와 관련된 토의 · 토론 능력 기르기
- 대립 척도표를 사용하여 인물의 성격과 사건의 전개 과정과의 관계 정리하기

2. 수업 활동 평가 요소

국어 수업의 보편적 특성(수업 활동) 분석에 도움을 줄 수 있는 선행 연구의 경향을 두 가지 유형으로 분류할 수 있다. 거시적 차원의 수업 분석 연구와 미시적 차원의 수업 분석 연구이다.

거시 차원의 수업 분석 연구에서는 특정 교실 수업을 장기 관찰하거나 특정 기간을 정해 여러 가지 유형의 교실 수업을 관찰한다. 그런 다음 범교과적으로 적용할만한 우수 요소들을 추출하여 수업 분석의 범주와 요소로 삼는다. 거시 차원의 수업 분석 유형은 다시 두 가지 유형으로 분류된다. 수업 분석의 범주와 관련 하위 요소를 동시에 소개하는 경우(Brophy, 1999;조난심 외, 2001;이주섭, 2002;곽영순, 2003)와 좋은 수업의 요소만을 원칙 없이 나열한 경우이다(Porter & Brophy, 1988;한형식, 1996;하영철, 2002). 이것을 ①수업 내용, ②수업 방법, ③수업 평가, ④수업 환경으로 구분하여 살펴볼 수 있다.

①수업 내용 범주에는 ㉠다양한 수준의 학습 목표를 제시하는 수업, ㉡학습 목표 도달에 집중하는 수업, ㉢학습 목표 도달여부를 지속적으로 확인하는 수업, ㉣범교과 통합 수업을 지향하는 수업이 포함된다. ②교사와 학생 요인 그리고 교수와 학습 전략을 포함하는 수업 방법의 범주에는 ㉠학생의 수준차를 고려하는 수업, ㉡학생들에게 메타인지를 가르치는 수업, ㉢교사가 안내자, 조력자로서 학습과정에 적극적으로 개입하는 수업, ㉣학생이 학습의 주체가 되어 스스로 과제를 해결하는 수업, ㉤학습참여의 기회가 균등하게 보장되는 수업, ㉥지적 탐구 과정이 살아 있는 수업, ㉦실생활과 연계된 수업, ㉧대화와 상호작용이 활발하게 일어나는 수업, ㉨수업지도안을 충실하게 작성하는 수업, ㉩모둠별 학습이 장려되는 수업, ㉪학습 활동을 체계적으로 안내하는 수업이 포함된다. ③학습 분위기와 교실 환경 등을 포함하는 수업 환경 범주에는 ㉠학습자가 기다리는 수업, ㉡즐거운 마음으로 가르치는 수업, ㉢성취의 기쁨을 맛보게 하는 수업, ㉣합리적이고 인간적인 만남이 허용되는 수업, ㉤전인교육 차원에서 진행되는 수업, ㉥다양한 교수 매체

를 활용하는 수업, ⓢ학교 도서관 등을 활용하여 소집단 협동학습을 운영하는 수업 등이 포함된다. ④수업 평가의 범주에는 ㉠수업 평가의 과정을 거치면서 스스로 점검하는 수업, ㉡수업과 수행 평가가 서로 연계되는 수업, ㉢자기 평가와 동료 평가 그리고 교사 평가가 상황에 맞게 적절히 활용되는 수업이 포함된다.

미시 차원의 수업 분석은 1차시 수업을 분석 대상으로 삼는다. 1차시 동안 이루어지는 교사와 학생의 상호 작용 양상을 드러낼 수 있도록 수업 분석의 범주와 요소를 미리 설정한 다음, 그것을 평가 기준으로 하여 수업을 분석한다. 이 분야의 대표적인 연구자로 원효헌(1997)과 충청남도보령교육청(2001)을 들 수 있다. 원효헌(1997)은 1차시 수업 분석의 범주를 수업 계획 및 조직, 수업 실행(학습 관리와 학습자 관리), 학생 평가의 세 가지로 분류한 다음에 관련 하위 요소 71개를 제시하였다. 충청남도보령교육청(2001)은 현장의 적용 결과를 바탕으로 하여 매우 정교하고 치밀한 미시 수업 분석 요소를 제시하였다.

수업 상황을 세 범주, 15개 요소, 71개 항목으로 구분한 원효헌(1997)의 연구는 차시별 국어 수업 분석틀을 구안하고자 하는 이 연구에 중요한 정보를 제공한다. 다만 수업 현상을 체계적으로 분석하기 위해서는 원효헌(1997)이 제안한 수업 요소를 거시적 수업 분석의 범주인 수업 내용, 수업 방법, 수업 환경, 수업 평가의 네 부분에서 재구성하여 살펴보아야 한다. 이 경우 학생 평가를 제외한 수업 계획 및 조직, 수업 운영은 수업 내용, 수업 방법, 수업 평가의 하위 요소로 재구성되게 된다. 이 경우 수업 계획 및 조직의 교사 지식, 수업 목표 설정은 수업 내용의 하위 요소에 포함되고, 학습 환경과 학습자의 긍정적 자아 개념 조성, 학습자와의 공감대 형성은 수업 환경 부분에 포함된다. 학습 관리 부분에 해당되는 수업 내용 전달, 질문의 활용, 피드백, 학습동기 유발, 학습 기회 제공은 수업 방법의 하위 요소에 포함된다.

충청남도 보령교육청(2001)은 수업 분석의 범주로 학습 환경, 학습 목표 진술, 선수 학습 관련, 동기 유발, 발문, 지명, 학습활동 기회, 보상, 질문, 판서, 강의, 학습 목표와 수업의 연관, 전인교육, 통합적인 교과지도, 주의집중도, 시청각 매체 선정 및 활용, 수업 모형, 교재 연구, 순회지도, 본시 종합 정리, 확인 학습, 차시 예고, 과제 제시, 시간 계획의 23개 항목을 제안하였다. 그리고 각 범주별 수업 분석 요소 100여 개를 제안하였다.

지금까지 거시적 수업 분석(Brophy, 1999;조난심 외, 2001;이주섭, 2002;곽영순, 2003;Porter & Brophy, 1988;한형식, 1996;이석주, 1999;하영철, 2002)과 미시적 수업 분석에 대해 살펴보았다(심덕보, 1994;원효헌, 1997;충청남도보령교육청, 2001). 수업 분석의 범주를 수업 환경, 수업 내용, 수업 방법, 수업 평가의 네 가지로 설정할 수 있고, 각각의 범주는 다시 하위 범주로 구성할 수 있다. 수업 환경에는 학습 환경과 물리적 교실 환경이 포함되고, 수업 내용에는 학습과제 요인, 학습 자료가 포함된다. 수업 방법에는 학습 동기 유발, 수업 내용 전달, 교수와 학습 절차, 학습기회 제공, 발문의 활용, 지명과 피드백, 판서가 포함된다. 이것을 기반으로 하여 수업 분석 요소를 설정하면 아래와 같다.

① 수업 환경

▶ 학습 환경의 조성

- 주의경고, 훈계 경고 등 수업 방해에 대한 주의집중
- 공정하고 일관성이 있는 학습 활동 운영, 수업형태에 따른 학습자의 행동 지도 및 관리
- 자기주도 학습 분위기 조성, 상호 존중을 바탕으로 한 협동학습 분위기 조성
- 개별 학습 지도를 위한 교실 순회 활동

▶ 물리적 교실 환경

- 학급 문고 설치
- 독서 토론 · 토의가 가능한 공간 조성
- 자발적 독서와 협동적 독서를 가능하게 하는 수업 자료 전시
- 수업 중 활용할 수 있는 다양한 매체 환경(라디오, 녹음기, 실물화상기, 컴퓨터, 인터넷, 텔레비전 매체)
- 교과서와 학습장 준비
- 책걸상 정리정돈

② 수업 내용

▶ 학습 과제 요인

- 학습 목표 설정 방법(교사 주도, 학생 주도),
- 학습 목표 제시 방식(구두, 판서, 차트, 실물 화상기, 멀티미디어 등)
- 학습자의 성취수준을 고려한 학습 목표 설정
- 학습 목표와 선수 학습과의 관련성
- 학습 내용의 명확한 설명 및 안내
- 학습 활동의 목적과 가치 이해
- 중요한 학습 내용의 개념과 원리에 대한 이해
- 학습 활동 관련 최신 정보 소유
- 학습 문제를 학습자의 발달 상황에 맞게 재구성
- 학습 과제의 수와 유형의 적절성
- 학습과제에 반영된 학습자의 요구와 흥미 정도
- 학습 과제에 반영된 개별 학습자의 창의적 반응 조장 정도
- 학습 과제에 반영된 소집단 학습활동의 허용 정도

▶ 학습 자료

- 학습 자료의 조작
- 학습 자료와 학습자의 흥미, 관심, 동기 부여
- 학습 시간과 장소 그리고 학습 방법과 관련되어 사용된 학습 자료의 유형(칠판, 실물 화상기, VTR, 컴퓨터, 녹음기, 자석 칠판, 융판, 실물, 표본 등)과 효과 정도

③ 수업 방법

▶ 학습 동기 유발

- 성공 가능한 학습 경험의 제공

- 칭찬과 보상 등을 활용한 외적 학습 동기의 자극
- 흥미 있는 발문을 활용한 학습 동기 유발
- 효율적 학습 활동의 시범과 격려
- 기대되는 학업성취 결과 제시
- 학습자의 요구와 관심사에 따른 학습 활동의 전개

▶ 수업 내용의 전달

- 중요한 수업 내용의 강조 및 요점 제시
- 수업 내용에 알맞은 적절한 예시나 증거 제시
- 학습자의 수준에 알맞은 학습 용어 사용
- 언어적, 비언적 의사소통 능력 활용

▶ 교수와 학습의 절차

- 학문 공동체에서 추천하거나 인정하는 수업 절차(역할놀이, 직접교수, 문제 해결, 전문가 협력, 가치탐구 등)

▶ 학습기회 제공

- 학습 내용을 응용하여 적용할 수 있는 시간 허용
- 교사의 발문에 응답할 수 있는 시간과 기회의 제공
- 학습자의 발달 수준에 적합한 학습 기회의 제공

▶ 발문의 활용

- 학습자의 수준차를 고려한 발문(사실적, 해석적, 적용적 수준의 발문이나 Bloom의 인지 수준 구분 방식에 따른 발문)
- 학습자의 다양한 반응과 학습 참여를 유도하는 발문
- 학습 내용의 핵심에 초점을 둔 발문

- 구체적이고 이해하기 쉬운 발문
- 학습자의 반응을 유도하고 기다리는 발문

▶ 지명과 피드백

- 의도적 지명, 무의도적 지명, 자원자 지명
- 학습자의 수준을 고려한 피드백, 긍정적 피드백, 언어적, 비언어적 피드백, 즉각적 피드백

▶ 판서

- 판서 계획
  - 수업 목표 구현
  - 수업 흐름에 따른 판서
  - 판서의 시기와 내용과 양
  - 판서와 학생 사고 활동 유도
  - 다양한 방식의 판서(문자, 지도, 도해)
  - 매체 또는 교구와 병행한 판서
  - 학습 정리를 돕는 판서
- 판서 기법
  - 글자의 크기
  - 글씨와 필순
  - 칠판의 구조적 활용
  - 시각적 효과와 색분필
  - 어문 규정의 준수와 판서
  - 판서의 속도 등이 포함된다.
- 판서 내용
  - 수업 내용의 명확하고 효과적이며 체계적인 제시

④ 수업 평가

- 수업 내용과 평가의 일치
- 기대되는 학업성취 기준 제시
- 평가문항 개발
- 학습자의 학습 오류 경향 분석
- 보충 · 심화 학습 활동 관련 정보 제공

3. 과정중심 국어 수업 평가표

진정한 의미의 좋은 국어 수업을 하려면 국어 수업의 특수성과 보편성이 국어 수업의 흐름에 따라 균형 있게 반영되어야 한다. 제7차 교육과정에서 제시한 국어 수업의 흐름은 도입-전개-정리로 구성된다. 도입 부분은 학습 동기 유발과 학습 목표 확인으로 구성되고, 전개 부분은 학습 활동 안내와 학습 활동으로 구성되며, 정리 부분은 학습 내용 정리 및 차시 학습 활동 안내로 구성된다(교육부, 2000). 과정중심의 읽기와 쓰기 활동은 주로 전개 부분에서 이루어지고, 이것은 국어 수업의 특수성을 반영한 결과이다. 다음에는 국어 수업의 보편성을 반영할 차례이다. 국어 수업의 보편적 요소인 수업 환경(학습 환경, 물리적 교실 환경), 수업 내용(학습 과제, 학습 자료), 수업 방법(학습 동기 유발, 학습 내용 전달, 교수 · 학습 절차, 학습 기회 제공, 발문 활용, 지명과 피드백, 판서), 수업 평가는 도입-전개(읽기와 쓰기 전-중-후)-정리의 절차로 진행되는 국어 수업의 각 흐름별로 반영된다.

국어 수업의 흐름에 따라 이루어지는 과정중심의 읽기, 쓰기 수업 활동과 보편적 수업 활동은 상호 교섭의 과정을 거친다. 양자는 주도권 다툼을 위해 긴장 관계에 있기도 하고, 상호 협력의 관계에 있기도 하다. 가장 이상적인 관계는 각자 고유의 특성을 간직한 물리적 결합이 아닌 화학적 반응을 기반으로 한 결합일 것이다. 그러나 이것은 연구의 양과 질이 일정 수준에 이르렀을 때나 가능한 일이다. 현 시점에서는 상호 협력의 차원에서 살펴보고자 하며, 이것을 보다 구체적으로 정리하면 아래와 같다.

(1) 과정중심 읽기 수업 분석표

수업 흐름		분석 요소	분석 등급
도입	학습 분위기	1. 흥미 있는 발문을 활용하여 학습 분위기를 조성한다.	
		2. 성공 가능한 학습 경험을 제공한다.	
		3. 기대되는 학업성취 결과를 제시한다.	
		4. 칭찬과 보상을 활용하여 외적 학습 동기를 자극한다.	
		5. 학습자의 요구와 관심사를 고려하며 학습활동을 전개한다.	
		6. 학습 활동을 시범보이거나 격려를 한다.	
	학습 목표	1. 학습자의 성취 수준을 고려하여 학습 목표를 구성한다.	
		2. 선수 학습과 관련지어 학습 목표를 구성한다.	
		3. 학습 목표를 교사주도의 일방적 제시가 아닌 학생과의 토론·토의를 거쳐 제시한다.	
		4. 다양한 자료(구두, 판서, 차트, 실물 화상기, 멀티 미디어 등)를 활용하여 학습 목표를 제시한다.	
		5. 학습 내용을 명확하게 설명하고 안내한다.	
전개	읽기 전	1. 학습 단서, 학생 사고를 자극하는 발문, 그래픽 조직자를 활용하여 글을 읽은 목적을 확인시키거나 학습활동을 안내한다.	
		2. 미리보기 전략(글의 제목, 삽화, 글의 도입 부분, 글 구조, 글의 내용 일부 미리보기)을 활용하여 흥미를 유발시킨다.	
		3. 글을 읽기 전에 화제에 관해 미리 토론을 하거나 적어보는 활동을 하면서 학습자의 흥미를 끈다.	

전개		4. 그래픽 조직자(K-W-L, 예측 안내표, 마인드 맵 등)를 활용하여 배경지식을 활성화시킨다.	
		5. 예측하기 전략(그림, 중요 장면이나 줄거리, 예측 안내표)을 이용하여 학생의 호기심과 흥미를 자극한다.	
		6. 어휘지도 전략(마인드 맵, 의미 맵, 의미 자질 분석, 사전 활용하기 등)을 활용하여 중요한 개념이나 어휘를 사전에 지도한다.	
		7. 읽기 전 활동에 필요한 개념과 전략을 사전에 설명하거나 시범 보인다.	
	읽기	1. 읽어주기(교사), 소리내어 읽기(학생), 조용히 읽기(묵독), 함께 읽기 (합창독), 안내된 읽기(친구와 짝을 지어 함께 읽기), 반복하여 읽기, 들려주기(라디오 읽기), 따라 읽기 등과 같은 학년별 발달 수준에 적합한 읽기 방식을 적용하여 읽기를 한다.	
		2. 글을 읽는 도중에 예측하거나 가설을 설정하였던 부분이 나오면 서로 비교해 가면서 글을 읽거나 큰 소리로 확인하며 읽는다.	
		3. 열린 발문/닫힌 발문, 낮은 수준/높은 수준 발문 등 다양한 발문을 활용하여 독서 토의 · 토론 수업을 유도하거나 조장한다.	
		4. 교사가 글을 읽으면서 과제해결에 필요한 사고 과정을 시범 보인다.	
		5. 교사가 학생들에 알맞은 속도로 글을 읽어 준다.	
		6. 부연설명하기, 다시 읽어보기, 맥락 활용하여 읽기 등과 같은 독해 점검 전략을 활용하여 글을 읽는다.	
	읽은 후	1. 글을 읽기 전에 예측하거나 미루어 짐작하였던 내용과 글을 읽고 나서 알게 된 내용을 비교하며 수정하고 보완한다.	
		2. 글의 내용이나 중요한 사건 및 개념에 대해서 요약을 하거나 다시 설명을 한다.	
		3. 읽는 내용을 요약하여 쓰기, 평가하며 쓰기, 부연 설명하여 쓰게 한다.	

전개		4. 학습자의 수준에 맞는 다양한 발문(사실적-파, 해석적-초, 적용적-보라색 아이콘)하여 관련 내용에 대한 독자의 이해 정도를 파악한다.	
		5. 역할극, 손가락 인형놀이, 이야기 다시 꾸미기, 그림 표현하기, 노래 부르고 율동하기 등과 같은 다양한 활동을 하도록 하여 읽은 내용에 대한 확장된 반응을 요구한다.	
		6. 모둠별 협동학습을 하면서 함께 글을 쓰거나 토론을 하게 한다.	
	학습과제	1. 학습 과제에 차시 활동의 목적과 가치가 반영되어 있다.	
		2. 학습 과제의 유형과 수는 학년 발달 수준에 어울린다.	
		3. 학습 과제가 학습자의 흥미와 욕구를 반영하였다.	
		4. 학습자의 소집단 참여를 촉진시키는 학습 체재와 학습 과제를 설정하였다.	
		5. 학습자의 개인적, 창의적 반응을 조장하거나 수용할 수 있도록 학습 과제를 설계하셨다.	
		6. 중요 학습 내용의 개념과 원리를 학습 과제에 반영하였다.	
		7. 학습 활동 관련 최신 정보를 학습 과제에 반영하였다.	
	학습자료	1. 학습 자료 제작시 학습자의 흥미와 관심과 동기를 반영하였다.	
		2. 칠판, 실물 화상기, VTR, 컴퓨터, 녹음기, 자석 칠판, 융, 실물 화상기 등과 같은 다양한 수업 자료를 학습 상황에 맞게 적절히 활용하고 있다.	
	내용전달	1. 중요한 수업 내용을 강조하거나 요점을 제시한다.	
		2. 학문 공동체에서 인정하거나 추천하는 교수학습 절차를 사용한다.	
		3. 수업 중 말하고, 듣고, 읽고, 토론하는 활동들이 자연스럽게 이루어진다.	
		4. 새로운 과제에 도전하여 스스로 해결하도록 부추기고 격려한다.	
		5. 수업 중 학생들과 수시로 협의를 하여 학습과제를 해결한다.	
		6. 수업 내용에 알맞은 적절한 예시나 증거를 제시한다.	

전개		7. 학습자의 수준에 알맞은 학습 용어를 사용한다.	
		8. 언어적/비언어적 의사소통이 활발하게 이루어진다.	
	학습기회	1. 학습 내용을 응용하여 적용할 수 있는 시간을 허용한다.	
		2. 교사의 발문에 응답할 수 있는 시간과 기회를 제공한다.	
		3. 학습자의 발달 수준에 적합한 학습 기회를 제공한다.	
	발문	1. 학습자를 발달 단계를 고려하여 발문을 한다.	
		2. 학습자의 다양한 반응과 참여를 유도하는 발문을 한다.	
		3. 핵심적인 학습 내용에 초점을 두어 발문을 한다.	
		4. 구체적이고 이해하기 쉬운 발문을 한다.	
		5. 학습자의 반응을 유도하고, 기다리는 발문을 한다.	
	지명	1. 의도적 지명, 무의도적 지명, 자원자 지명 등 다양한 방식을 활용하여 학생들의 학습 활동을 참여를 유도한다.	
	피드백	1. 학생 생각을 교사 수준에서 수정하면서 긍정적으로 피드백 한다.	
		2. 학생의 생각을 추측하거나 분석한 후, 그 결과를 다음 활동에 적용하면서 긍정적으로 피드백 한다.	
		3. 교사와 학생의 생각을 서로 비교하면서 긍정적으로 피드백 한다.	
		4. '좋아요', '예', '아니오' 등의 단순 형태로 피드백을 한다.	
	평가	1. 수업 내용과 평가 내용이 일치한다.	
		2. 평가 문항 작성 시 학습자의 오류 경향을 분석하였다.	
		3. 학업성취 도달여부를 파악할 수 있도록 평가 기준과 도구를 명확하게 제시하였다.	
		4. 평가 결과를 보충 · 심화 학습의 판별 자료로 활용할 수 있다.	
	판서	1. 판서의 시기와 내용과 양이 적절하다.	
		2. 수업의 흐름에 따라 판서를 하면서 학생 사고 활동을 유도한다.	
		3. 다양한 유형으로 판서를 하거나(문자, 지도, 도해), 매체 또는 교구를 활용하여 판서를 한다.	
		4. 학습 내용을 정리하는 판서를 한다.	

		5. 글자의 크기와 필순이 바르고, 판서 속도가 알맞으며 어문 규정을 준수한다.	
		6. 칠판을 구조적으로 활용하거나 색분필 등을 이용하여 시각적 효과를 내면서 수업 내용을 효과적이고 체계적으로 정리한다.	
	학습 환경	1. 주의 경고, 훈계 경고 등을 활용하여 수업 집중도를 높인다.	
		2. 수업 형태에 맞게 학습자의 행동을 관리하고 지도한다.	
		3. 상호존중을 바탕으로 한 학습 분위기를 조성한다.	
		4. 교실 순회활동을 하면서 소집단이나 개별 학습 지도를 한다.	
정리		1. 중요한 학습 내용을 판서하면서 정리한다.	
		2. 칭찬과 격려를 하면서 학습 내용을 정리한다.	
		3. 학생 발표 내용을 교사가 종합하면서 정리한다.	
		4. 전시학습과 관련지어 정리한다.	
수업 환경		1. 학생들이 좋아하는 다양한 유형의 도서가 학급 문고에 비치되어 있다.	
		2. 학생들이 편안하게 쉬면서 책을 읽을 수 있는 별도의 독서 코너가 조성되어 있다.	
		3. 소집단 독서 토론 · 토의를 할 수 있는 공간이 조성되어 있다.	
		4. 독서 기록장, 낱말 퀴즈, 인물 탐구 등처럼 읽기 반응을 다양하게 확장시킨 결과물이 전시되어 있다.	
		5. 수업 시간에 컴퓨터, 녹음기, 인터넷, 텔레비전 등과 같은 다양한 매체를 활용할 수 있다.	
		6. 교과서와 학습장 준비가 잘 되어 있다.	
		7. 책걸상 정리 정돈이 잘 되어 있다.	
		8. 유리창과 커튼의 개폐가 계절과 온도에 맞게 적절히 되어 있다.	
		9. 전등과 채광은 학습자의 시력보호에 적절한 밝기를 유지하고 있다.	

【표 86】 읽기 수업 분석표

(2) 과정중심 쓰기 수업 분석표

<table>
<tr><th colspan="3">수업 흐름</th><th>분석 요소</th><th>분석 등급</th></tr>
<tr><td rowspan="11">도입</td><td colspan="2" rowspan="6">학습분위기</td><td>1. 흥미 있는 발문을 활용하여 학습 분위기를 조성한다.</td><td></td></tr>
<tr><td>2. 성공 가능한 학습 경험을 제공한다.</td><td></td></tr>
<tr><td>3. 기대되는 학업성취 결과를 제시한다.</td><td></td></tr>
<tr><td>4. 칭찬과 보상을 활용하여 외적 학습 동기를 자극한다.</td><td></td></tr>
<tr><td>5. 학생의 요구와 관심사를 고려하며 학습활동을 전개한다.</td><td></td></tr>
<tr><td>6. 학습 활동을 시범보이거나 격려를 한다.</td><td></td></tr>
<tr><td colspan="2" rowspan="5">학습목표</td><td>1. 학습자의 성취 수준을 고려하여 학습 목표를 구성한다.</td><td></td></tr>
<tr><td>2. 선수 학습과 관련지어 학습 목표를 구성한다.</td><td></td></tr>
<tr><td>3. 학습 목표를 교사주도의 일방적 제시가 아닌 학생과의 토론·토의를 거쳐 제시한다.</td><td></td></tr>
<tr><td>4. 다양한 자료(구두, 판서, 차트, 실물 화상기, 멀티미디어 등)를 활용하여 학습 목표를 제시한다.</td><td></td></tr>
<tr><td>5. 학습 내용을 명확하게 설명하고 안내한다.</td><td></td></tr>
<tr><td rowspan="6">전개</td><td rowspan="6">쓰기 전</td><td rowspan="5">생각열기</td><td>1. 알맞은 글감을 정한다.</td><td></td></tr>
<tr><td>2. 생각열기 전략(생각그물, 영화 및 매체 감상, 인터뷰, 관찰과 기록, 조사, 상상, 다른 자료 읽기 등)을 활용하여 글감과 관련된 생각을 떠올린다.</td><td></td></tr>
<tr><td>3. 전문가나 유능한 동료의 생각열기 과정을 시범 보인다.</td><td></td></tr>
<tr><td>4. 생각을 자유롭게 떠올리지 못하는 학생에게는 교사나 유능한 동료의 도움을 받게 한다.</td><td></td></tr>
<tr><td>5. 도움이 필요한 학생의 경우에는 친구와 짝을 지어 함께 생각을 떠올리게 한다.</td><td></td></tr>
<tr><td></td><td>1. 펼친 생각을 처음-가운데-끝의 구조에 따라 엮는다.</td><td></td></tr>
</table>

전개		생각엮기	2. 글 구조의 첫 부분은 글을 쓰는 목적, 독자의 흥미나 관심과 관련된 내용으로 정리한다.	
			3. 글 구조의 첫 부분은 글의 내용을 대표하는 핵심 정보로 정리한다.	
			4. 글 구조의 가운데 부분을 순서, 비교/대조, 원인/결과, 문제/해결 등과 같은 일정한 구조에 따라 정리한다.	
			5. 다양한 유형의 읽기 자료를 활용하여 글 구조를 파악한다.	
			6. 생각엮기와 관련된 전문가나 유능한 동료의 사고 과정을 시범 보인다.	
			7. 글 구조의 마지막 부분은 요점 정리나 글의 끝을 알리는 내용으로 정리한다.	
			8. 도움이 필요한 학생은 친구와 짝을 함께 생각을 묶는 활동을 한다.	
	쓰기	애벌쓰기	1. 글을 쓴 목적이 잘 드러나게 쓴다.	
			2. 독자가 읽기 쉽고, 이해하기 쉽게 글을 쓴다.	
			3. 진실한 글, 감동을 주는 글을 쓴다.	
			4. 개성과 창의성, 독창성이 잘 드러나게 글을 쓴다.	
			5. 글의 형식보다는 내용에 초점을 두면서 떠오르는 생각을 자유롭게 글로 쓰거나 말로 쓴다.	
			6. 글감에 대한 글쓴이의 풍부한 경험과 지식, 상황 판단 능력이 잘 드러나는 글을 쓴다.	
			7. 흥미 있고 관련된 내용으로 중심 내용을 뒷받침하는 글을 쓴다.	
			8. 독자의 흥미를 유발시키면서 글의 첫 부분을 쓴다.	
			1. 돌려읽기와 같은 다듬기 전략을 활용하여 글을 다듬는다.	
			2. 필요한 경우에는 글의 내용을 재조직하면서 다듬는다.	
			3. 불필요한 말을 삭제하고, 필요한 내용은 추가하면서 글을 다듬는다.	
			4. 교정부호를 사용하여 오류 내용을 고친다.	
			5. 움직이는 말을 바르게 썼는지 살펴본다.	

전개		고쳐쓰기	6. 꾸며주는 말을 바르게 썼는지 살펴본다.	
			7. 낱말을 상황(목적, 독자)에 맞게 썼는지 살펴본다.	
			8. 독자의 요구와 수준을 고려하여 문장을 썼는지 살펴본다.	
			9. 표, 그림, 사진을 바르게 사용하였는지 살펴본다.	
			10. 문단과 문단의 연결이 자연스러운지 살펴본다.	
			11. 특정 오류 유형을 집중적으로 찾아서 고쳐 쓴다.	
			12. 어순에 맞게 글을 쓴다.	
			13. 들여쓰기의 개념과 용법에 맞게 글을 쓴다.	
			14. 맞춤법, 띄어쓰기, 표준 발음에 맞게 바르게 썼는지 살펴본다.	
			15. 문장 부호의 개념과 용법을 정확히 알고 쓴다.	
			16. 글자의 크기, 간격, 여백을 고려하면서 글을 쓴다.	
			17. 필순에 맞게 정자로 글을 쓴다.	
	쓴 후	평가하기	1. 글을 쓴 목적과 관련지어 평가한다.	
			2. 객관적, 합리적인 평가 기준을 활용하여 평가한다.	
			3. 글쓰기 과정도 평가한다.	
			4. 자기 평가, 동료 평가, 교사 평가와 같은 다양한 평가 유형을 적용하여 글을 평가한다.	
			5. 글의 장점과 단점을 잘 파악하게 한 후, 부족한 부분을 보완한다.	
		발표하기	1. 완성된 작품을 학교 신문이나 교지에 투고한다.	
			2. 완성된 작품을 학교 방송 시간에 읽는다.	
			3. '나도 작가'와 같은 코너에서 수시로 발표한다.	
			4. 자신 있고, 또렷한 목소리로 작품을 발표한다.	
			5. 작품집을 친구와 돌려가며 읽거나 전시한다.	
			6. 컴퓨터 등을 이용하여 책의 형태를 갖춘다.	
			7. 그림, 사진, 그래픽 등을 알맞게 이용한다.	
			8. 작품을 녹음하여 친구에게 들려준다.	
			1. 학습 과제에 차시 활동의 목적과 가치를 반영한다.	

전개	학습과제	2. 학습 과제의 유형과 수는 학년 발달 수준에 어울린다.	
		3. 학습 과제가 학습자의 흥미와 욕구를 반영하였다.	
		4. 학습 과제가 학습자의 소집단 참여를 촉진시킬 수 있도록 개방적인 체재로 설계되어 있다.	
		5. 학습 과제가 학습자의 개인적, 창의적 반응을 조장하거나 수용할 수 있도록 설계되어 있다.	
		6. 학습 과제에 중요한 학습 개념과 원리를 반영하였다.	
		7. 학습 과제에 학습 활동 관련 최신 정보를 반영하였다.	
	학습자료	1. 학습 자료 제작 시에 학습자의 흥미와 관심과 동기를 반영하였다.	
		2. 다양한 수업 자료(칠판, 실물 화상기, VTR, 컴퓨터, 녹음기, 자석 칠판, 융, 실물 화상기 등)를 학습 상황에 맞게 적절히 활용하였다.	
	내용전달	1. 중요한 수업 내용을 강조하거나 요점을 제시한다.	
		2. 학문 공동체에서 추천하는 교수·학습 절차를 사용한다.	
		3. 수업 중에 말하고, 듣고, 읽고, 토론하는 활동을 자연스럽게 한다.	
		4. 새로운 과제를 스스로 해결하도록 부추기고, 격려한다.	
		5. 학생과 수시로 협의를 하며 학습 과제를 해결한다.	
		6. 수업 내용에 알맞은 적절한 예시나 증거를 제시한다.	
		7. 학습자의 수준에 알맞은 학습 용어를 사용한다.	
		8. 언어적/비언어적 의사소통이 활발하게 이루어진다.	
	학습기회	1. 학습 내용을 응용하여 적용할 수 있는 시간을 허용한다.	
		2. 교사의 발문에 응답할 수 있는 시간과 기회를 제공한다.	
		3. 학습자의 발달 수준에 적합한 학습 기회를 제공한다.	
	발문	1. 학습자를 발달 단계를 고려하여 발문을 한다.	
		2. 학습자의 다양한 방응과 참여를 유도하는 발문을 한다.	
		3. 핵심적인 학습 내용에 초점을 두어 발문을 한다.	
		4. 구체적이고 이해하기 쉬운 발문을 한다.	

전개		5. 학습자의 반응을 유도하고, 기다리는 발문을 한다.	
	평가	1. 수업 내용과 평가 내용이 일치한다.	
		2. 평가 문항 작성 시 학습자의 오류 경향을 분석하였다.	
		3. 학업성취 도달여부를 파악할 수 있도록 평가 기준과 도구를 명확하게 제시하였다.	
		4. 평가 결과를 보충 · 심화 학습의 판별 자료로 활용할 수 있다.	
	판서	1. 판서의 시기와 내용과 양이 적절하다.	
		2. 수업의 흐름에 따라 판서를 하면서 학생 사고 활동을 유도한다.	
		3. 다양한 유형으로 판서를 하거나(문자, 지도, 도해), 매체 또는 교구를 활용하여 판서를 한다.	
		4. 학습 내용을 정리하는 판서를 한다.	
		5. 글자의 크기와 필순이 바르고, 판서 속도가 알맞으며 어문 규정을 준수한다.	
		6. 칠판을 구조적으로 활용하거나 색분필 등을 이용하여 시각적 효과를 내면서 수업 내용을 효과적이고 체계적으로 정리한다.	
	학습환경	1. 주의 경고, 훈계 경고 등을 활용하여 수업 집중도를 높인다.	
		2. 수업 형태에 맞게 학습자의 행동을 관리하고 지도한다.	
		3. 상호 존중을 바탕으로 한 학습 분위기를 조성한다.	
		4. 교실 순회활동을 하면서 소집단이나 개별 학습 지도를 한다.	
정리		1. 중요한 학습 내용을 판서하면서 정리한다.	
		2. 칭찬과 격려를 하면서 학습 내용을 정리한다.	
		3. 학생 발표 내용을 교사가 종합하면서 정리한다.	
		4. 전시 학습과 관련지어 정리한다.	
수업 환경		1. 학생들이 좋아하는 다양한 유형의 도서를 학급 문고에 비치하였다.	
		2. 학생들이 편안하게 쉬면서 책을 읽을 수 있는 별도의 독서 코너를 조성하였다.	

수업 환경	3. 소집단 독서 토론 · 토의를 할 수 있는 공간을 조성하였다.	
	4. 독서 기록장, 낱말 퀴즈, 인물 탐구 등처럼 읽기 반응을 다양하게 확장시킨 결과물을 전시하였다.	
	5. 수업 시간에 컴퓨터, 녹음기, 인터넷, 텔레비전 등과 같은 다양한 매체를 활용할 수 있다.	
	6. 교과서와 학습장 준비가 잘 되어 있다.	
	7. 책걸상 정리 정돈을 잘 하였다.	
	8. 계절과 온도에 맞게 유리창과 커튼의 개폐를 적절히 하였다.	
	9. 전등과 채광은 학습자의 시력보호에 적절한 밝기를 유지하였다.	

【표 87】 쓰기 수업 분석표

제2절 국어 수업 동영상 평가와 장학

1. 직접 교수 읽기 수업 동영상 평가와 장학

한국교육과정평가원 교수 · 학습 센터에 탑재된 직접 교수 읽기 수업 동영상을 분석하여 적절성 여부를 판별하고자 한다. 만약 이 자료가 진정한 의미의 직접 교수 읽기 수업 동영상이라면, 학문공동체(Rosenshine, 1983;이성영, 1996;Carnine et al, 2004)에서 추구하는 직접 교수의 핵심 특성(요소나 원리 혹은 방향 등)을 반영했을 것이다. 그렇지 않다면, 부적절하거나 왜곡된 수업 동영상 자료가 표준화된 온라인 수업 장학 자료로 활용되는 셈이다. 한국교육과정평가원이 교육 현장에서 차지하는 위상과 영향력을 생각하면 이 부분에 대한 논의를 더 이상 미룰 수 없다.

이에 직접 교수 관련 선행 연구를 분석하여 직접 교수의 보편적 특성과 절차를 밝히고, 그것을 기반으로 직접 교수 읽기 수업 동영상의 타당성을 평가하고자 한다.

1) 직접 교수의 특성

제7차 교육과정에 따라 개발된 교사용 지도서 부록 자료에는 직접 교수를 포함한 일곱 가지 국어과 교수 · 학습 모형이 소개되어 있다. 이후 교육 현장에서는 교수 · 학습 모형 중심의 국어 수업 장학이 주류를 형성하였다. 이러한 수업 장학 추세에 부응해야 하는 현장 교사들은 국어과 교수 · 학습 모형의 실천적 차원(교수 · 학습 모형 개요, 교수 · 학습 과정(안), 수업 동영상)에 대한 자료 제공을 요구하였다. 이에 한국교육과정평가원에서는 관련 수업 동영상 자료(직접 교수 포함)를 교수 · 학습 센터 누리집에 소개하였다.

문제는 탑재된 직접 교수 읽기 수업 동영상 자료의 적절성 여부이다. 이에 Rosenshine(1983), 이성영(1996), Carnine et al(2004)의 연구를 바탕으로 직접 교수[45]의 보편적 특성을 추출하고, 그것을 평가 요소로 활용하여 직접 교수 읽기 수업 동영상의 타당성을 점검하고자 한다.

Rosenshine(1983)은 직접 교수의 핵심 요소로 ①선수 학습 내용 확인, ②새로운 학습 내용 제시와 구조화, ③시범 보이기, ④학생 반응에 대한 즉각적 피드백과 교정, ⑤개별 연습, ⑥주간 또는 월간 복습의 여섯 가지를 제안하였다(〈설양환 외, 2004: 215〉에서 재인용). 이성영(1996)은 직접 교수의 핵심 요소로 ㉠교사가 학생에게 내용을 직접 가르치는 수업, ㉡목표 중심 수업, ㉢진정한 학습 시간을 증가시키는 수업, ㉣성취수준을 낮추는 수업, ㉤충분히 설명하고 시범을 보이면서 피드백을 제공하는 수업의 다섯 가지를 제안하였다. Carnine et al(2004: 26)은 ⓐ교사주도 소개와 ⓑ안내된 연습을 제안하였다.

선행 연구자들의 의견을 정리하면 직접 교수 절차를 관통하는 보편적 특성으로 '목표 중심의 수업' (①, ②, ㉡, ㉣), '교사주도 설명과 시범' (③, ㉠, ㉤, ⓐ), 즉각적 피드백과 안내된 연습' (④, ⑤, ㉢, ⓑ)을 설정할 수 있다.

목표 중심 수업에서는 목표를 구체화, 상세화하여 조작 가능하고 관찰 가능한 상태로 만든 다음에 학생들에게 단계적으로 제시한다. 이를 위해 교수 내용을 조작 가능한 상태로 분절시키고, 하위 지식이나 기능을 위계적으로 만든다(이성영, 1996).

교사주도 소개(Introduce) 단계에서는 교사의 수업 통제와 전략 습득이 중요하다. 교사주도란 수업 통제권과 학업 성취도가 전적으로 교사의 책임 하에 있는 것을 의미하고(이성영, 1996), 소개는 학습 절차의 설명과 시범을 의미한다(Carnine et al, 2004: 26). 설명 단계에서는 예시 자료를 활용하여 설명하는 능력, 학습 내용을 사전에 분석한 후에 학생의 이해를 돕기 위해 친숙하고 쉬운 용어를 사용하여 설명하는 능력이 필요하다. 시범 단계에서는 사고 구술법(TA, ta, PM)을 활용하여 문제 해결에 필요한 전문가의 고등 사고 과정을 외현적으로 드러내는 능력이 필요하다. 또 핵심이 명확한 질문을 하거나 학생 반응 평가 및 이해 정도를 기록하는 능력이 필요하다. Rosenshine(1983)에 따르면 초기 단계에서는 80% 이상의 학생이 학업 성취기준을 통과해야 한다(설영환 외, 2003: 215).

안내된 연습(Guided Practice) 단계에서는 점진적 책임이양이 중요하다(이성영, 1996; Carnine et al, 2004: 26). 이 부분은 교사의 비계 설정(Scaffolding)과 학생주도 연습으로 다시 구분된다. 비계 설정은 언어적(Verbal) 측면과 절차적(Procedural) 측면으로 다시 구분할 수 있다. 언어적 측면에는 부연 설명하기, 사고구술법 활용하기, 학생 발달 수준에 적합한 수업 대화 전략(기다리기, 칭찬하기, 맞장구치기, 작게 나누어 질문하기 등) 사용하기 등이 포함된다.

절차적 측면에는 '설명이나 시범'과 같은 교사의 도움을 바탕으로 한 '학생 연습', '학생 적용'이 해당된다. 학생 연습 부분에서는 교사와의 일대일 학습, 교사의 안내와 시범 관찰, 전문가와 초보자가 함께 짝을 지어 공부하는 모둠학습 등이 포함된다. 학생 적용 부분에서는 기존에 학습한 전략의 적용을 유도하는 유사 과제나 새로운 전략 습득에 도움이 되는 과제 제시가 필요하다. Rosenshine(1983)에 따르면, 학생주도 연습 단계는 개별학습으로 진행되고, 교사는 조력자의 역할을 하면서 95% 이상의 학생이 학업성취도에 도달할 때까지 연습을 시킨다(설양환 외, 2003: 204~205).

지금까지 직접 교수 절차의 보편적 특성을 '목표 중심 수업', '교사 설명과 시범', '즉각적 피드백과 안내된 연습'으로 구분하여 살펴보았다. 이어지는 부분에서는 이것을 활용하여 직접 교수 수업 동영상의 타당성을 검토하고자 한다.

2) 직접교수 수업 동영상 평가

(1) 교수 · 학습 과정(안)

한국교육과정평가원 교수 · 학습 지원 센터 누리집에 소개된 직접 교수 수업 동영상 내용이다. 이 수업은 1학년 2학기 읽기 첫째 마당의 두 번째 소단원 6/9차시의 내용이다. 차시 학습 목표는 '이야기에 나오는 인물의 모습과 성격을 말과 글로 표현할 수 있다.' 이고, 수정된 직접 교수 절차에 따라 수업을 하였다. 교수 · 학습 과정은 '목표 확인하기 → 전략 설명하기 → 전략 시범보이기 → 전략 연습하기 → 학습 내용 확인하기 → 차시 학습 예고하기' 로 구성된다. 이것을 간단히 정리하면 아래와 같다[16].

단원	첫째 마당 (2) 내가 만드는 이야기		차시	6/9
학습 목표	인물의 모습과 성격을 말과 글로 표현할 수 있다.		대상	1학년
수업 전략	학습 내용 조직	단일 교과 복수 활동		
	학습 집단 조직	대집단 · 일제식 수업		
	중심 활동	개별 활동 → 일대일 활동		

교수 · 학습 과정		기법	교수 · 학습 활동	시간	자료
도입	• 목표 확인하기 • 학습절차 안내하기	• ICT 활용학습 • 문답법	• 동기 유발하기 • 학습 목표 확인하기 • 학습 절차 안내하기	5'	그림
전개	• 전략 설명하기		• 학습전략 내용 이해하기	5'	
	• 전략 시범 보이기	• 생각그물	• 읽기 전략 학습하기	5'	

교수 · 학습 과정		기법	교수 · 학습 활동	시간	자료
	• 전략 연습하기	• 학습지 활용법	• 글 읽고, 내용 파악하기 • 의사소통하기	20'	
정리	• 학습내용 확인하기 • 차시학습 예고하기	• 문답법	• 학습 내용 발표하기(전체) • 학습 내용 발표하기(개별) • 차시 학습 예고	5'	누가 기록

【표 88】 직접 교수 · 학습 과정(약안)

여기서 '수정된 직접 교수법' 이라는 명칭 사용에 주목하고자 한다. 이러한 용어 사용은 교사용지도서에 소개된 '직접 교수절차' 를 기본형으로, 기타는 변형으로 파악하는 교육 현장의 시각을 반영한 결과이다. 그러나 앞에서 고찰한 직접 교수의 핵심 원리에 비추어 보면, 오히려 가상 공간에 제시된 '수정된 직접 교수법' 이 제7차 교육과정에서 소개하는 '직접 교수법' 에 비해 직접 교수의 핵심 원리를 더 잘 반영했다고 할 수 있다. 전략 설명, 전략 시범과 같은 '교사주도 설명과 시범' 이, 전략 연습하기와 같은 '안내된 연습' 항목이 교사용 지도서에 소개된 절차에 비해 더 명확하게 제시되어 있기 때문이다.

〈표 1〉은 진정한 의미의 직접 교수 절차에 해당된다. 이에 이어지는 부분에서는 교수 · 학습 절차에 담긴 직접 교수의 핵심 원리들이 과연 실제 수업 동영상 장면에서는 어떻게 구현되었는지에 대해 '목표 확인하기, 설명하기, 시범 보이기, 연습하기' 를 중심으로 살펴보고자 한다.

(2) 수업 절차별 수업 분석

가) 목표 확인하기 부분의 수업 분석과 해석

① 분석

교 사	①마법의 성에 누가 갇혔을까요? 우리 유시열 어린이가 갇혔어요. 유시열 어린이가. (학생 웃음) 그런데 이 마법의 성에서 유시열 어린이를 탈출을 시켜야 하는데, 마왕이 이런 주문을 했어요. "어, 너희들이 만약에 이야기를 읽고, 인물의 모습이나 성격을 제대로 파악하면, 시열이를 살려 주겠다." 이런 이야기를 했습니다. 그런데 선생님은 자신 있어요. 우리 1학년 1반 아이들은 그 정도라면 할 수 있지 않을까라는 생각을 해보는 겁니다. 할 수 있겠어요?
학 생	②예.
교 사	③그러면 여러분이 공부할 내용이 무엇인지 제대로 알았는지 선생님이 한번 질문을 하도록 하겠어요. 자, 오늘 우리가 공부할 내용이 무엇이라고 했습니까?
학 생	④인물의 모습과 성격을 파악한다는 거요(학생이 얼떨결에 떨리는 목소리로 간신히 대답을 하였다. 인물의 모습과 성격에 대한 개념 이해를 바탕으로 한 것이 아니라, 교사가 한 말을 암송한 것에 불과하다.).
교 사	⑤예, 참 잘 했죠. ⑥예를 한 번 더 정확히 들어보겠어요? 예. 예를 들 수 있겠습니까? ⑦음, 이렇게 읽어서 이렇게 해 가지고 이렇게 하면 좋겠어요. ⑧예, 서유라 어린이. 한번 예를 들어 말해 보세요.
학 생	⑨모습과 성격을 어떻게 생겼는지, 어떻게 착한 마음인지 한번 글로 써 보거나 말을 합니다.
교 사	⑩예, 착한 마음인지, 착하지 않은 마음인지 그런 자세한 내용도 쓰는 거군요.

〈자료 55〉 학습 목표 확인 수업 장면

학습 목표를 확인하는 수업 장면이다. 교사는 지난 시간에 활용했던 '마법의 성' 이야기를 다시 활용하면서 학습 동기를 유발하였고, 도전 과제를 제시하여 학생의 적극적인 학습활동 참여를 유도하였다.

마법의 성에 갇힌 친구를 구하려면 '이야기를 읽고, 인물의 모습이나 성격을 파악해야 한다.'는 도전과제를 제시하여, 주의를 집중시키고, 학습 동기를 유발하였다(①). 그런 다음에 질문을 활용하여 학습 목표 이해 여부를 평가하였다(③). 교사의 발문에 한 학생이 얼떨결에 반응하자(④), 맞장구를 치며(⑤), 정교화하게 하기(⑥)와 실마리 제공하기(⑦) 수업대화를 활용하여 보다 구체적이고 정교한 반응을 요구하였다. 그러나 실마리 제공하기가 너무 추상적이고, 교사 발문이 학생 발달 수준을 넘어서는 것이라 학생이 교사가 원하는 반응을 보이지 않았다. 이에 특정 학생을 무시하고, 확장하게 하기 수업대화를 활용하여 다른 학생에게 다시 발문을 하였다(⑧). 그러자 부족하지만 나름대로 수정 반응을 제안하였고(⑨), 교사는 학생의 반응을 인정하면서 마무리를 하였다(⑩).

② 해석

Borich(2003)에 따르면 이 수업에서 관찰된 주의집중 방식은 호기심 자극 발문에 해당되고, 학습 활동 참여 유도 방식은 칠판이나 유인물에 학습 문제를 제시하는 문제풀기(질문, 연습장, 유인물, 칠판이나 OHP 등)에 해당된다[47]. 이 교사가 보여준 '주의집중과 학습 활동 참여 유도 방식'은 우수 교사의 수업 장면에서 관찰할 수 있는 도입 학습 운영 전략이다.

학습 목표 확인 부분은 개선이 필요하다. 학습 목표 확인 발문(③) 이후에 학생 반응을 요구하는 교사의 수업대화에 문제가 있다. 유능한 교사는 학습 목표를 설명하거나 추론할 때에 ①선수 학습과 연계, ②언어나 시각 자료를 활용한 주요 학습 내용 요약, ③후속 학습과 연계, ④중요 학습 내용이나 활동에 대한 단서 제공, ⑤수업 개관 요약 등과 관련된 수업대화를 사용한다(설양환 외 역, 2005: 137~139). 그러나 이 수업 장면에서는 이러한 수업대화를 발견할 수 없다. 학습 목표 관련 배경 지식이 없는 학생들은 교사의 발문에 얼떨결에 감으로만 대답할 뿐(④ ⑤), 일부 부분 참여자를 제외한 대다수의 학생들은 구경꾼이나 방관자의 역할만 한다.

나) 설명하기 부분의 수업 분석과 해석

이 수업 동영상에는 '설명'이 없다. 차시 학습 목표와 관련된 지식이나 기능/전략, 태도에 대한 설명이 없다. 설명하기는 직접 교수법의 출발점이라는 점에서 설명이 없는 직접 교수법은 상상하기 어렵고, 상식적으로도 이해가 가지 않는다. 다만, 가상 공간에 탑재하기 위해 자료를 가공하는 도중에 편집자의 실수로 이 부분이 누락되었을 가능성이 있다. 교수 · 학습 과정(안)에는 설명하기 부분이 제시되어 있기 때문이다. 이에 교수 · 학습 과정(안)의 내용을 바탕으로 '인물의 모습과 성격에 대한 개념 설명을 다음과 같이 추론하여 작성하여 보았다[48].

이야기에서 인물은 꼭 필요합니다. 인물을 이해하기 위해서 인물의 모습과 성격을 상상합니다. 인물의 모습과 성격을 생각그물을 이용하여 나타내도록 합시다. 생각그물을 이용하면 이야기에 나오는 인물의 모습과 성격을 한눈에 알기 쉽게 정리하여 나타낼 수 있습니다. 인물의 모습을 알 수 있는 장면이나 말, 대화, 행동이나 생각을 살펴보면 인물의 성격을 알 수 있습니다.

〈자료 56〉 재구성한 설명하기 수업 장면

위의 추론 자료는 설명의 기본 요건 중 하나를 위배하였다. 진정한 의미의 설명이 되려면 설명 내용과 방법이 상호 조화를 이루어야 한다(이병석, 1999: 108~122)[49]. 설명 내용에는 개념, 요소, 원리, 절차, 법칙이 해당되고, 설명 방법에는 실물과 행동, 모형, 그림, 예화, 도표, 알고리즘, 언어나 상징을 이용한 묘사 등이 해당된다. 직접 교수 수업 지도안을 보면, 설명 내용은 있으나 설명 방법이 없다. 설명 내용에 해당되는 '인물', '인물의 모습', '인물의 성격'에 대한 언급은 있으나, 이러한 설명 내용을 설명하는데 필요한 '실물과 행동, 모형, 그림, 예화, 도표, 언어나 상징' 자료가 없다.

차시 학습 목표에 대한 설명이 전제되지 않은 이러한 수업은 학생에게 불안감을 조성하여 주의집중을 방해한다. 설양환 외(2004: 136~137)에 따르면, 대부분의 학생은 학습 초기에 학습 목표와 관련된 개념, 기능, 행동에 대한 배경 지식이 없는 상태에서 학습에 임한다고 한다. 때문에 학업 성취도를 미리 알지 못하는 학생들은 심리적 불안을 느껴서 주의집중에 어려움을 겪는다고 한다. 위의 자료에는 학업성취 도달도에 대한 예시 자료가 없다는 점에서 학생들이 심리적으로 불안한 가운데 수업에 임하고 있다는 것을 추론할 수 있다. 이러한 문제를 극복하려면 칠판에 학업 성취 사례를 몇 가지 제시하고, 단순 암기하는 수준의 활동부터 그리기, 설명하기, 정보 이용하기 등과 같이 보다 심화된 수준의 활동을 해야 한다.

다) 시범 보이기 부분의 수업 분석과 해석

① 분석

교 사	여러분에게 인물의 성격, 인물의 모습과 관계되는 그런 내용을 가지고, 선생님이 마인드맵으로 나타내는 방법을 보여 줄 거예요. ㉠엄연주와 유시열을 구출하기 위해서, 탈출시키기 위해서 우리는 이 마인드맵을 잘 해야 됩니다. 선생님이 그릴 내용은 여러분이 여기 같이 읽었던 혹부리 할아버지, 혹부리 할아버지와 관계있는 그런 내용입니다. 제일 먼저, 커다란 원을 하나 그리죠. 너무 큰 원을 그리지 않고, 좀 제목을 넣을 수 있는 크기의 원을 하나 그립니다. 선생님이 한 번 그려 볼게요. 이렇게 원을 그렸습니다. 자, 이 속에 선생님이 무엇을 넣을 것 같아요?
학 생	제목.
교 사	㉡제목? 그래요. 제목을 넣으면 되겠죠? ⑥혹부리 할아버지. 제목을 쓴 다음에 큰

	가지를 만드는 거죠. 큰 가지를 하나 만들겠습니다. 하나를 만들고, 그 다음에 또 하나를 만들겠어요. ⑦그러면 여기에는 어떤 내용을 써야 할까요? ⓒ여기다가는…….
학 생	모습, 성격…….
교 사	⑧인물의 모습? 인물의 성격? ⓔ성격 좋습니다.

〈자료 57〉 시범 보이기 수업 장면

이 수업의 목적은 시범 보이기이다. 여기에서는 상호주도의 시범 보이기 수업을 하였다. 안내하기 수업대화를 사용하여 시범 보이기 관련 내용을 사전에 공지하였고(①), 유머화법을 사용하여 즐거운 학습 분위기를 조성함과 동시에 문제 상황을 흥미 있게 제시하여 학생의 주의를 끌면서 학생 참여를 유도하였다(②, ㉠). 또 생각을 함께 말로 중얼거리는 ta 기법과 추론하기 수업 대화를 사용하여 마인드맵 작성 방법을 시범 보이고 있다. 여기서 새내기 교사와는 다른 수업 운영 방식을 관찰할 수 있다. 상호주도 시범 보이기를 할 때에 추론 과제를 제시하면서 학생 반응에 맞장구를 치거나(㉡), 추론 과제를 제시한 후에 학생 반응이 부족하면 기다리거나 실마리를 제공하면서 학생 반응을 유도하고, 기대하는 반응이 나오면 맞장구를 치면서 격려를 한다.

② 해석

이 수업 장면에서는 교사와 학생의 상호주도 시범이 돋보인다. 교사가 사고 구술법을 사용하여 마인드맵 작성 방법을 학생에게 시범보이면서 학생 동참을 유도하였다. 허용적인 분위기에서 학생의 추론을 유도하고 장려하는 상호주도 시범이었기에 학생이 흥미를 느끼면서 참여하였다.

이 수업 동영상은 두 가지 부분에서 개선의 여지가 있다. 시범보이기와 교사와 학생의 책임이양이다. 이 수업 장면에서는 Duffy, Roehler, & Herrman(1988)가 제시한 ①생각을 혼자 중얼거리는 TA(Thinking Aloud) 기법, ②교사와 학생이 함께 중얼거리며 서로 대화를 하는 ta(talking aloud) 기법, ③일체 말을 하지 않고 행동 시범을 보여주는 PM(Performance Modeling)[50] 기법 중 함께 중얼거리며 대화를 하는 ta(talking aloud) 기법이 관찰되었다(④~⑧).

문제는 이 수업 동영상의 시범 보이기가 차시 학습 목표와는 거리가 있는 부적절한 자료라는 것이다. '이야기에 나오는 인물의 모습이나 성격을 상상하여 말과 글로 표현할 수 있다.' 라는 차시 학습 목표와 관련된 내용을 시범을 보인 것이 아니라 '마인드맵' 사용 방법만을 시범보이고 있기 때문이다(④~⑧). 물론 마인드맵을 활용한 인물의 성격과 모습 파악이므로, 마인드맵 활용 방법을 시범보인 것은 문제가 되지 않는다. 다만 이것을 기반으로 인물의 모습이나 성격을 파악하는 사고 구술법[51]을 시범 보이지 않았기 때문에 문제가 된다. '혹부리 영감' 이라는 읽기 자료를 학생과 함께 읽거나 읽은 후에 TA, ta, PM 기법을 활용하여 인물의 '성격' 과 '모습' 을 찾아내는 사고 과정을 시범보이지 못하였다.

책임이양에 따른 교사와 학생의 역할 교대가 명확하지 않고, 그에 따른 수업대화도 관찰되지 않았다. 설명과 시범은 교사주도의 활동에서 주로 사용되는 교수 전략이다. Tompkins(2000), Corden(2000)의 책임이양의 절차를 수정 · 보완한 박태호(2006)에 따르면 책임이양 절차에 따른 교사와 학생의 역할교대는 다음과 같다.

	교사주도 ↔ 상호주도 ↔ 학생주도			
수업 흐름	교사주도 학생참관	교사주도 학생 부분 참여	학생주도 교사조력	학생주도 교사참관
교사 역할	전문가 (안내자)	촉진자	상담자	참관자
학생 역할	참관자 (구경꾼)	부분 참여자	초보자	전문가
수업 대화	• 회상 • 열거 • 연계 • 안내와 지시	• 탐구 • 상술 • 질문 • 사색 • 가설 설정	• 논증 • 도전 • 추리 • 증명	• 설명 • 서사 • 묘사 • 평가

【표 89】 책임 이양에 따른 교사와 학생의 역할교대

위의 표에 따르면 수업의 주도권이 교사주도에서 학생주도로 점차 이양된다. 교사주도 수업은 교사주도 학생참관과 교사주도 학생 부분참여로, 학생주도 수업은 학생주도 교사조력과 학생주도 교사참관의 단계로 세분된다. 교사주도 학생 참관의 단계에서 교사는 전문가의 역할을, 학생은 구경꾼의 역할을 한다. 교사주도 학생 부분참여의 단계에서 교사는 촉진자의 역할을, 학생은 부분 참여자와 여전히 구경꾼의 역할을 한다. 학생주도 교사조력의 단계에서 교사는 상담자의 역할을, 학생은 초보자의 역할을 주로 한다. 그러나 여전히 구경꾼이거나 초보자인 학생이 존재하므로 이들에 대해서는 전문가나 촉진자의 역할을 수행해야 한다. 이때에 회상, 열거, 연계, 안내, 시범, 지시와 관련된 수업대화를 사용한다. 학생주도 교사참관의 단계에서 교사는 참관자의 역할을, 학생은 전문가의 역할을 한다. 그러나 여전히 구경꾼, 부분 참여자, 초보자인 학생을 위한 전문가, 촉진자, 상담자의 역할을 수행할 준비를 해야 한다. 이때에 탐구, 상술, 질문, 사색, 가설의 수업대화를 사용한다.

이 수업 장면의 시범 보이기 단계는 교사주도 학생 참관의 단계를 거치지 않고, 교사주도 학생 부분 참여의 단계에서 출발을 하였다(④~⑧). 교사주도 학생 부분 참여의 단계란 대다수의 학생은 여전히 구경꾼의 역할을 하고, 일부 유능한 학생만 교사의 안내와 도움을 받으면서 부분 참여를 하는 단계이다. 즉 교사가 일부 유능한 학생만을 대상으로 수업을 진행한다는 것이다. 수업 동영상에서 교사의 탐구와 질문에 대해 일부 학생만 참여하여 대답을 하는 장면만 관찰된 것은 우연이 아니다. 전 단계에서 회상, 열거, 연계, 설명, 지시, 안내하는 수업대화를 사용하여 인물의 모습이나 성격을 파악하는 교사주도 학생참관의 수업을 했어야 했다.

라) 연습하기 부분의 수업 분석과 해석

① 분석

교 사	①이 내용을, 여러분들이 방금 읽은 내용을, 선생님이 보여 준 마인드맵과 비슷한 모양으로 자세하게 나타낼 수 있겠죠? ②그러면 지금부터 이야기책을 한 번씩 넘겨 가면서 인물의 모습이나 성격이 잘 나타나 있는 부분을 찾아보는 겁니다. 할 수 있겠죠?

〈자료 58〉 연습하기 수업 장면

이 교사는 자신이 시범 보인 마인드맵을 학생이 직접 그려보게 안내하고 있다. 교실에 있는 책을 한 권 선정하여 읽고, 문제를 내어 내용을 파악한 다음, 마인드맵으로 정리해 보는 시간을 갖는다. 여기서 이 교사는 '도전하게 하기' 수업대화를 이용하여 학습 동기를 유발시키고, 학습 참여 의욕을 높이고 있다. (①, ②).

② 해석

이 수업 장면은 직접 교수 절차 중 연습하기에 해당된다. 교사와 학생의 역할교대 측면에서 보면, 학생주도 단계에 해당된다. 학생주도 수업은 다시 학생주도 교사조력의 단계와 학생주도 교사 참관의 단계로 구분할 수 있다. 학생주도 교사조력의 단계에서 교사는 상담자의 역할을, 학생은 초보자의 역할을 수행한다. 이때에 논증, 도전, 추리, 증명의 수업 대화가 사용된다. 학생주도 교사참관의 단계에서 교사는 구경꾼의 역할을 하고, 학생은 전문가의 역할을 한다. 이때에 설명, 서사, 묘사, 평가의 수업대화가 사용된다.

이 수업 장면은 학생주도 단계 중 학생주도 교사조력의 단계에 해당되고, 교사는 상담자의 역할을 수행하고 있다. 상담자인 교사는 논증, 도전, 추리, 증명 관련 수업대화를 사용해야 하는데, 이 수업 장면에는 도전하기 수업대화가 보인다(①, ②). 일상 교실 수업이 교사주도 학생 부분참여나 학생주도 교사조력을 거치지 않고, 교사주도 학생참관에서 바로 학생주도 교사참관의 단계로 진행하는 현실을 고려하면, 교사의 전문성이 돋보이는 수업 장면이라고 할 수 있다.

그러나 위의 장점에도 불구하고 이 수업 장면은 개선의 여지가 있다. 여전히 부분 참여자나 구경꾼인 학생에 대한 배려가 없기 때문이다. 여전히 구경꾼인 학생은 아직도 인물의 모습이나 성격에 대한 개념이나 학습 방법을 모르는 학생이므로 다시 설명하고 시범을 보이면서 학습 활동을 안내해야 한다. 여전히 부분 참여자인 학생은 자기주도 학습이 불가능한 학생이므로 유능한 동료와의 협동 학습을 통해서 인물의 모습이나 성격을 파악하는 활동을 시켜야 한다. 수업 동영상에는 이러한 모습이 보이지 않는다. 이러한 상황을 방치하면, 일부 유능한 학생중심의 수업이라는 비판을 변하기 어렵다.

직접 교수법의 핵심 요소인 목표확인하기, 설명하기, 시범 보이기, 연습하기를 중심으로 수업 동영상을 분석하였다. 목표 확인하기에서는 수업 목표와 관련된 정보를 제공하는 선행조직자 언어 표지를 발견할 수 없었고, 설명하기 부분에서는 설명 자료 자체가 수업 동영상에서 누락되어 있었으며, 시범 보이기에서는 인물의 성격이나 모습을 찾는 유능한 독자의 사고 활동이 아닌 마인드맵 활용 방법만을 시범보이고 있었다. 또 연습하기에서는 '중', '상' 위권 학생만을 배려하였을 뿐 하위권 학생을 배려한 흔적을 찾기 어려웠다.

정리하면 교수·학습 설계 단계에서는 직접 교수 절차에 따라 읽기 수업을 설계하였으나, 실행된 수업 장면에는 직접 교수 절차나 원리 혹은 철학을 반영한 교사의 수업 대화 장면을 관찰할 수 없었다. 연구자는 이 문제를 특정 교사 개인의 문제가 아닌 한국 초등학교 국어 수업 장학 전체의 문제로 보고자 한다. 국어 교과 관련 교육부나 시도교육청 지정 연구학교를 방문하거나 실습 학교를 방문하여 연구부장이나 담당 교사를 면담해 보면, 국어 수업을 모형중심으로 설계를 하고 적용하고자 하며, 그에 따른 수업 원리에 대해서는 관심을 두지 않는다. 이에 후고에서는 단일 교사의 복수 수업 장면에 대한 종단 연구, 복수 교사의 단일 수업장면 에 대한 비교 연구, 복수 교사의 복수 수업 장면에 대한 비교 연구를 통해 부족한 부분을 지속적으로 보완하고자 한다.

【부록 자료 1】

단원	첫째 마당 (2) 내가 만드는 이야기	차시	6/9	지도교사	이○○ 선생님
학습 주제	인물의 모습과 성격 표현하기	대상	1학년	장소	1학년 교실
학습 목표	이야기에 나오는 인물의 모습과 성격을 말과 글로 표현할 수 있다.				
수업 전략	학습 내용 조직	단일 교과 복수 활동			
	학습 집단 조직	대집단 · 일제식 수업			
	중심 활동	개별 활동 → 일대일 활동			

교수 · 학습 과정		기법	교수 · 학습 활동	시간	자료
도입	목표 확인 하기	ICT 활용 학습법	• 동기 유발하기 – 그림을 보고, 무슨 이야기에 나오는 인물인지 말해 봅시다. – 이 그림에 나타난 인물의 모습이나 성격을 상상하여 말해 봅시다. – 읽은 이야기 중에서 생각나는 인물을 말해 봅시다.	5'	그림 자료
	학습 절차 안내 하기	문답법	• 학습 목표 확인하기 – 이야기에 나오는 인물의 모습이나 인물의 성격을 상상하여 쓰거나 말할 수 있다. * 학생이 목표를 이해한 수준을 예를 들어 설명한 다음, 학습 목표를 학생이 확인할 수 있도록 학생이 예를 들어 말하도록 한다. • 학습 절차 안내하기 – 글 읽기 → 인물의 모습과 성격 마인드맵으로 나타내기 → 인물의 모습과 성격 상상해서 말하기		

교수 · 학습 과정		기법	교수 · 학습 활동	시간	자료
전개	전략 설명 하기	ICT 활용 학습법 문답법	• 학습할 전략 내용 이해하기 – 이야기에 들어 있는 여러 가지 내용 중에서 인물은 꼭 필요합니다. 인물을 이해하기 위해서 인물의 모습과 성격을 상상합니다. 인물의 모습과 성격을 생각그물을 이용하여 나타내도록 합시다. 생각그물을 이용하면 이야기에 나오는 인물의 모습과 성격을 한눈에 알기 쉽게 정리하여 나타낼 수 있습니다. * 인물의 모습을 알 수 있는 장면이나 말, 대화, 행동이나 생각을 살펴보면 인물의 성격을 알 수 있습니다.	5'	그림 자료
	전략 시범 보이기	생각 그물	• 읽기 전략 학습하기 – 선생님이 하는 것을 잘 보고 따라하도록 합니다. * 교사는 인물의 모습과 성격을 생각그물로 나타내는 과정을 칠판에 보여준다. – '읽기 자료①'을 읽고 어떻게 생각그물을 하는지 주의 깊게 살펴보도록 합니다. * 교사가 하는 것과 동일한 방법으로 학생들이 해야 하기 때문에 학생들이 집중하도록 안내한다. '읽기 자료①'을 읽으면서 인물의 모습이나 성격을 알 수 있는 부분을 찾아 인물의 모습과 성격을 말하면서 생각그물로 나타낸다. * '읽기 자료①'을 먼저 해결한 학생은 '읽기 자료②'를 스스로 해결해 보도록 안내한다.	5'	읽기 자료 ① 읽기 자료 ②
	전략 연습 하기	학습지 활용법	• 글 읽고 내용 파악하기 – 글을 읽고, 문제를 만들어 봅시다. * 학생들이 준비해 온 이야기책이나 학급 문고를 짝과 바꾸어 읽도록 지도한다. 이야기책 대신 읽기 자료③, ④를 활용할 수 있다. * 학생들이 준비한 이야기책을 읽으면서 문제를 만든다. 문제 만들어 쓰기 기능이 미약한	20'	읽기 자료 ③

교수 · 학습 과정		기법	교수 · 학습 활동	시간	자료
			학생은 말로 문제 만들기를 한다. 활동을 하는 중에, 교사는 학습 목표, 학습 내용을 지속적으로 안내해 주도록 한다. • 의사소통하기 – 이야기를 읽고 만든 문제를 바탕으로 이야기에 나오는 인물의 모습이나 성격에 대해서 짝과 이야기를 나눠 봅시다. * 짝과 이야기 나누기를 하거나 모둠별로 이야기를 나눌 수 있다.		읽기 자료 ④
		생각 그물	• 인물의 모습이나 성격을 생각그물로 나타내기 – 여러분이 준비한 이야기를 읽고, 인물의 모습과 성격을 '생각그물'로 나타내어 봅시다. * 생각그물의 예시 자료를 제시하여 학생들이 참고할 수 있도록 한다. * 생각그물용 종합장을 이용한다.		
정리	학습 내용 확인하기	문답법	• 학습 내용 발표하기(전체 학습) – 여러분이 작성한 생각그물을 바탕으로 인물의 모습이나 성격에 대해 발표해 봅시다. * 전체 학생의 학습 결과를 확인하고, 발표를 하는 중에, 교사는 전체 평가를 한다. • 학습 내용 발표하기(개별 학습) – 여러분이 작성한 생각그물을 보고, 인물의 성격에 대한 여러분의 생각과 느낌을 상상해서 말해 봅시다. * 교사는 신속하게 학생들과 의사소통 하면서 학생들의 학습 결과를 확인하여 수행평가 누가기록표에 기록하도록 한다.	5'	누가 기록표
	차시 학습 예고		• 차시 학습 예고하기 및 과제 학습 제시하기 – 새로운 이야기(짧은 이야기)를 읽고, 인물의 모습이나 성격을 찾아 생각그물로 정리하여 선생님께 말하도록 합니다.		

2. 과정중심의 쓰기 수업 동영상 평가와 장학

교실 수업 개선을 위한 노력이 온 · 오프라인에서 활발히 전개되고 있다. 오프라인에서는 시도 교육청이나 연구소 혹은 대학이 주관하여 교실 수업 개선을 위한 워크숍이나 공개 수업을 개최하고, 수업 장학 관련 직무 연수를 개설하여 운영하기도 한다.[52] 온라인에서도 교실 수업 개선을 위한 노력이 활발히 진행되고 있다.[53] 한국교육과정평가원의 교수 · 학습 센터나 각 시도 교육청의 교수 · 학습 센터, 한국교육학술정보원의 에듀넷에는 온라인 수업 장학을 위한 수업 동영상 자료들이 탑재되어 있다.

이러한 동영상 자료들은 주로 '국어 수업'의 독자적 특성보다는 교과 교육학에서 추구하는 좋은 수업의 보편적 특성을 반영하고 있다는 점에서 문제가 된다. 만약 이러한 상황을 용인하거나 방치한다면, '국어'가 배제된 '수업' 중심의 수업 장학이 성행할 것이다. 또 극단적인 경우에는 '국어 수업'의 본질에서 벗어나거나 그것을 왜곡한 수업 동영상이 표준화된 국어 수업 장학 자료의 역할을 할 것이다.

'김 교사의 과정중심 쓰기 수업 동영상'[54] 역시 이러한 문제 상황에서 자유롭지 못하다. 만약 '수업' 요인과 '쓰기' 요인 둘 다 학문 공동체에서 인정하는 '좋은 쓰기 수업'의 조건을 위배하였다면, 과정중심의 쓰기 수업을 왜곡하고 있다면, 부적절한 수업 동영상 자료나 왜곡된 수업 동영상 자료가 표준화된 온라인 수업 장학 자료로 활용되는 셈이다. 이 수업 동영상을 제공한 한국교육과정평가원이 교육 현장에 미치는 영향력을 생각하면, 이 부분에 대한 논의를 더 이상 미룰 수 없다.

이에 좋은 쓰기 수업의 조건을 살펴본 다음, 그것을 바탕으로 김 교사의 과정중심 쓰기 수업 동영상을 평가하고[55], 문제를 발견한 다음에 그에 따른 해결 방안도 모색하고자 한다.

1) 좋은 쓰기 수업의 조건

어떤 쓰기 수업이 '좋은 쓰기 수업' 일까? '좋은 쓰기 수업' 의 조건을 한 마디로 정의하기는 어렵다. '좋은' 이라는 용어 자체가 주관적이고, 상대적이며, '쓰기 수업' 과 관련된 연구자의 교육 철학이나 교육 이론에 따라 '좋은 쓰기 수업' 의 조건에 대한 정의가 달라지기 때문이다.

좋은 쓰기 수업의 조건을 '수업' 의 측면에서 파악하면, '수업 내용, 수업 방법, 수업환경, 수업 평가' 등과 같은 쓰기 수업의 보편적 측면이 중시되고, '쓰기' 의 측면에서 파악하면, '생각열기, 생각엮기, 애벌쓰기, 고쳐쓰기, 발표하기' [56] 등과 같은 쓰기 수업의 독자적 측면이 중시된다. '쓰기' 와 '수업' 은 취사선택의 관계가 아닌 상호보완의 관계에서 파악하는 것이 '쓰기 수업' 을 체계적이고, 효과적으로 설명할 수 있다. 이에 '쓰기' 와 '수업' 을 상호교섭[57]의 관점에서 파악하고자 한다(박태호, 2004). 이 경우, '쓰기' 와 '수업' 두 요인은 상호 대등한 관계에서 협상을 하는데, 때론 긴장 관계를, 때론 보완 관계를 형성한다.

Zemelman, S, Daniels, H., & Hyde A.(1998: 58~65)은 좋은 쓰기 수업의 조건을 상호 교섭의 관점에서 제안하였다. 이들은 현장의 쓰기 수업 관찰 결과를 바탕으로 열 가지 좋은 쓰기 수업의 조건을 제안하였다[58].

위 연구자가 제안한 좋은 쓰기 수업의 조건은 다음과 같다. ㉠모든 학생에게 작문 기회를 제공하는 수업, ㉡학생 스스로 작문 목적을 발견하고 깨닫게 도와주는 수업, ㉢학생이 작문 활동의 주체가 되도록 도와주는 수업, ㉣학생이 과정중심의 접근법에 따라 완결된 한 편의 글을 쓰게 도와주는 수업, ㉤학생이 내용을 생성하고, 조직하게 도와주는 수업, ㉥학생이 글을 쓰고, 고쳐쓰게 도와주는 수업, ㉦한 편의 글을 쓰면서 문법이나 기본적인 작문 능력을 지도하는 수업, ㉧교실을 작은 담화 공동체로 만들어서 다양한 유형의 청자를 제공하는 수업, ㉨범교과 쓰기 활동을 강조하는 수업, ㉩ 학생의 글쓰기 과정을 과학적이고 체계적으로 평가하는 수업이다.

여기에서 '㉠과 ㉡' 은 작문 목적 인식, 작문 체험을 위한 기회 제공에, '㉢' 은 교육학에서 말하는 책임이양의 절차에 따른 교사와 학생의 역할교대에, 'ㄹ, ㅁ, ㅂ, ㅅ, ㅇ, ㅊ' 은 과정중심의 쓰기 교육 프로그램에 해당된다. 과정중심 쓰기 교육 프로그램 요소를 다시 세분하면, 'ㄹ' 은 프로그램 운영면에, 'ㅁ' 은 생각열기와 생각엮기에, 'ㅂ' 은 애벌쓰기와 고쳐쓰기 부분에, 'ㅅ' 은 고쳐쓰기 부분에, 'ㅇ' 은 발표하기 부분에, 'ㅊ' 은 평가하여 고쳐쓰기 부분에 해당된다.

지금까지의 논의를 상호교섭의 관점에서 정리하면, 위 연구자들이 제안한 좋은 수업의 조건을 크게 두 부분으로 구분할 수 있다. 수업 활동 요인과 쓰기 활동 요인이다. 전자에는 'ㄷ' (책임이양에 따른 교사와 학생의 역할 교대)이 해당되고, 후자에는 'ㄹ, ㅁ, ㅂ, ㅅ, ㅇ, ㅊ' (생각열기, 생각엮기, 애벌쓰기, 고쳐쓰기, 발표하기의 순으로 진행되는 과정중심의 쓰기 절차)이 해당된다.

이제 위에서 제시한 좋은 쓰기 수업의 조건을 바탕으로 김 교사의 과정중심 쓰기 수업 동영상을 평가하고자 한다. 다만, 수업 동영상에서 관찰 불가능한 'ㄱ' 과 'ㅈ' 은 제외하고자 한다. 또 논의의 편의를 위해 좋은 쓰기 수업 장면('ㅁ' 의 생각열기, 'ㅇ' 의 발표하기)과 개선해야 할 쓰기 수업 장면('ㄷ' 의 책임이양, 'ㅁ' 의 생각엮기, 'ㅂ, ㅅ' 의 고쳐쓰기)으로 양분하여 살펴보고자 한다.

2) 과정중심의 쓰기 수업 동영상 평가

가) 좋은 쓰기 수업 장면

김 교사의 과정중심 쓰기 수업 동영상 중에서 생각열기와 발표하기 부분은 우수하다. '토론 주제 선정→모둠별 토론→발표' 의 순서로 이루어지는 생각열기 과정은 체계적이고 치밀하다. 또 '발표하기 → 작품집 꾸미고 전시하기' 의 순서로 진행되는 발표하기의 과정도 흥미를 끈다. 학생들은 발표하기 과정에 흥미를 가지고 의욕적으로 참여하였고, 이러한 과정을 겪으면서 독자의 독해 관습이나 기호 등을 자연스럽게 익혔다.

① 생각열기 지도를 중시하는 쓰기 수업

생각열기는 생각을 펼치는 단계이다. 이 단계에서는 생각그물 외에 도 다양한 방법을 사용한다(최현섭 · 박태호 · 이정숙, 2000;이재승, 2004;임성규 · 정미희, 2004). 여기에는 매체를 감상하면서 배경지식 활성화하기, 면담을 하면서 원하는 정보 수집하기, 관찰하면서 중요한 내용 기록하기, 특정 문제에 대한 정보를 구체적으로 조사하기, 관련 자료 읽고 원하는 정보 찾기, 인터넷을 활용하여 원하는 정보 검색하기, 동료나 교사와 의논을 하면서 원하는 정보 찾기 등이 해당된다.

김 교사의 생각열기 지도 방안은 적절하고 타당하다. 김 교사는 학생들이 이미 알고 있는 '선녀와 나무꾼' 이야기를 바탕으로 토론 주제를 제시한 다음[59](①, ②, ③, ⑤, ⑥, ⑧, ⑨), 모둠별 토론을 시켰고(①, ②, ③, ④, ⑤, ⑥), 전체 학생 앞에서 발표하게 하였다(①, ②, ③, ④, ⑤, ⑥).

② 발표하기 지도를 중시하는 쓰기 수업

발표하기는 완성 작품을 다른 사람에게 공표하는 활동이다. 완성된 작품을 학교 신문이나 교지 혹은 지역 사회 신문에 투고할 수 있고, '나도 작가'와 같은 프로그램을 개발하여 학교 방송 시간이나 교실 자유 시간에 친구들에게 들려줄 수 있다. 또 작품집을 만들어 친구와 돌려가며 읽거나 전시할 수도 있다. 작품집을 만들 때에는 컴퓨터나 타자기 등과 같은 인쇄 매체를 이용하여 가급적 책의 형태를 갖추는 것이 좋다(박태호, 2006).[60]

김 교사는 '발표하기' 과정을 두 부분으로 구분하여 운영하였다. '작품 발표하기'와 '작품집 꾸미고 전시하기'[61]이다. 학생들은 이런 활동을 하면서 다양한 유형의 독자를 접하게 된다. 과거에는 교사만이 유일한 독자였고, 학생은 유일한 독자인 교사만을 대상으로 글을 썼으나, 작품 발표 활동을 하면서, 다양한 유형의 독자를 접하게 된다. 학생들은 이것을 바탕으로 독자의 흥미를 끄는 글, 독자의 마음을 사로잡는 글, 독자와 생각을 주고받는 글을 쓰게 되는 것이다.

나) 개선해야 할 쓰기 수업 장면과 방안

김 교사의 수업은 세 가지 측면에서 개선의 여지가 있다. 교사와 학생의 역할 교대가 명시적이거나 체계적이지 않고, 내용 조직하기 부분이 누락되어 있으며, 학생 작품을 과학적으로 진단하고 처방하는 평가와 고쳐쓰기 부분이 미약하다. 이어지는 부분에서는 이러한 문제를 보다 구체적으로 살펴보고, 그에 따른 해결 방안도 모색하고자 한다.[62]

① 활동중심 쓰기 수업의 문제와 개선 방안

최근 구성주의 관점을 수용한 수업 설계와 실천이 강조되고 있다. 구성주의는 지식을 객관적 진리로, 교사를 객관적 진리의 유일한 원천이자 소유자로, 학생을 가득 채워야할 빈 용기로, 수업을 객관적 지식의 전달로 파악하는 객관주의 교육을 강력 반대한다. 대신에 지식을 주관적이거나 상대적인 것으로, 학생을 학습 활동의 주체로, 교사를 학습 활동의 안내자요, 조력자로 파악한다(최현섭 · 박태호 · 이정숙, 2000).

쓰기 수업도 구성주의 패러다임의 영향을 받아 학생중심, 과정중심 수업을 지향하고 있다[63]. Zemelman, S, Daniels, H., & Hyde A., (1998: 57)에 따르면, '과정중심' 의 접근법이 교육 현장에 소개된 이후 교실의 쓰기 수업 상황이 변하였다고 한다. 학생이 글쓰기의 주체가 되어 글감을 선정하고, 과정중심의 쓰기 절차에 따라 글을 쓰는 활동이 크게 증가하였다고 한다. 그러나 급격한 교실 수업 환경 변화에 비해 학생의 글쓰기 능력은 신장되지 못하였다. 원인이 무엇일까? 바로 '교사의 안내나 조력' 이 전제된 '과정중심의 쓰기 수업' 을 교사의 개입이 결여된 학생중심, 활동중심의 쓰기 수업, 즉 방임형 수업으로 오해하였기 때문이다.

우리의 쓰기 수업도 이러한 상황에서 자유롭지 못하다. 1990년대 중반에 박영목(1994, 1995)에 의해 과정중심의 쓰기 교육 이론이 국내에 소개되었고, 이후에 쓰기 수업 관련 연구물이 증가하였다.[64] 또 이에 대한 현장의 반응 역시 긍정적이었으며, 제7차 교육과정에서는 과정중심의 쓰기 교육 이론이 쓰기 교과서 개발의 이론적 기반을 제공하기도 하였다. 그러나 초등학교 교실 수업 장면을 보면, 과연 과정중심의 쓰기 수업이 초등 교육 현장에 뿌리를 내렸는지 확신하기 어렵다(박태호, 2005a)[65]. 쓰기 과정별로 글쓰기를 가르치고 배우는 교사와 학생의 치열한 행위가 보이지 않기 때문이다.

이제 김 교사의 과정중심 쓰기 수업 동영상에 나타난 교수 행위와 학습 행위를 역할 교대의 측면에서 살펴보고자 한다. 이 수업이 진정한 의미의 과정중심 쓰기 수업이 되려면, 차시 학습 목표인 '내가 알고 있는 이야기 꾸며 쓰기'에 필요한 지식, 기능이나 전략, 태도를 가르치고 배우는 행위가 일어나야 하고, 교사주도에서 상호주도를 거쳐 학생주도로 학습이 진행되어야 한다. 만약 수업 중 교사의 개입이 없다면, 학생의 학습도 존재하지 않는 것이다. 교사와 학생 모두 활동만 분주한 것을, 진정한 의미의 교수와 학습 행위로 오해하는 우를 범해서는 안 된다.

– (ㄱ) 책임이양의 절차에 따른 교사와 학생의 역할 교대

Tompkins(2000: 27)는 쓰기 책임이양 절차에 따른 교사와 학생의 역할 교대를 다섯 단계[66]로 설명하였다. 그러나 교사와 학생의 역할 교대가 명시적으로 드러나지 않고, 각 절차의 경계가 명확하지 않아 수업 분석에 그대로 적용할 수가 없다. 이에 일부는 절차를 통폐합하고, 일부는 용어를 수정 · 보완하여 다음의 네 단계로 설정하였다. ①교사주도 학생참관 글쓰기 → ②교사주도 학생 부분참여 글쓰기 → ③학생주도 교사조력 글쓰기 → ④학생주도 교사참관 글쓰기 이다. 이렇게 하면 쓰기 수업의 흐름에 따른 교사와 학생의 역할 교대가 명시적으로 드러난다.[67]

교사주도 글쓰기에서는 교사가 글쓰기 활동의 주체가 되어 글쓰기 과정 전반을 통제한다. 교사는 일제 학습 형태에서 혼자 말하기(Thinking aloud)와 같은 사고 구술법[68]을 활용하여 글쓰기 활동에 필요한 지식, 전략이나 기능, 태도 등을 시범보인다. 여기서 교사는 전문가 혹은 안내자의 역할을 한다.

교사주도 학생 부분 참여의 글쓰기에서도 교사가 글쓰기 과정 전반을 통제한다. 이 부분은 교사주도 글쓰기와 동일하다. 다만 전문가인 교사가 설명을 하거나 시범을 보

일 때에 일부 유능한 학생의 수업 참여가 허용되는 것이 다르다. 교사는 일제 학습 형태에서 주로 함께 중얼거리기(Talking aloud)와 같은 사고 구술법을 활용하여 글쓰기 관련 지식, 기능과 전략, 태도를 시범 보이거나 설명을 한다. 이때에 교사는 촉진자의 역할을 한다.

학생주도 교사조력의 글쓰기에서는 학생이 글쓰기의 주체가 되어 글쓰기 과정 전반을 통제하기 시작하고, 교사는 학생이 요청을 할 경우나 교사 자신이 도움이 필요하다고 판단할 경우에만 개입을 한다. 이때에 교사는 글쓰기에 필요한 지식, 기능과 전략, 태도 요인과 관련한 도움을 구조적으로 제공하고, 관찰하는 상담자의 역할을 한다.

학생주도 교사참관의 글쓰기에서는 학생이 글쓰기의 주체가 더된다. 과정중심의 절차에 따라 글을 쓰고, 글쓰기 과정 전반을 통제한다. 이때에 교사는 구경꾼이나 참관자의 입장이 되어 학생의 글쓰기를 관찰하고, 평가하는 평가자 혹은 비평가의 역할을 한다.

– (ㄴ) 김 교사의 수업에 나타난 교사와 학생의 역할 교대

책임이양의 절차에 따른 교사와 학생의 역할 교대 관점에서 보면, 김 교사의 수업은 교사의 개입이 결여된 활동중심의 쓰기 수업에 가깝다. 외형상 일제 학습에서 소집단 학습을 거쳐 개별학습 체제로 진행되고, 교사와 학생 모두 쓰기 과정마다 분주하게 움직이는 수업 장면을 생각하면 다소 의외의 판정이다. 그러나 자세히 관찰하면 이러한 의문은 쉽게 풀린다. 내용 생성하기 과정을 제외하면, 교사는 학습 활동을 안내하고 지시하는 일에만 분주하고, 학생들은 쓰기 과정별로 학습지를 작성하느라 분주할 뿐, 차시 학습과 관련된 진정한 의미의 교수와 학습 행위는 발생하지 않았기 때문이다. 이러한 양상을 구체적으로 살펴보면 아래와 같다.

생각열기 단계에서는 글감을 선정하고, 글감과 관련된 배경 지식을 생성하거나 활성화시키는 교사주도 학생참관 활동이 관찰된다. 김 교사는 '선녀와 나무꾼' 이야기 중 특정 장면을 활용하여 토론 거리와 방향을 제시하였다. 또 모둠별 토의 후에 전체 학생 앞에서 발표하게 하는 '학생주도 교사조력'이나 '학생주도 교사참관' 활동이 관찰되었다. 이런 점으로 미루어 생각열기 단계에서는 글감 선정, 배경지식 생성과 활성

화가 책임이양의 절차에 따라 명시적이고, 체계적으로 잘 진행되었다고 할 수 있다.

애벌쓰기 단계에서는 책임이양이 체계적으로 이루어지지 않았다. 문단을 글 구조에 맞게 배열하는 활동, 문단의 중심 생각과 뒷받침 생각을 정리하는 활동, 각 문단의 구성 원리에 따라 문장을 쓰는 활동과 관련한 교사와 학생의 체계적인 역할 교대가 명시적으로 드러나지 않는다. 교사주도 학생참관의 단계에서는 '10분 이내로 처음 쓰기를 하면 좋겠다.' 는 활동 지시어만 있을 뿐, 애벌쓰기와 관련된 내용을 설명하거나 시범을 보이는 활동은 아예 존재하지도 않는다. 애벌쓰기 단계에서는 활동 지시자로서의 교사만 존재할 뿐, 차시 학습 관련 내용을 설명하거나 시범보이는 전문가, 학생의 글쓰기를 돕는 촉진자나 상담자로서의 교사는 존재하지 않는다.

고쳐쓰기 단계에서는 교사주도 학생참관과 학생주도 교사조력 활동이 미약하지만 일부 나타나고, 교사주도 학생 부분참여 활동은 전혀 나타나지 않는다. 교사주도 학생조력의 단계는 고쳐쓰기의 방법보다는 고쳐쓰기 원칙이나 주의 사항을 제시하는 선에서 머무르고 있다. 여기서도 교사는 설명과 시범보다는 안내와 지시를 주로 하고 있다. 학생주도 교사조력의 단계에서는 학생이 친구의 글을 보고, 고쳐쓰기 원칙에 따라 자신의 의견을 제시하고 있다. 이 단계는 교사의 개입(설명을 하고 시범을 보이는 전문가, 학생 스스로 자신의 글을 고칠 수 있도록 도와주는 촉진자와 상담자)이 없는 학생중심의 고쳐 쓰기 활동에 해당된다.

고쳐쓰기 수업은 외형상 다른 쓰기 과정에 비해 책임이양의 과정이 비교적 명시적으로 드러난다. 그러나 교사주도 학생참관이나 교사주도 학생 부분참여의 과정을 거치지 않은 책임이양이므로 여전히 문제가 있다. 교사주도 학생참관의 경우, 교사는 학생에게 친구 작품을 평가하거나 고쳐 쓸 때에 주의할 점만을 제시하고 있을 뿐, 작품평가와 다듬기 요소를 구체적으로 지도하지 않았다.

이 수업은 평가와 고쳐쓰기의 방향만을 막연하게 제시하고 있다는 점에서, 교사가 학생에게 책임이양을 명확하게 제시하지 않았다고 할 수 있다. 따라서 외형상으로는 교사주도에서 학생주도 교사조력의 단계를 거쳐 학생주도 교사참관의 단계까지 수업이 진행되고 있지만, 수업 내적인 측면에서 보면 효과는 미약하다고 할 수 있다. 책임이양의 절차는 따르고 있지만, 그 절차에 따른 교사와 학생의 명시적 역할 교대가 존재하지 않기 때문이다.

발표하기 과정에서도 교사주도에서 상호주도를 거쳐 학생주도로 진행되는 수업의 과정이 체계적으로 드러나지 않는다. 그러나 학생들이 매우 익숙하게 활동하는 것으로 보아, 이런 활동을 자주 한 것으로 보인다. 그래서 그런지 책임이양의 절차가 체계적으로 적용되지 않았음에도 불구하고 수업은 매우 잘 진행되었다. 이것을 정리하면 아래와 같다.

	교사주도 학생참관	교사주도 학생 부분 참여	학생주도 교사조력	학생주도 교사참관
생각열기	○	×	○	△
생각엮기	×	×	×	×
애벌쓰기	△	×	×	△
고쳐쓰기	△	×	△	△
발표하기	○	×	×	○

【표 90】 과정중심 쓰기 수업 동영상에 나타난 교사와 학생의 역할교대 양상
(○는 행동 관찰, △는 매우 미약함, ×는 전혀 관찰되지 않음.)

김 교사의 수업을 보면, 생각열기를 제외하고는 주로 참관자(구경꾼)의 역할만을 수행할 뿐, 촉진자나 상담자의 역할을 수행하지 못하였다. 학생 역시 구경꾼의 역할 중에서 일부를 수행하였을 뿐, 참여나 초보자의 역할을 수행하지 못하였다. 또 전문가의 입장에서 수행한 교사의 역할 역시 미진한 부분이 많다. 주로 쓰기 활동에 필요한 주의 사항만을 안내하고 있지, 정작 차시 학습 목표와 관련된 지식, 기능과 전략에 대한 설명과 시범이 없기 때문이다.

다) 내용 조직하기 지도 과정의 누락과 개선 방안

김 교사의 수업에서는 생각엮기 지도 과정은 아예 존재하지 않는다. 김 교사 자신이 동영상에서 밝힌 과정중심의 쓰기 8단계(①생각열기 → ②처음쓰기 → ③글 다듬기 → ④함께 평가하기 → ⑤글 고치기 → ⑥나의 책 계획하기 → ⑦나의 책 만들기 → ⑧선생님과 점검하기)에 따르면, 생각엮기 과정을 거치지 않고, 생각열기 과정에서 바로 애벌쓰기 과정으로 나아간다.

이 부분은 명백한 오류이다. 구슬이 서 말이라도 꿰어야 보배인 것처럼, 학생의 다양한 배경지식을 활성화시켰다고 해도, 그것을 꿰지 못하면 의미가 없기 때문이다. 실제로 김 교사는 생각열기 과정을 '쓰기 과제 확인 → 토의 질문 확인 → 모둠별 토의 → 생각나누기' 의 과정으로 세분하여 열심히 지도한다. 그러나 지도 과정에 비해, 결과는 좋지 않았을 것이다. 다양하고 풍성한 의견을 일정한 원칙에 따라 정리하는 생각엮기의 과정을 거치지 않았기 때문이다.[69] 이러한 방식으로 내용을 조직할 경우에 작문 목적, 독자, 글 구조가 서로 긴밀한 관계를 형성하지 못한다(박태호, 2005a). 이러한 문제를 해결할 수 있는 방안 중의 하나가 우수한 필자의 글 구조 간추리기이다.

라) 감 중심의 쓰기 능력 '진단'과 '처방'의 문제 및 해결 방안

바람직한 쓰기 교육을 위한 전제 조건 중의 하나가 과학적 '진단' 과 '처방' 이다. '진단' 이란 개별 학습자가 직면한 쓰기 저해 요소를 발견하는 것이고, '처방' 이란 이러한 저해 요소를 극복할 수 있는 방안을 제시하는 것이다.

초등학교 교사는 초등학생의 발달 특성(학년별 상, 중, 하 수준)에 비추어 학생의 글을 진단하고, 그에 따라 처방을 할 수 있어야 한다(곽재용, 2000;박태호, 2005). 현장 교사에게 쓰기 수업 설계 시 학생의 발달 특성을 어느 정도 반영하는지 질문을 하면, 주로 '중' 수준에 초점을 두어 설계한다고 한다. 이에 특정 학년의 '중' 수준에 해당되는 학생의 쓰기 작품을 제시하고, 학생의 쓰기 능력을 진단하라고 요구하면, 과학적이고 객관적 자료에 근거해 답을 하기보다는 '감'에 의존하여 답을 하는 경우를 자주 목격한다.[70] 또 4학년 '중' 수준 학생 작품을 해당 학년의 발달 수준에 맞게 고쳐 쓰도록 요구를 하면 역시 머뭇거리는 경우를 자주 본다.

이제 김 교사의 평가하기 수업 장면을 분석할 차례이다. 위에서 바람직한 수업 유형으로 제시한 과학적 진단과 처방 중심의 고쳐 쓰기 수업에 대해 김 교사의 수업은 어떻게 화답하는지 살펴보자.

① 주요 특성법을 활용한 학년별/수준별 발달 특성 진단

김 교사의 평가하기 장면에는 개별 학생의 쓰기 발달 특성을 진단하는 평가 도구가 존재하지 않는다.[71] 아울러 3학년 학생의 쓰기 능력을 진단하는 수업대화도 발견되지 않는다. 동료 작품 평가 시 유의 사항이나, 바람직한 동료 평가 태도에 대한 언급만 있을 뿐이다.

교 사	여러분들이 이제 글을 다듬고 나서 다듬은 글을 함께 평가할 시간입니다. 자, 우리 친구들과 함께 오늘은 ①돌려가며 읽기를 하겠어요. 자, 그러면 다른 사람의 ②글을 읽을 때에 또는 평가할 때에 어떠한 자세를 가져야 되는지 말해줄 사람 있어요? 좋아요. 채은이가 한 번 씩씩하게 이야기해볼까요?
학 생	③존중해야 합니다.
교 사	다른 사람의 글을 존중해야 합니다. 예. 또 있나요? 자, 우리 현욱이는요?
학 생	④다른 사람의 영혼이라서, 함부로 아무데나 던지면 안 됩니다.
교 사	그렇지, 글은 그 사람의 영혼이기 때문에 아주 잘 받들어줘야 한다고 했어요. 자, 또 있나요? 음, 도현이는요?
학 생	⑤다른 사람의 글을 읽을 때 다른 사람의 마음이 상하지 않게 구체적으로 써야 합니다.
교 사	평가내용을 구체적으로 다른 사람의 마음이 상하지 않게 써야 됩니다. 또 단비는 어

	떤 생각이 들어요?
학 생	⑥친구의 글은 영혼이기 때문에 낙서하고, 찢지 않습니다.
교 사	오. 아주 조심해서 다루어줘야 된데요. 세진이는요?
학 생	⑦잘한 점과 고칠 점을 구체적으로 나타내야 합니다.
교 사	좋아요. 그럼 여러분들이 친구의 글을 갖다 읽으면서요, 어 어떻게 하면 더 좋은 글이 될까 여러분들이 평가내용을 포스트잇에다가 아주 구체적으로 써주고요. 그 다음에 배팅스티커를 배팅하겠습니다. 오늘 배팅기준을 확인하겠습니다. 왜 훌륭한 글이 우리 배팅스티커 몇 개를 붙여줘야 되지요?

〈자료 59〉 과정중심의 쓰기 수업 동영상

김 교사는 작품 평가 방안으로 돌려읽기를 제안하면서(①), 학생들에게 돌려읽기의 바른 자세에 대해 물어보았다(②). 그러자 학생들은 '존중해야 한다.' (③), '다른 사람의 영혼이라서 함부로 대하면 안 된다' (④), '마음에 상처를 주면 안 된다.' (⑤), '친구의 영혼이므로 낙서를 하고 찢으면 안 된다.' (⑥), '잘 한 점과 고칠 점을 구체적으로 적는다.' (⑦)와 같은 대답 하였다.

동료 평가의 당위성이나 바람직한 동료 평가 자세에 대한 언급만 있을 뿐, 평가 도구를 구체적으로 사용하는 방법에 대한 언급은 없다. 이 수업은 평가에 대한 교사의 설명과 시범이 없는 수업, 전문가, 촉진자, 상담자로서의 교사 역할이 존재하지 않는 수업이므로, 학생주도의 동료 평가 활동 역시 온전하게 이루어졌다고 말하기 어렵다. 차시 학습과 관련된 동료 평가 방안에 대한 구체적 언급 없이 동료 평가를 요구하였기 때문이다.

이러한 문제를 해결할 수 있는 방안 중의 하나가 바로 주요 특성 평가법을 활용한 학생 작품 진단이다[72]. 주요 특성법은 내용, 조직, 표현으로 구성된 기존의 평가 범주[73] 중 표현 요소를 목소리, 낱말, 문장, 관습의 네 가지 요소로 더욱 세분하여 개발한 평가법이다. 일명 6가지 주요 특성 평가법이라고 한다(Spandel, 2002). 이 평가법은 좋은 작품의 특성이나 요소를 중심으로 하는 평가 방법이다. 여기에는 특정 작품 유형, 작품의 장르적 특성에 부합되는 텍스트 내용이나 형식적 특징, 장르 특성을 반영한 평가 척도, 평가 수준별 작품 표본, 각 표본에 대한 평가 예시 자료 등이 반영된다(Tompkins, 2000: 153~154;진대연, 2004: 504;박태호, 2005).

주요 특성법을 활용하여 초등 학생의 쓰기 교과서 작품을 진단하면, 진정한 의미의 평가를 할 수 있다. 쓰기 교과서 자체가 특정 학년 특정 학생의 쓰기 발달 특성을 온전히 담고 있는 포트폴리오이기 때문이다. 만약 직전 학년 학생이 쓰던 쓰기 교과서를 수준별('상', '중', '하')로 수집하여 활용하면, 현재 가르치는 학생의 작품 수준을 쉽게진단할 수 있다. 또 각 수준의 학생이 겪고 있는 인지적, 사회적, 언어적, 수사적 제약 요인을 미리 파악할 수 있고, 이것을 기반으로 학생개인차를 고려한 쓰기 지도 방안을 설계할 수 있다.

② 주요 특성법을 활용한 학년별/수준별 고쳐쓰기 지도

초등 학생의 쓰기 능력 '진단' 못지않게 중요한 것이 '치료'이다. 학생의 작품을 해당 학년의 발달 특성에 맞게 진단을 했다면, 그에 따라 치료할 수 있어야 한다. 환자를 '진단'만 하고 '치료'할 줄 모르는 의사가 환자에게서 불신을 받는 것처럼, 학생의 쓰기 작품을 '평가'만 하고 '고쳐쓰기' 지도를 할 줄 모르는 교사 역시 학생에게서 불신을 받을 것이다.

김 교사의 고쳐쓰기 수업 장면은 위의 문제 제기에 대해 어떻게 화답하는지 살펴보자.

교 사	여러분들이 지금 애벌쓰기를 했죠? 그런데 글은 한 번에 완성되는 게 아니에요(아니에요 부분은 학생도 같이 대답한다.). ①글은 또 다른 나의 모습이죠? 나를 다듬고 다듬는 것처럼 글도 다듬고, 다듬을수록 훌륭한 글이 되요. ②여러분에게 애벌쓰기 마무리를 하고, 글을 다듬을 수 있는 시간을 3분을 주겠습니다. 글을 다시 읽고, 글을 다듬고요, ③그 다음에 글쓰기 경험표도 함께 작성을 하세요. 시작하세요.

〈자료 60〉 고쳐쓰기 수업 장면

김 교사는 고쳐쓰기의 필요성을 알려준 다음(①), 제한된 시간에 고쳐쓰기를 완성하도록 안내하고(②), 지시하였다(③). 이 수업 장면에서는 고쳐쓰기의 필요성과 운영 시간을 안내하거나 지시하는 교사의 수업대화만 존재할 뿐, 구체적인 고쳐쓰기 요소와 지도 방안에 대한 설명과 시범이 보이지 않는다.

김 교사가 제시한 고쳐쓰기 점검표도 문제가 있다. 표현(목소리, 낱말, 문장, 관습), 내용, 조직 모두 문제가 있다. 표현 요소에서 중요한 부분이 누락되어 있다. 표현 요소를 보면, '①완전한 문장', '②문장 부호', '③뜻이 통하지 않는 문장', '④표현의 재미', '⑤인용 부호', '⑥바른 글씨', '⑦한 칸 들여쓰기' 등이 고쳐쓰기 요소로 되어 있다. 이 요소는 문장(①, ②, ③, ④), 맞춤법(⑤), 관습(⑥, ⑦)과 관련된 요소로, 낱말(적절성, 풍부성, 참신성)이나 목소리(명료성, 다양성, 진실성)가 평가 요소에서 제외되었다.

내용 요소의 중요한 부분도 누락되었다. 점검표에 제시된 내용 요소는 '⑧내용의 일관성'이다. 박태호(2005b)에 따르면, 내용 요소에는 제목, 글감의 구체성, 중심 생각과 뒷받침 생각, 예상 독자의 질문에 대한 답변, 뒷받침 내용의 풍부성과 다양성, 내용의 일관성, 글쓴이의 배경 지식이나 경험 등이 반영되어야 한다. 그러나 내용의 일관성을 제외하곤 모두 누락되었다.

조직 요소도 중요한 부분이 누락되었다. 점검표에 제시된 요소는 '⑨문단 구분'이다. 박태호(2005b)에 따르면, 조직 요소에는 '독자의 흥미와 관심을 끄는 머리글', '글의 짜임(문제와 해결, 원인과 결과, 순서와 나열, 비교와 대조 등)', '뒷받침 내용의 전개 방식(예시, 사실과 통계, 인용 등)' 등이 포함되어야 한다. 그런데 이러한 요소들이 모두 누락되었다.

이러한 문제를 해결할 수 있는 방안 중의 하나가 주요 특성법을 활용한 고쳐쓰기 지도이다. 박태호(2005b)는 Iserhagen & Kozisek(2000)의 연구 방향을 수용하여, 주요 특성법을 활용한 초등 학생의 논술 작품 고쳐 쓰기 지도 방안을 제안하였다. 내용, 조직, 목소리, 문장, 낱말, 관습(띄어쓰기와 맞춤법)의 6가지 주요 특성 요소를 고쳐쓰기 지도 요소로 활용하되, 학습 초기에는 '내용과 조직' → '목소리' → '문장과 낱말' → '관습' 의 순으로 고쳐쓰기 지도를 하고, 다음에는 학생의 쓰기 능력 발달 특성에 따라 부족한 요인을 중심으로 지도를 하자는 것이다.

김 교사가 표방한 과정중심 쓰기 수업은 학문 공동체에서 추구하는 과정중심의 쓰기 수업과 다소 거리가 있다. 김 교사의 과정중심 쓰기 수업은 세 가지 문제를 안고 있다.

첫째, 교사와 학생의 역할교대가 명확하지 않은 활동중심의 쓰기 수업을 하였다. 김 교사는 안내자나 참관자의 역할만 할 뿐, 촉진자나 상담자의 역할을 하지 않는다. 때문에 이 수업은 김 교사의 의도와는 달리 과정중심의 쓰기 수업이 아닌 활동중심의 쓰기 수업으로 변질되었다.

둘째, 내용 조직하기 과정이 누락된 수업을 하였다. 김 교사의 과정중심 쓰기 수업은 내용 생성 단계에서 바로 애벌쓰기 단계로 나아간다. 내용 조직하기는 다양한 내용을 일정한 원칙에 따라 묶거나 분류하는 활동이다. 만약 이러한 활동을 거치지 않는다면, 짜임이 떨어지고, 내용도 산만한 작품이 나올 것이다.

셋째, 과학적 '진단' 과 '처방' 이 결여된 고쳐쓰기 수업을 하였다. 고쳐쓰기 요소가 주로 표현(낱말, 문장, 관습) 요소 중심으로 구성되어 있고, 내용과 조직 요소는 거의 반영되지 않았다. 또 이에 대한 교사의 설명과 시범도 없고, 학생 스스로 점검하는 활동만 있어, 교사의 가르침이 존재하지 않는 '활동중심' 의 고쳐쓰기 수업이 되었다.

이러한 문제에 대한 해결 방안으로 '책임이양의 절차에 따라 교사와 학생의 역할교대를 명시적으로 드러내는 쓰기 수업', '뼈대 간추리기를 활용하여 내 글의 뼈대로 세우는 쓰기 수업', '주요 특성법을 활용하여 학생의 쓰기 능력을 진단하고 처방하는 쓰기 수업' 을 제안하였다.

지금까지 표준 수업 자료로 탑재된 김 교사의 과정중심 쓰기 수업 동영상의 문제점을 분석하고, 해결 방안을 제시하였다. 그러나 미진한 부분도 있다. 단일 교사의 단일 수업 장면을 분석하고 평가한 것이므로, 여전히 김 교사 개인의 문제로 국한되기 때문이다.

【부록 자료 2】 내용생성하기 수업대화

	〈쓰기 과제 확인하기〉
교 사	①자, 이제부터 선생님이 선녀와 나무꾼에서 두 가지 장면을 보여주도록 하겠습니다. ②자, 어떤 장면인지 여러분들이 자기 어깨 짝과 30초 동안 토의를 해볼 거예요. ③근데 어깨 짝과 토의할 때는 우리 몇 센티 목소리로 해야 되죠?
	〈중 략〉
교 사	④나무꾼이 선녀가 목욕하고 있는데 날개옷을 훔쳐가요. 왜 훔쳐갈까요? 이유가 있겠죠? ⑤어, 성호는 어떻게 생각해요?
교 사	⑥보충해보고 싶은 사람 있나요? 송헌재
교 사	⑦노총각인 나무꾼에게 옷을 빼앗긴 선녀의 마음은 어떠했을까요? ⑧자, 유림이가 한번 발표해 보겠어요?
교 사	⑨자, 좋아요. 그럼 이렇게 선녀와 나무꾼 이야기를 이제 바꿔보는 공부를 하는데요, 오늘 여러분들이 해야 할 토의는요, 도깨비 형제들이 가지고 있어요. 그래서 선생님이 도깨비 형제들을 한번 불러보려 그래요.

안내와 지시(①, ②, ③, ⑤, ⑥, ⑧, ⑨) / 회상과 질문(④, ⑦)

	〈모둠별 토의하기〉
교 사	①자, 이제 토의 시작하세요.

안내와 지시(①)

〈토의질문 확인하기〉

교 사	①오늘 도깨비 형제들이 여러분들한테 토의 주제를 가지고 왔어요. 그럼 우리 먼저 한 뿌리의 질문을 씩씩하게 이야기해 볼까요?
교 사	잘 읽었어요. ②자, 이번에는 두 뿌리의 질문을 한번 읽어보도록 할게요.
교 사	③네, 오늘 도깨비 형제들이 가져온 두 가지 주제 중에서 한 가지를 선택해서 모둠별로 열심히 토의를 하고 그 토의한 걸 가지고 글을 써보도록 하겠습니다. ④자, 그래서 오늘 1, 3, 5, 7 홀수 모둠은 한 뿌리의 질문을 가지고 토의를 하세요. 그리고 2, 4, 6, 8 짝수 모둠은 두 뿌리의 질문을 가지고 토의를 해보세요. ⑤먼저 이끔이는 생각 쏙쏙 학습지를 꺼내주고요, 자, 모둠에서 10분을 잘 활용해서 충분한 토의가 나와야만 아주 풍부한 글쓰기가 가능합니다. ⑥어, 또 칭찬이들은 음, 자기 모둠이들이 시간을 잘 지킬 수 있도록 시간을 알려주기 바랍니다.

안내와 지시(①, ②, ③, ④, ⑤, ⑥)

【부록 자료 3】 작품화하기 활동 결과 유형

	〈생각나누기〉
교 사	①자, 여러분들이 어떤 생각들을 했는지 너무너무 궁금합니다. 어떤 토의내용이 나왔는지 한번 발표를 해볼게요. ②자, 선생님이 이제 뭐를 돌릴 시간이 되었냐하면요, 드디어 우리가 기다리고 있던 모둠 선택판을 돌릴 시간이 됐어요. ③자, 선택된 모둠은 어, 이끔이나 또박이가 일어나서 자기 생각을 한번 말을 해보도록 할게요.
교 사	④음, 박수 좀 쳐주세요. 그러면 여러분들이 지금 친구들과 같이 생각 열기를 했는데, 혼자서 할 때 보다 친구랑 같이 협동해서 했어요. ⑤어떤 좋은 점이 있는지 혹시 찾은 사람 있나요? 어떤 좋은 점이 있을 까요? ⑥자, 지수가 한번 발표해 주세요.

안내와 지시(①, ②, ③, ④, ⑥) / 질문과 증명(⑤)

【부록 자료 4】 작품화하기 실제 적용(안양 호성 초등학교)

【부록 자료 5】 이야기 글의 뼈대

이야기 구조 맵 1

배경 :
장소 :
시간 :

↓

인물 :

↓

문제 :

↓ ↔ 시간 :

결과 :

이야기 구조 맵 2

배경 :
장소 :
시간 :

↓

주인공 :

등장 인물 :

↓

문제 :

↓ ↓ ↓

사건1	사건2	사건3

↓ ↓ ↓

결과 :

【부록 자료 6】

불 조 심

①**요즈음 들어 화재 소식을 자주 듣는다.** 그저께도 텔레비전을 통해 화재 장면을 보았다. 사소한 실수 때문에 발생한 화재라고 하기에는 그 피해가 너무 큰 것 같다. 모두 타 버리고 남은 것이라고는 하나도 없었다.

②**화재는 여러 가지 이유로 발생한다.** 아프리카 초원 지대에서 일어나는 불은 단순한 자연 현상으로서 사람의 실수와는 관계없다. 그러나 우리 주변에서 일어나는 대부분의 화재는 사람의

실수로 인하여 발생한다. 사람의 실수만 줄이더라도 화재로 인한 피해는 크게 줄일 수 있다. 화재를 예방하기 위해서 우리가 할 수 있는 일을 구체적으로 살펴보자.

③-1첫째, 집집마다 누전 차단기를 설치해야 한다. 한 콘센트에 여러 전기 기구를 연결하면 지나치게 많은 전류가 흐르게 되고, 이로 인해 화재가 발생한다. 누전 차단기는 전류가 너무 많이 흐를 때에 자동적으로 전류의 흐름을 끊어 주는 장치이다.

③-2둘째, 가스나 석유를 이용할 때에는 반드시 안전수칙을 지켜야 한다. 예를 들어, 석유 난로를 이동하거나 연료를 보충할 때에는 반드시 불이 꺼진 상태에서 해야 한다. 한편, 가스 레인지를 사용한 후에는 밸브를 잠그고, 가스가 새지 않는지 정기적으로 점검해야 한다.

③-3셋째, 아무리 작은 불이라도 신중하게 다루어야 한다. 어른들은 담배 꽁초를 아무 데나 버리지 말아야 하며, 어린이들은 불을 가지고 장난을 하지 말아야 한다.

④화재를 예방하는 방법은 다양하지만, 위에서 우리가 일상 생활에서 실천할 수 있는 것들을 제시하였다. 모두가 화재 예방을 생활화하여 귀한 생명과 재산을 잃는 일이 없도록 해야 한다.

---

(1) 몇 개의 문단으로 이루어져 있는가?

(2) 무엇이 문제인가?

(3) 문제의 원인은 무엇인가?

(4) 문제 해결 방안은 무엇인가?

(5) 예상되는 결과는 무엇인가? 혹은 내 생각은 무엇인가?

【부록 자료 7】 초등학교 4학년 쓰기 상, 중, 하(비판적 분석과 설득)

2) 문제와 해결의 뼈대에 따라 중심 내용을 간추려 봅시다.

문제는?	• 요즘 화재가 자주 발생한다.
문제의 원인은?	•
해결방안은?	• •
결과는?	•

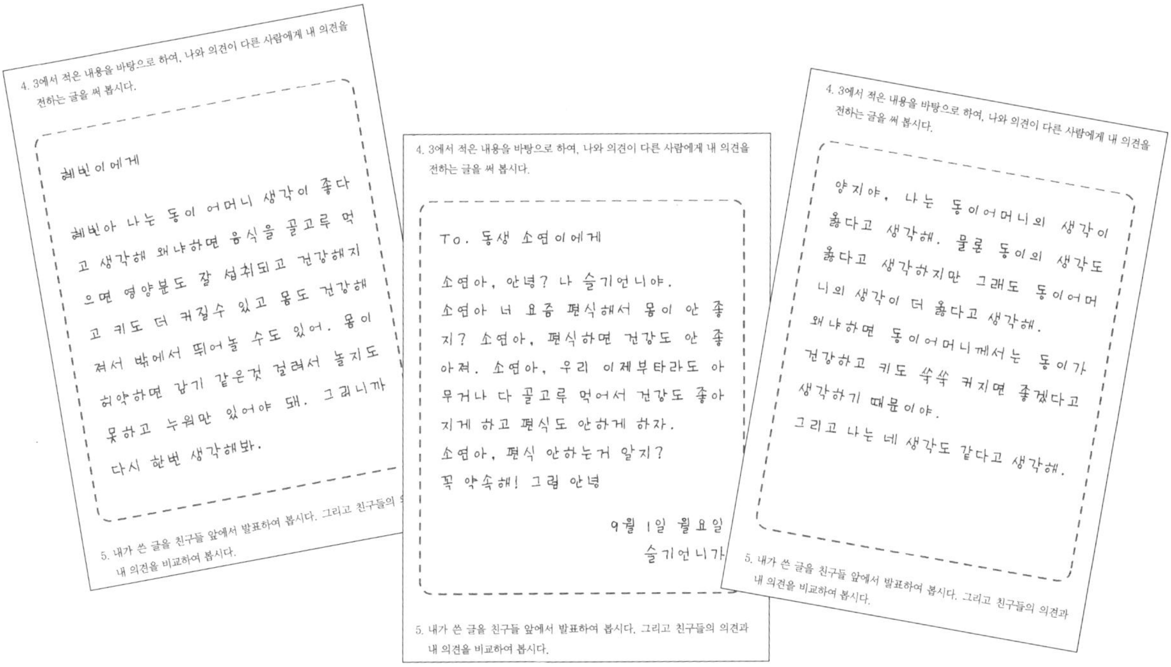

4. 3에서 적은 내용을 바탕으로 하여, 나와 의견이 다른 사람에게 내 의견을 전하는 글을 써 봅시다.

혜빈이에게

혜빈아 나는 동이 어머니 생각이 좋다고 생각해 왜냐하면 음식을 골고루 먹으면 영양분도 잘 섭취되고 건강해지고 키도 더 커질수 있고 몸도 건강해져서 밖에서 뛰어놀 수도 있어. 몸이 허약하면 감기 같은것 걸려서 놀지도 못하고 누워만 있어야 돼. 그러니까 다시 한번 생각해봐.

5. 내가 쓴 글을 친구들 앞에서 발표하여 봅시다. 그리고 친구들의 의견과 내 의견을 비교하여 봅시다.

4. 3에서 적은 내용을 바탕으로 하여, 나와 의견이 다른 사람에게 내 의견을 전하는 글을 써 봅시다.

To. 동생 소연이에게

소연아, 안녕? 나 슬기언니야.
소연아 너 요즘 편식해서 몸이 안 좋지? 소연아, 편식하면 건강도 안 좋아져. 소연아, 우리 이제부타라도 아무거나 다 골고루 먹어서 건강도 좋아지게 하고 편식도 안하게 하자.
소연아, 편식 안하는거 알지?
꼭 약속해! 그럼 안녕

9월 1일 월요일
슬기언니가

5. 내가 쓴 글을 친구들 앞에서 발표하여 봅시다. 그리고 친구들의 의견과 내 의견을 비교하여 봅시다.

4. 3에서 적은 내용을 바탕으로 하여, 나와 의견이 다른 사람에게 내 의견을 전하는 글을 써 봅시다.

양지야, 나는 동이어머니의 생각이 옳다고 생각해. 물론 동이의 생각도 옳다고 생각하지만 그래도 동이어머니의 생각이 더 옳다고 생각해.
왜냐하면 동이어머니께서는 동이가 건강하고 키도 쑥쑥 커지면 좋겠다고 생각하기 때문이야.
그리고 나는 네 생각도 같다고 생각해.

5. 내가 쓴 글을 친구들 앞에서 발표하여 봅시다. 그리고 친구들의 의견과 내 의견을 비교하여 봅시다.

【부록 자료 8】 학년별/수준별 논술 평가표

학년	수준	내용 생성	내용 조직	목소리	낱말 선택	문장의 유창성	관습	계
평가 항목 및 수치		이상-미만	이상-미만	이상-미만	이상-미만	이상-미만	이상-미만	이상-미만
1	상	2.5-3이하	3이하	2.5-3이하	2-2.5이하	2-3이하	2.5-3이하	14-17이하
	중	2-2.5	1.5-2.5	1.5-2.5	1.5-2	2-2.5	1.5-2.5	10-14.5
	하	1-2	1-1.5	1-1.5	1-1.5	1-2	1-1.5	6-10
2	상	3-4이하	2.5-3이하	3-3.5이하	3-4이하	2.5-3이하	3-3.5이하	17-20.5이하
	중	2-3	2-2.5	2.5-3	2-3	2-2.5	2.5-3	13-17
	하	1-2	1-2	2-2.5	1-2	1-2	2-2.5	8-13
3	상	3-4이하	3-4이하	3.5-4이하	3-4이하	3-4이하	3-4이하	18.5-24이하
	중	2.5-3	2.5-3	3-3.5	2-3	2-3	2-3	14-18.5
	하	1.5-2.5	2-2.5	2-3	1-2	1.5-2	1-2	9-14
4	상	3.5-4.5이하	3.5-4.5이하	3.5-4.5이하	3-4.5이하	3.5-4이하	3.5-4이하	20.5-26이하
	중	2.5-3.5	2.5-3.5	3-3.5	2.5-3	2.5-3.5	2-3.5	15-20.5
	하	2-2.5	2-2.5	2-3	1-2.5	2-2.5	1-2	11-15
5	상	3.5-5이하	3.5-4.5이하	3.5-4.5이하	3.5-4.5이하	3.5-4이하	3.5-4.5이하	21-27이하
	중	2.5-3.5	2.5-3.5	3-3.5	3-3.5	2-3	2.5-3.5	15.5-21
	하	2-2.5	2-2.5	2-3	2-3	1-2	2-2.5	12-15.5
6	상	4-5이하	3.5-5이하	3.5-4.5이하	3.5-5이하	3.5-5이하	3.5-5이하	21.5-29.5이하
	중	3-4	2.5-3.5	3-3.5	3-3.5	2-3.5	2.5-3.5	16-21.5
	하	2.5-3	2-2.5	2-3	2.5-3	1.5-2.5	2-3	12.5-16

보충설명

44) 최현섭 외(2001)에서는 훑어보기라는 용어를 사용하였으나 이 연구에서는 훑어 읽기라는 용어로 사용하고자 한다.

45) 직접 교수는 제5차 교육과정의 한계를 보완하기 위해 도입되었다. 당시는 활동중심의 국어 수업을 지향하였지만, 정작 국어 활동의 실체를 이루는 지식, 전략/기능, 태도에 대해서는 구체적이고 명확한 정보를 제공하지 못하였다. 직접 교수는 이러한 한계를 보완하기 위해 등장하였고(이성영, 1996), 제7차 교육과정을 거치면서 국어과의 중요한 교수 · 학습 절차 중 하나로 자리를 잡았다.

46) 세안은 부록 자료 1 참조

47) Borich(2003)는 주의집중 방식 유형으로 ㉠충격 요법 활용 발문, ㉡논쟁 조장 발문, ㉢모순 상황 제시 발문, ㉣호기심 자극 발문의 네 가지를 들었고(박태호 외, 2005: 168~170), 학습 동기 유발 방식으로 ㉠문제 풀기(질문, 연습장, 유인물, 칠판이나 OHP 등), ㉡피드백 제공하기, ㉢칭찬하기, ㉣점검하고 기록하기, ㉤수업대화 사용하기의 다섯 가지를 들었다(설양환 외 역, 2005: 232~256).

48) 동영상을 20분 길이로 편집하여 가상공간에 탑재를 하였다. 이에 연구자는 수업 지도안의 정보를 바탕으로 설명하기 부분을 재구성하였다.

49) 이병석 역(1999)은 좋은 설명식 수업의 예로, ①적절한 시각 자료를 예시 자료로 선택하여 학생의 이해를 촉진시키는 수업, ②학생에게 친숙한 경험이나 배경지식을 예시 자료로 활용하는 수업, ③동일한 내용을 다양한 관점에서 접근하여 해석할 수 있도록 예시 자료를 활용하는 수업, ④하나씩 차근차근 예를 들며 가르치는 수업의 네 가지를 제시하였다.

50) PM 기법에는 학생과 함께 조용히 책 읽기, 웃으면서 책 읽기, 미소 짓기 등이 포함된다.

51) 천경록(2002)은 권정생의 〈강아지똥〉을 대상으로 사고 구술법을 활용하여 예측하기 과정을 시범보이고 있다. 교사는 혼자 중얼거리는 기법이나 함께 중얼거리는 기법을 사용하여 책의 표지를 보고, 이어질 내용을 예측하는 사고 과정을 시범보이고 있다.

52) 공주교대와 충남교육청에서는 교감 · 장학사와 연구사, 교사 대상의 '수업분석 전문가 과정(60시간)'을 개설(2002년)하여 현재까지 운영하고 있다. 초기에는 교감이나 연구사 및 장학사를 대상으로 개설하였으나, 반응이 좋아 교사 대상 연수 과정을 추가로 개설하였다. 교육부와 한국교육학술정보원(2005)은 교수학습 지원단을 발족하여 운영하고 있다.

53) 한국교육학술정보원은 누리집을 활용하여 수업 장학 관련 내용을 서비스하고 있다. 한국교육과정평가원은 사이버 공간에 교수 · 학습 센터를 개설하여 수업 장학 전반을 지원하고 있다. 그밖에도 각 시도 교육청별로 교수 · 학습 센터를 운영하고 있다.

54) 한국교육과정평가원(http://classroom.kice.re.kr/kice/content06/index.jsp) 참조.

55) 이 연구에서는 가상 공간에 탑재된 단일 교사의 단일 수업 동영상을 평가하였다. 때문에 거시 차원, 문화 현상 차원이 아닌 미시 차원, 교육 공학 차원에서 접근하여 평가를 할 수 밖에 없었다. 문화 현상 차원의 국어 수업 평가는 이정숙(2005), 정재찬(2006) 참조. 특히 국어 수업 평가 시 예술 텍스트 비평(반영론적 관점, 표현론적 관점, 효용론적 관점, 존재론적 관점) 원리를 반영하자는 정재찬(2006)의 제안에 공감한다. 이 부분에 대한 연구는 복수 교사의 복수 수업 장면 연구(현장 방문 및 교사 면담 포함)로 미룬다.

56) 최현섭 · 박태호 · 이정숙(2000)은 과정중심의 글쓰기 절차로 생각꺼내기, 생각묶기, 초고쓰기, 다듬기, 평가하기, 작품화하기를 제안하였다. 최명환(2005)은 위의 용어가 우리말 체계와 맞지 않는다고 하면서. '글감찾기, 생각엮기, 애벌쓰기, 고쳐쓰기'를 제안하였다. 이 연구에서는 최명환(2005)의 의견을 따라 '생각묶기'는 '생각엮기'로, '초고쓰기'는 '애벌쓰기'로 대신하고자 한다. 한편, '생각꺼내기'라는 용어는 '생각열기'라는 용어로 대신하고자 한다. '작품화하기'의 경우에는 작품 발표하기의 뜻을 담은 '발표하기'로 대신하고자 한다. 이 연구에서는 과정중심의 글쓰기 용어로 '생각열기, 생각엮기, 애벌쓰기, 고쳐쓰기, 발표하기'를 사용하고자 한다.

57) 최현섭(1995)은 국어교육학의 특성을 보편성, 특수성, 독자성의 개념으로 설명한다. 이 연구에서는 보편성과 특수성의 개념을 원용하였다.

58) 쓰기 평가 요소와 수업 평가 요소를 상호교섭의 관점에서 미시적으로 파악한 연구는 박태호(2004) 참조. 현장 적용과 검토 과정이 남아 있다.

59) 내용생성하기에 관한 김 교사의 수업대화는 부록 자료 2 참조

60) 다양한 유형의 작품화하기 활동 결과물은 부록 자료 3과 4 참조

61) 작품집 꾸미고 전시하기는 박태호 역(2006), 우리교육(2002), 박경순(2005)을 참조.

62) 위의 세 가지 문제 중에서 내용 조직하기와 '평가 및 고쳐쓰기' 관련 부분은 다른 교사의 과정중심 쓰기 수업 장면에서도 확인되었다. 이 부분은 박태호(2005a) 참조. 단정할 수는 없지만, 이러한 현상은 초등 쓰기 수업의 보편적 문제일 가능성이 크다. 충남교육청에서 시행하는 '찾아가는 논술' 연수생(천안 지역 초등 교사 70명)과의 대화에서도 동일한 결과가 나왔다. 장르 특성을 반영한 내용 조직하기 지도 방식이 필요하고, 학생 작품을 해당 학년의 발달 특성에 맞게 평가한 후에 고쳐쓰기를 지도할 수 있는 능력이 필요하다는 것이다.

63) 과정중심 쓰기 수업의 의의와 한계는 박태호(2000), 이재승(2002) 참조.

64) 쓰기 교육 관련 연구물에 대해서는 이재승(2004) 참조.

65) 수업대화를 활용한 과정중심의 쓰기 수업 평가는 박태호(2005) 참조.

66) 시범보이면서 글쓰기(Modeled writing) → 공유하면서 글쓰기(Shared writing) → 상호작용하면서 글쓰기(Interactive writing) → 안내를 받으면서 글쓰기(Guided writing) → 독자적 글쓰기(Independent writing)의 다섯 단계이다.

67) 쓰기 책임이양을 인지적 도제의 관점에서 파악한 연구는 이정숙(1997) 참조. 읽기 책임이양을 국어과 수업모형의 관점에 파악한 연구는 이정숙(2003) 참조.

68) 쓰기 사고 구술법은 최현섭 · 박태호 · 이정숙(2000) 참조, 읽기 사고 구술법은 천경록(2004) 참조.

69) 동영상 수업 장면만을 분석 대상으로 하기 때문에 동영상에서 언뜻 보이는 학생의 쓰기 작품을 평가할 수 없었다. 다만 필자의 교직 경험(11년 3개월)이나 최근 연구 결과를 바탕으로 상황을 예측할 수 있다. 설명하는 글의 뼈대(내용 조직하기)가 제시되지 않은 학습지에 글을 쓴 초등학교 6학년 '상' 수준 학생의 글(박태호 · 강병륜 · 임천택 · 이영숙(2005)과 문제와 해결의 뼈대가 제시된 초등학교 6학년 학생의 글을 비교하면(김기철, 2006), 후자의 글이 전자에 비해 글의 짜임이 탄탄하고, 흐름도 자연스럽다.

70) 충남교육연수원에서 주관하는 '논리로 만나는 직무 연수'(2006년 4월 7일~7월 5일) A반과 B반 수강생 70명을 대상으로 진단을 요청하였다. 대다수의 교사가 머뭇거렸고, 답을 한 일부 교사의 경우에도 막연한 감으로 '중' 혹은 '상'이라고 대답하였다.

71) 고쳐쓰기 점검표가 있으나, 자기 점검표에 불과하고, 실제 학생 발달 특성을 진단하는 평가기준과 채점기준이 보이지 않는다.

72) 박태호(2005b)는 김기철(2004)이 수집한 대전과 충남 지역(시, 읍 · 면, 리지역) 초등학생의 논술 작품 616편1)을 Spandel(2002)이 제안한 6가지 주요 특성법으로 평가한 다음에, 그 자료를 활용하여 학년별.수준별 발달 특성에 맞는 진단 자료를 개발하였다. 이 표를 활용하면, 초등 학생의 발달 특성을 고려한 논술 능력을 진단할 수 있다(부록 자료 8 참조).

73) 내용, 조직, 표현의 평가 범주와 평가 요소에 대해서는 김정자(1992), 원진숙(1995) 참조.

참고문헌

- 강대현 외(2002). "학교 교육 내실화 방안 연구(Ⅱ) 사회과 교육 내실화 방안 연구 – 좋은 수업 사례에 대한 질적 접근 –", 한국교육과정평가원.
- 강병륜 · 박태호(2003). "초등국어과 수업대화 평가 요소"「공주교대논총」 제40집 1호.
- 강인애(1997). 『왜 구성주의인가? – 정보화 시대와 학습자 중심의 교육 환경』, 문음사.
- 경인초등국어교육학회(1995). 『과정중심의 글쓰기 교육 워크숍』, 경인초등국어교육학회.
- 경인초등국어교육학회(1996). 『과정중심의 논술 교육 워크숍』, 경인초등국어교육학회.
- 경인초등국어교육학회(1997). 『자기 주도적 학습을 위한 교수 전략 워크숍』, 경인초등국어교육학회.
- 경인초등국어교육학회(2000). 『국어과 교수 · 학습 모형의 이론과 실제』, 대학사.
- 곽영순 외(2002). "학교 교육 내실화 방안 연구(Ⅱ) 과학과 교육 내실화 방안 연구 – 좋은 수업 사례에 대한 질적 접근 –", 한국교육과정평가원.
- 곽재용(2000). "글쓰기 10단계 수행평가" 『배달말』 제27집, 배달말학회.
- 곽재용(2001). "국어과 쓰기 수행평가 도구 개발" 『초등교육연구』 제11집, 진주교육대학교 초등교육연구소.
- 교육부(2000a). 『초등학교 교사용 지도서 국어 1-2』, 대한교과서.
- 교육부(2000b). 『초등학교 국어 1, 2학년 1, 2학기 읽기 교과서』, 대한교과서 주식회사.
- 교육부(2000c). 『초등학교 국어 3, 4학년 1, 2학기 읽기 교과서』, 대한교과서 주식회사.
- 교육부(2001d). 『초등학교 국어 5-1 읽기 실험용 교과서』, 대한교과서 주식회사.
- 권낙원 역(2001). 『교수 방법』, 원미사.
- 권혁준(1997). 『문학 이론과 시교육』, 박이정.
- 김기철(2005). 초등 학생의 논증하는 글 쓰기 능력 발달 특성 위계 연구, 공주교육대학 석사학위 논문.
- 김도남(2000). "상호텍스트성을 바탕으로 한 읽기 수업 연구" 『한국초등국어교육』, 한국초등국어교육학회.

- 김동환(2004). 사이버 읽기 학습 교재의 교수 발화 분석, 공주교육대학교 대학원 석사학위 논문.
- 김명순(2000). "협동학습의 국어교육적 의의" 『한국어문교육』, 9권 1호, 한국어문교육연구소.
- 김봉순(2000). "학습자의 텍스트 구조에 대한 인지도 발달 연구" 『국어교육』, 제102집, 한국국어교육연구회.
- 김봉순(2001). "구성주의 읽기 교육의 방향에 대한 토론문" 『구성주의와 국어교육』, 한국초등국어교육학회.
- 김영희(1997). 노래, 챈트, 게임이 초등 영어 학습에 미치는 효과, 숙명여자대학교 박사학위 논문.
- 김인혜(1996). 놀이 학습 프로그램이 아동의 사회성 발달에 미치는 영향, 한국교원대학교 석사학위 논문.
- 김재봉(2006). 『초등교사를 위한 글쓰기 화법』, 형설출판사.
- 김재봉 · 염창권 · 천경록 · 임성규 편저(2001). 『초등국어과 교수 · 학습 방법』, 교육과학사.
- 김정자(1994). 쓰기 평가 방법 연구, 서울대학교 대학원 석사학위논문.
- 김정호(2001). 비계설정을 통한 읽기 부진아 지도 방법 연구, 한국교원대학교 석사학위 논문
- 김종서(1998). 『교육과정의 분석』, 교육과학사.
- 김주훈 외(2000). "학교 교육 내실화 방안 연구(Ⅱ)－좋은 수업 사례에 대한 질적 연구－", 한국교육과정평가원.
- 김창원(1995). "읽기 교재의 체계화와 그 적용에 관한 연구" 『한국초등국어교육』, 제11집, 한국초등국어교육학회.
- 김창원(1998). "문학 교수 · 학습의 교육과정론적 조명" 『문학 교수 · 학습 방법론』, 삼지원.
- 김판수 · 박수자 · 심성보 · 유병길 · 임채성 · 허승희 · 황홍섭(2000). 『구성주의와 교과교육』, 학지사.
- 노명완 · 박영목 · 권경안(1991). 『국어교육론』, 갑을 출판사.
- 도형초(2003). 논설문에 나타난 논증 구조 분석 연구 – 제 4차~제 7차 초등학교 교육과정 '읽기' 교과서를 대상으로 – ,공주교육대학교 석사학위 논문.
- 린다 플라워 지음, 원진숙 · 황정현 옮김(1998). 『글쓰기의 문제 해결 전략』, 동문선.
- 문창래(1994). 초등 영어 수업의 게임 활동 효과에 관한 연구, 한국교원대학교 석사학위 논문.
- 민병곤(2004). 논증교육의 내용 연구 – 6, 8, 10학년 학습자의 작문 및 토론 분석을 바탕으로,

서울대학교 박사학위 논문.

- 민현식(2001). “교수 화법론” 『국어 화법과 담화 전략』. 한국화법학회.
- 박경순(2002). 『창의적인 글쓰기로 아름다운 책 만들기』, 한울림어린이.
- 박대응(2005). 학생 수준차를 고려한 과정중심의 쓰기 지도 방안 연구: 교사의 비계 설정 양상을 중심으로, 공주교육대학교 대학원.
- 박선미(1999). “지리적 구성과정에 따른 구성주의 교수－학습의 원리” 『구성주의와 교과교육』, 문음사.
- 박수자(2000). “국어 이해 과정으로서 읽기 전략의 종류와 기능” 『국어 표현 · 이해 교육』, 집문당.
- 박영목 외(1997). 『97 쓰기 영역 교육 과정 내용의 체계화 연구 보고서』, 서울대학교 교육종합연구원 국어 교육연구소
- 박영목(1994). “의미 구성에 관한 설명 방식” 『선청어문』, 제22집, 서울대학교 국어 교육연구회.
- 박영목(1995). “작문 연구의 최근 동향과 전망” 『제6회 국어 교육 연구발표대회 자료집』, 한국국어 교육연구회.
- 박영목(1996). 『국어 이해론』, 법인문화사.
- 박영목 · 한철우 · 윤희원((1996). 『국어교육학 원론』, 교학사.
- 박영목 · 한철우 · 윤희원(1995). 『국어과 교수 · 학습 방법 탐구』, 교학사.
- 박영목 · 한철우 · 윤희원(1999). 『국어교육학 원론』, (주)교학사.
- 박영목 · 한철우 · 윤희원(2003). 『국어교육학 원론』, 교학사. 제2판.
- 박용익(2001). 『대화분석론』, 역락.
- 박용익(2003). 『수업대화 분석과 말하기 교육』, 역락.
- 박인기(1998). “문학 교수 · 학습의 철학적 기초” 『문학 교수 · 학습 방법론』, 삼지원.
- 박진용(2001). 구성주의 읽기 교육의 내용과 방법, 박진용의 국어교육실 홈페이지.
- 박태호 역(2007). 『글쓰기가 술술』, 예쁜 책이 뚝딱, 박이정.
- 박태호(1996). 사회구성주의 패러다임에 따른 작문교육 이론 연구, 한국교원대학교 석사 학위 논문.
- 박태호(1999). “상호교수법의 사회구성주의적 기반” 『읽기수업방법』, 초등국어교육학회.
- 박태호(2000). 『장르중심 작문 교수 · 학습론』, 박이정.

- 박태호(2001a). "초등학교 읽기 교과서와 독서교육의 방향", 한국독서학회.
- 박태호(2001b). "읽기 교육 이론과 제7차 초등학교 저학년 읽기 교과서" 제7차 교육과정의 적용과 독서 교육의 방향, 한국독서학회 제9회 학술발표대회.
- 박태호(2002). "초등국어과 교수 · 학습의 개념과 해석 모형" 『한국초등국어교육학회』, 박이정.
- 박태호(2003). "오 교사의 말하기 · 듣기 수업 대화 목적 분석" 『새국어교육』, 제66호, 한국국어교육학회.
- 박태호(2004). "과정중심의 읽기 수업 분석" 『국어교육학연구』, 제19집, 국어교육학회.
- 박태호(2004a). "좋은 국어 수업을 위한 수업 대화 전략과 수준" 『어문교육연구』, 제13집, 한국교원대학교 어문교육연구소.
- 박태호(2004b). "읽기 수업 분석 요소" 『국어교육학연구』, 제19집, 국어교육학회.
- 박태호(2004c). "과정중심의 쓰기 수업 분석 요소" 『새국어교육』, 제67호, 한국국어교육학회.
- 박태호(2005a). "수업대화 분석과 과정중심의 쓰기 수업 장학" 『국어교육학연구』, 제24호, 국어교육학회.
- 박태호(2005b). "6가지 주요 특성 평가법을 활용한 논술 고쳐쓰기 지도" 『새국어교육』, 제71호, 한국 국어교육 학회.
- 박태호(2006). 『글쓰기가 술술, 예쁜 책이 뚝딱』, 박이정.
- 박태호(2007). "초등학교 과정중심의 쓰기 수업 평가 – 단일교사의 단일수업을 중심으로 –", "새국어교육", 제77호, 한국국어교육학회.
- 박태호(2008a). "수업의 명료성과 국어 수업 사례" 『국어교육학』, 제125호, 한국어교육학회.
- 박태호(2008b). "직접교수 읽기 수업 동영상 평가" 『한국초등국어교육』, 제46집, 한국초등국어교육학회.
- 박태호 · 강병륜 · 임천택 · 이영숙(2003). "국어 표현에 대한 초등학생의 쓰기 특성 및 발달 고찰" 『국어교육학연구』, 제23집, 국어교육학회.
- 박태호 · 강병륜 · 임천택 · 이영숙(2003). "초등학생의 글쓰기 실태 조사와 능력 신장 방안 연구" 『국립국어연구원』 2003-1-10, 국립국어연구원.
- 박태호 · 이수진(2003). "김 교사의 읽기 교수화법 분석: 수업대화 구조를 중심으로" 『교육과정평가연구』 6권1호, 한국교육과정평가원.

- 배향란(1994). 쓰기의 총체적 평가 방법 연구, 한국교원대학교 대학원 석사학위 논문.
- 변영계(2000). 『수업 장학』, 학지사.
- 변홍규(1996). 『질문제시의 기법』, 교육과학사.
- 서 혁(2000). "제7차 초등학교 국어과 교과서에 대한 비판적 고찰: 1, 2학년 실험용 교과서를 중심으로" 『한국초등국어교육』, 제16집, 한국초등국어교육학회.
- 설양환 · 박태호 · 김윤옥 · 김지숙 · 우상도 · 이범웅 · 함희주(2005). 『효과적인 수업 관찰』, 아카데미프레스.
- 설진희(2001). 독일어 수업에서 놀이의 응용 가능성, 서울대학교 대학원 외국어교과 독어교육 전공
- 스튜디오 바프 지음(2005). 『세상에 하나뿐인 나만의 책 만들기』, 넥서스Books.
- 신은수 · 김은정 · 안부금 · 유영의 역(2001). 『놀이와 유아교육』, 학지사.
- 신헌재 · 이주섭(1999). "국어교육과 협동학습" 『한국초등국어교육』, 제15집, 한국초등국어교육학회.
- 심덕보(1994). 『수업분석의 실제』, 예원사.
- 양미경(1999). "교사의 질문 특성 및 역할에 대한 비판적 이해" 『중원인문논총』, 제19집, 건국대학교.
- 양승희(2002). "정서 지능 수준에 따른 유머 활동 경험이 유아의 창의성과 유머 이해 및 표현에미치는 영향" 『학술저널』 제4집, 덕성여자대학교, 145~175쪽.
- 양종모 외(2000). "학교 교육 내실화 방안 연구(Ⅱ) 음악과 교육 내실화 방안 연구－좋은 수업 사례에 대한 질적 연구－", 한국교육과정평가원.
- 연준흠(1997). 내용과 형식 스키마가 독해에 미치는 영향, 한국교원대학교 박사학위 논문.
- 우리교육(2002). 『빛깔이 있는 학급문집 만들기』, 우리교육.
- 원진숙(1995). 『논술교육론』, 박이정.
- 원진숙(2001). "교사 화법 교육의 내용과 방법"『국어교육학연구』, 국어교육학회.
- 원효헌(1997). "교사의 수업 수행 평가 준거의 타당화 연구" 『교육문제 연구』, 제9호, 고려대학교 교육문제 연구소.
- 원효헌(2002). 『수업 평가의 이해와 적용』, 교육과학사.
- 유정애 외(2002). "학교 교육 내실화 방안 연구(Ⅱ) 체육과 교육 내실화 방안 연구－좋은 수업 사례에 대한 질적 연구－", 한국교육과정평가원.

• 유택열(2002). 『수업 연구와 실제』, 교육과학사.
• 윤명옥(1994). 놀이 활동 중심의 초등학교 영어 교수법 연구, 연세대학교 교육대학원 석사학위 논문.
• 이경화(2000). “읽기 전 활동으로 독자의 배경 지식 활성화 방안” 『문학 수업 방법』, 박이정, 한국초등국어교육학회.
• 이경화(2001). 『읽기 교육의 원리와 방법』, 박이정.
• 이경화 · 이수진 · 이창근 · 전제응(2008). 『한글 깨치기 비법』, 박이정.
• 이미정(2003). 게임 학습을 통한 초등 학교 학생의 의사소통 능력 향상, 건국대학교 교육대학원, 석사학위논문
• 이병석 역(1999). 「교수 원리와 실제」. 원미사.
• 이삼형 · 김중신 · 김창원 · 이성영 · 정재찬 · 서 혁 · 심영택 · 박수자(2000). 『국어교육학』, 소명출판.
• 이석주(2000). “좋은 수업 전개를 위한 교과서 내용 분석 재구성 활용 사례” 『교과서 연구』 제34호.
• 이성영(1996). “직접 교수법에 대한 비판적 고찰” 『한국초등국어교육』 제12집, 한국초등국어교육학회.
• 이성영(2000). “글쓰기 능력 발달 단계 연구－초등학생의 텍스트 구성 능력을 중심으로”, 『국어국문학』, 제126집, 국어국문학회.
• 이성영(2001). “구성주의 읽기 교육의 방향” 『구성주의와 국어교육』, 한국초등국어교육학회.
• 이성은(2003). “아동문학교육 : 지식과 감성시대의 총체적 언어활동”, 교육과학사.
• 이수진(2001). 후기 과정중심 작문교육 이론 연구, 한국교원대학교 대학원 석사 학위논문.
• 이수진(2004). “쓰기 수업의 교수 대화 양상 분석”, 한국교원대학교 박사 학위 논문.
• 이용숙 · 조영태(1989). 『국민학교 수업방법』, 배영사.
• 이인제(2001). “국어(읽기) 교과서와 독서 교육: 초등학교 고학년을 중심으로” 제7차 교육과정의 적용과 독서 교육의 방향, 한국독서학회 제9회 학술발표대회.
• 이인제 · 심영택 · 이도영 외(1996). “제6차 교육과정에 따른 초등학교 국어과 교과용 도서 개발 연구”, 『연구 보고』 96-3, 한국교육개발원.
• 이재승(1997). 『국어교육의 원리와 방법』, 박이정.
• 이재승(1999). 과정 중심의 쓰기 교재 구성에 관한 연구, 한국교원대학교 대학원 박사학위 논문.

- 이재승(1999). "제7차 초등학교 국어 교과서의 특징과 과제"『읽기교육의 원리와 방법』, 한국초등국어교육학회, 박이정
- 이재승(2001). "국어과 수준별 수업의 특성과 방향"『새국어교육』 제61호, 한국 국어교육 학회.
- 이재승(2002).『글쓰기 교육의 원리와 방법』, 교육과학사.
- 이재승(2004).『아이들과 함께 하는 독서와 글쓰기 교육』, 박이정.
- 이재승(2005).『좋은 국어 수업 어떻게 할 것인가?』, 교학사.
- 이재승 · 박태호(1999).『제7차 교육과정에 따른 국어과 성취기준과 평가기준 개발 연구: 초등학교 1, 2학년, 성취기준과 평가기준 개발 연구』, 한국교육과정평가원.
- 이정숙(1997). 인지적 도제를 통한 작문 교육 이론 연구, 한국교원대학교 석사학위 논문.
- 이정숙(2003). "국어과 교수학습 모형의 탐색과 방향"『한국어문교육』, 제12집, 한국교원대학교 어문교육연구소.
- 이정숙(2005). "문화현상으로서의 국어수업 비평"『한국초등국어교육』, 제29집, 한국초등국어교육학회.
- 이주섭(1998). "구성주의와 읽기 교수－학습 이론"『구성주의와 교과교육』, 문음사.
- 이주섭(2001). "상황맥락을 반영한 말하기 · 듣기 교육의 내용 구성에 관한 연구", 한국교원대학교 박사 학위 논문.
- 이주섭(2002). "국어과 교육 내실화 방안 연구: 좋은 수업 사례에 대한 질적 접근"『학교 교육 내실화 방안 연구(Ⅱ)』, 연구보고 RRC2002－4－2, 한국교육과정평가원.
- 이주연(1999). 초등 영어 교육의 게임 활용 방안, 명지대학교 교육대학원 영어교육 석사학위 논문.
- 이주행 · 박경현 · 민현식 · 이경우 · 이삼형 · 박수자 · 권순희(2004).『교사 화법의 이론과 실제』, 역락.
- 이창덕 · 임칠성 · 심영택 · 원진숙(2000).『삶과 화법 － 행복한 삶을 위한 화법 탐구』, 박이정.
- 이학주(1993). "교육학 연구 방법과 교과 교육"『인천교육대학교 교과교육 세미나 자료집』.
- 이화진 외(2001). "제7차 교육과정 적용에 따른 수준별 수업 자료 개발 연구"『한국교육과정평가원 연구보고서 RR 2001－14－1』, 한국교육과정평가원.
- 임성규 · 정미희(2004). "쓰기 교육에서 전략의 의미와 적용",『한국초등국어교육』, 제25집, 한국

초등국어교육학회.

- 임천택(1999). “독서 교육에서 구성주의 관점의 수용과 의의” 『새 국어교육』, 새 국어교육학회.
- 임칠성(2003). 『화법연구 5 교사의 화법』, 한국화법학회. 49쪽.
- 임칠성 · 심영택 · 원진숙 · 이창덕(2004). 『교사화법 교육』, 집문당.
- 장수경 옮김, 고든 루이스, 귄터 베슨 지음(2001). 『게임으로 가르치는 초등영어』, 범문사.
- 장은아(1999). 수업 중 교사 · 학생의 대화 전략, 한양대학교 교육학 석사 학위논문.
- 정구향 외(1988). 『국어과 수준별 교육과정 적용 방안과 교수 학습 자료 개발 연구』, 한국교육과정평가원.
- 정미아(2000). 게임을 통한 영어 능력 신장, 동아대학교 대학원 석사학위 논문
- 정재찬(2006). “국어 수업비평론” 『국어교육학연구』, 제25집, 국어교육학회.
- 조난심 외(1997). 『제7차 교육과정 개정에 따른 수준별 교육과정 편성 및 운영 방안에 관한 연구』, 한국교육개발원 교육과정개정연구위원회.
- 조난심 · 양정모 · 유정애 · 정미경 · 강연자 · 김수천 · 정미란(2001). 『학교교육 내실화 방안 연구(Ⅰ)－교육과정과 수업 운영을 중심으로』, 한국교육과정평가원 연구보고RRC－2001－10.
- 조벽(2001). 『조벽 교수의 명강의, 노하오 & 노와이』, 해냄.
- 조영달(1998). “교과 교실 수업 연구의 학문 동향과 학술 연구 발전 방향: 질적 연구를 중심으로” 『교육인류학연구』, 교육인류학회.
- 조영달(2001). 『한국 중등학교 교실 수업 이해』, 교육과학사.
- 주삼환 · 이석열 · 김홍운 · 이금화 · 이명희(1999). 『수업과 관찰과 분석』, 원미사.
- 진대연(2004). “한국어 쓰기 능력 평가에 대한 연구” 『국어교육학연구』, 제19집, 국어교육학회.
- 채은영(2004). 초등학교 교사의 국어 수업대화 비교 · 분석 연구, 공주교육대학교 석사학위 논문.
- 천경록(2004). “사고 구술법 활용이 초등 학생의 독해에 미치는 효과” 『국어교육학 연구』, 제19집, 국어교육학회.
- 천경록 · 이재승(1997). 『읽기 교육의 이해』, 우리교육.
- 최명환(2005). “글쓰기 수업 평가” 『한국초등국어교육』, 제27집, 한국초등국어교육학회.
- 최승현 외(2002). 『학교 교육 내실화 방안 연구(Ⅱ) 수학과 교육 내실화 방안 연구－좋은 수업 사

례에 대한 질적 접근 –』, 한국교육과정평가원.

- 최영환(1998). "국어교육에서 새로운 패러다임의 수용 방안" 『국어교육학연구』, 국어교육학회.
- 최영환(1999). "국어과 교수 · 학습 모형의 내용 체계화 방안" 『국어교육학연구』, 제9집, 국어교육학회.
- 최영환(2000). "언어 이해의 본질과 특성" 『국어 표현 · 이해 교육』, 집문당.
- 최영환(2006). 『기적의 받아쓰기』, 길벗스쿨.
- 최윤원 외(2002). 『학교 교육 내실화 방안 연구(Ⅱ) 영어과 교육 내실화 방안 연구 – 좋은 수업 사례에 대한 질적 접근 –』, 한국교육과정평가원.
- 최정숙(2002). 놀이를 통한 교수 · 학습이 초등학교 아동의 학습 태도 및 학업 성취에 미치는 효과 연구, 대구대학교 교육대학원 석사학위 논문.
- 최진희(1997). 수업 담화 분석을 통한 교사와 학생의 발화 특성에 관한 연구, 서울대학교 교육학 석사학위 논문.
- 최현섭 · 박태호(1994). "과정중심의 전략적인 글쓰기 지도 방안" 『한국초등국어교육』 제10권 1호, 한국초등국어교육학회.
- 최현섭 · 박태호 · 이정숙(2000). 『구성주의 작문 교수학습론』, 박이정
- 최현섭 · 박태호 · 이정숙 · 이수진(2003). 『과정중심의 쓰기 워크숍』, 역락.
- 최현섭 · 최명환 · 노명완 · 신헌재 · 박인기 · 김창원 · 최영환(2001). 『국어교육학개론』, 삼지원.
- 최현섭 · 최명환 · 신헌재 · 노명완 · 박인기(1995). 『국어교육학의 이론화 탐색』, 일지사.
- 충청남도보령교육청(2001). 『수업분석의 방법과 실제』, 충청남도보령교육청.
- 하영철(2002). 『수업지도의 실제』, 동현출판사.
- 한국교육개발원 교육과정 개정 연구 위원회(1997). 『제7차 국어과 교육과정 개발 연구』, 한국 교육개발원.
- 한국교육과정평가원 국어교육연구실(1998). 제7차 국어 교과서 단원 구성: 초등학교 국어 교과서 집필진 협의 자료, 한국교육과정평가원 국어교육연구실.
- 한국초등국어교육연구소(1999). 『구성주의와 교과교육』, 문음사.
- 한철우 · 박진용 · 김명순 · 박영민 편저(2001b). 『과정중심 독서지도』, 교학사.

- 한철우 · 박진용 · 김명순 · 박영민(2001a). 『(7차 국어과 교육과정을 위한) 문학 중심 독서 지도』, 대한교과서.
- 한철우 · 천경록(1996). 『독서지도 방법』, 교학사.
- 한형식(1996). 『좋은 수업의 조건』, 교육과학사.
- 홍경숙(1989). "Ausubel의 선행조직자 구성을 위한 실험적 연구 – 구체성과 추상성을 중심으로", 이화여자대학교. 석사 학위 논문
- 홍용희 역(1995). 『어린이들의 학습 발달에 비계 설정 : 비고스키와 유아교육』, 창지사.
- 홍종선(2004). 과정중심의 쓰기 수업대화 분석, 공주교육대학교 대학원
- 홍종선(2004). 과정중심의 쓰기 수업대화 분석, 공주교육대학교 대학원 석사학위 논문.
- 황윤환(1999). "교수–학습 이론으로서의 구성주의" 『구성주의와 교과교육』, 문음사.
- Au, K. H., & Raphael, T. E.(1998). Curriculum and teaching in literature based program, in T. E. Raphael & K. H. Au(eds), Literature based instruction : Reshaping the curriculum, Norwood, MA : Christopher Gordon Publisher, pp. 123~124.
- Bamburg, J.(1994). Raising expectations to improve student learning, Oak Brook IL : North Central Regional Laboratory.(ERIC Document Reproduction Service No. ED 378~290.
- Bean, T., Sorter, J., Singer, H., & Frazee, C.(1986). Teaching students how to make predictions about events in history with graphic organizer plus options guide, Journal of reading, 29, pp. 739~745.
- Borich, G, D.(2003). Observation Skills for Effective Teaching, NJ : Merril/Prenrice Hall.
- Brauldi, A. C. (1998). Classroom question, ERIC Digest, College Park, MD : ERIC Clearing house on Assessment and evaluation.(ERIC Reproduction Service no ED 422 407).
- Brophy, J. & Good, T.(1986). Teacher behavior and student achievement. in M. C. Wittrock(ed.), Handbook of research on teaching (3rd ed), New York : Macmillian, pp. 328~375.
- Brophy, J. (1981). Teacher Praise : A functional analysis, Review of educational research, 51, pp. 5~32.

- Brophy, J.(1999). Teaching, educational, practice series, Monograph no. 1. International Bureau of education, Available at http://www.ibe.unesco.org/international/publications.
- Brown(1995). Principles of language learning and teaching, Englewood Cliffs, NJ : Prentice Hall.
- Cambourne, B.(2000). Conditions for Literacy Learning : Observing literacy learning in elementary classroom : nine years of classroom anthropology, The Reading Teacher, 53(6), pp. 512~515.
- Carnine, D. W., Silbert, J., Kame'enui, E. J., & Tarver, S, G.(2004). Direct reading instruction, Upper Saddle River, NJ : Pearson.
- Cherlyn Sunflower(1993). 75 Creative ways to publish student's writing. Scholastic INC. 박태호 역(2006). 글쓰기가 술술 예쁜 책이 뚝딱, 박이정.
- Clark, H, H., & Schaefer, E.F.(1989). Contributing to discourse. cognitive science, 13, pp. 259~254.
- Corden, R.(2000). Literacy and learning through talk : strategies for the primary classroom. Open university press.
- Cornett, C. E.(1986). Learning through laughter : humor in the classroom, Bloomington, in phi delta Kappa Educational Foundation.
- Costa, A.(1984). Mediating the metacognitive, Educational Leadership, 42(3), pp. 57~67.
- Courtney B. Cazden.(1988). Classroom Discourse : The Language of Teaching and Learning, Heinemann.
- Cruickshank, D. (1985). Profile of an effective teacher. Educational Horizons, pp. 90~92.
- Dillon, D.(1988). Questioning and discussion : A multi-disciplinary study, Norwood, NJ : Ablex Publishing.
- Duffy, G., Roehler, L.(1989). The tension between information-giving and mediation : perspectives on instructional explanation and teacher change. in J. Brophy(ed) Advanced in research on teaching, vol 1,Greenwich, CT : JAI Press, pp. 1~33.

- Duffy, G., Roehler, L., & Herrman, B.(1988). Modeling mental process helps poor readers become strategic readers. The Reading Teacher, 41(8), pp. 762~767.
- Fitzgerald, J.(1992). Towards knowledge in writing : illustration from revision studies, NY : Springer Verlag.
- Flanders, N.(1970). Analyzing teacher Behavior reading, MA : Addison-wesley.
- Florio-Ruane, S.& Timothy, L(1989). "The role of instruction in learning ti write", in Brophy(ed) Advance in research on teaching, Greenwich, Connecticut : JAI press
- Florio-Ruane, S.& Timothy, L.(1989). "The role of instruction in learning ti write", in Brophy(ed) Advance in research on teaching, Greenwich, Connecticut : JAI press
- Flower, L.(1994). The construction of negotiated meaning, Southern Illinois University Press.
- Fountas, I. C., & Pinnel, G. S. (2000). Guiding Readers and writers : grade 3-6. Heinemann.
- Frager, B, & Walberg, H.(eds). (1991). Educational Environment : evaluation, antecedents, and consequences, New York : Pergamon.
- Gail E. Tompkins(2001). Literacy for the 21st century : a balanced approach. Merrill Prentice Hall.
- Gall, M.(1984). Synthesis of research on questioning, Educational design, Orlando, FL : Harcourt Brace.
- Gallagher, J.,and Aschner, M.(1963). A preminary report on analysis of classroom interaction. Merrill-Palmer Quartely, 9, pp. 183~194.
- Gange, R., Briggs, L., & Wagner, W.(1992). Principles of instructional design, New York : Holt, Rinehart & Winston.
- GraBe, W. & R. Kaplin.(1996). Theory and Practice of writing, London and New York : Longman.
- Graeser, A. C., Pearson, N. K., & Magliano, J.P.(1995). Collaborative dialogue patterns in naturalistic one to one tutoring, Applied Cognitive Psychology, 9, pp. 359~387.

- Graesser, A. C., Bowers, C., & Hacker(1997). "An anatomy of naturalistic tutoring" in Hogan, K, & Pressley, M.(eds), Scaffolding student learning : instructional approach and issues, Brookline Books.
- Graves G., & Graves B.(2003). Scaffolding reading experiences : designs for student success, Norwood, MA : Christopher-Gordon Publishers.
- Green, J. L. & Wallat, C.(1981). "Mapping instructional conversation : A sociolinguistic Ethnography and language in educational settings. New Jersey : Norwood Ablex Pub. Corp, pp. 161~206.
- Guilford, J.(1956). The structure of intellect. Psychological Bulletin, 543, pp. 267~293.
- Herber, H.(1978). Teaching reading in content areas(2nd ed), Englewood Cliffs, NJ : Prentice Hall.
- Hogan, K, & Pressley, M.(1997). Scaffolding student learning : instructional approach and issues, Brookline Books.
- Holt, Rinehart & Winston.
- Hume, G. D., Evens, M. W., Rovick, A, & Michael, J. A.(1996). Hinting as a tactic in one-on-one, The Journal of Learning Science, 5, pp. 23~47.
- Hume, G.D., Evens, M. W., Rovick, A, & Michael, J.A.(1996). Hinting as a tactic in one-on-one. The Journal of Learning Science, 5, pp. 23~47.
- INTASC, Interstate New Teacher Assessment and Support Consortium, <online>, available, http://www.ccsso.org/intascst.
- Irene C, Fountas & Gay Su Pinnel(2000). Guiding readers and writers : grade 3-6.
- Isernhagen, J., Kozisek, J.(2000). Improving students' self-perceptions as writers. Journal of school improvement, v(2), 3-4 EJ623675
- Isernhagen, J., Kozisek, J.(2000). Improving students' self-perceptions as writers. Journal of school improvement, v(2), 3-4 EJ623675
- Kathleen Hogan & Michael Pressley(1997). Scaffolding student learning : instructional

approach and issues. Brookline Books.

- Kinsvatter, R., Wilen, W.,& Ishler, M.(1988). Dynamics of effective teaching. New York : Macmillan Co.
- Kounin, J.(1970). Discipline and group management in the classroom. New York : Holt, Rinehart & Winston.
- Land, M.(1987). The international encyclopedia of teaching and teacher education, NY : Pergamon, pp. 392~397.
- Lepper, M. R., Aspinwall, L. G., Mumme, D. L., & Chabay, R. W.(1990). self-perceptional and social-preception processing in tutoring : Subtle social contorol strategies of perecpert tutors, in J. M. Olson & M. P. Zana(Eds), Self-inference process : The Ontario symposium (pp. 217~237), Hillsdale, NJ : Erabaum.
- Marx, R., & Walsh, J.(1988). Learning from academic tasks, The Elementary School Journal, 88(3), pp. 207~219.
- McArthur, D., Stasz, C., & Zmuidzinas, M.(1990). Tutoring techniques in algebra, cognition and instruction, 7, pp. 197~244.
- Nagel, G.(2001). Effective grouping for literacy instruction, Boston : Allyn & Bacon.
- National Board for Professional Teaching Standards(2001). Five core proposition, <onkine>, available : http://www.nbpts.org.
- NCATE(1998). Program standards for elementary teacher preparation(review and comment edition), Washington DC : Author.
- NSTA(1998). Standards for science teacher preparation, Washington, DC : Author.
- Nystrand, M, Green, S., Wiemelt, J.(1993). "Where did composition studies come from" Written Communication Vol 10, No 3, pp. 276~333.
- Palincsar, A., & Brown, A.(1987). Enhancing instructional time through attention to meta-cognition, Journal of Learning Disability, 20(2), pp. 66~75.
- Pearson(Eds). Balanced instruction : strategies and skills in whole language, Norwood,

MA : Christopher Gorden.

- Palincsar, A., & Brown, A.(1989). Classroom dialogues to promote self-regulated comprehension(vol.1). in J. Brophy(ED), Advanced in research on teaching, Greenwich, CT : JAI Press, Inc, pp. 35~71.
- Pearson, N. K.(1994). An analysis of the examples that tutors generate during naturalistic one to one tutoring session. Unpublished doctoral dissertation, Memphis State University, Memphis, TN.
- Pearson, P. D., & Johnson. (1978). Teaching reading comprehension. New York :
- Phillips, K. A.(2000). The use of humor and effective leadership styles by elementary principals in central florida, unpublished doctoral dissertation.
- Portet. A, & Brophy, J.(1988). Synthesis of research on good teaching, educational leadership.
- Raphael, T. E. & Kathryn H. Au(1998). Literature-based instruction : reshaping the curriculum, Christopher-Gordon Publishers.
- Raphael, T. E. (1986). Teaching question answer relationships, revisited. The Reading Teacher, 39, pp. 516~522.
- Ribas, W.(2005). Teacher evaluation that works : the educational, legal, public relations, and social-emotional standards and processes of effective supervision and evaluation(2nd ed.), Westwood, MA : Rivas Publication.
- Richard Watson Todd(1999). Classroom teaching strategies. Prentice Hall Europe.
- Redfield, D., & Rousseau, E.(1981). A meta-analysis of experimental research on teacher questioning behavior, Review of Education Research, 51, pp. 237~245.
- Roehler, L.,& Duffy, G.(1991). Teacher's instructional action. In R. Barr, M Kamil, P. Mosenthal, & P.D.
- Rosenblatt, L, M.(1994). "The transactional theory of reading and writing", in Ruddell, R, B., Ruddell, M,R., & Singer, H.(eds), Theoretical models and processes of reading,

Newark, Delaware : IRA.

- Rosenshine, B.(1983). Teaching functions in instructional programs, The elementary school journal, 88, pp. 297~312.
- Rosenshine, B., & Stevens, R.(1986). Teaching functions, in M. C. Wittrock(ed.), Handbook of research on teaching(3rd ed), New York : Macmillan, pp. 376~391.
- Rowe, M.B. (1974). Wait-time and rewards as instructional variables, their influence in language, logic and fate control. Part 1 : wait time. J. Res. Sci. Teaching 11, pp. 1~94.
- Rowe, M.B. (1986). Wait time : slowing down may be a way of speeding up, Journal of Teacher Education, 23, pp. 43~49.
- Roy Corden(2000). Literacy and learning through talk : strategies for the primary classroom, Open university press.
- Ruddle, R, B. (2002). Teaching children to read and write : becoming and effective literacy teacher. Allyn & Bacon.
- Sanders, N.(1966). Classroom questions : what kinds? New York : Harper and Row.
- Smith, L., & Land, M.(1981). Low-inference verbal behavior related to teacher clarity, Journal of classroom interaction, 17, pp. 37~42.
- Smith, C. B. (2003). Successful use of the six trait in writing. ED48123
- Soar, R., & Soar, R.(1983). Context effects in the learning process. in D. C. Smith(ED.), Essential Knowledge for beginning educators. Washington, DC : American Association of Colleges of Teacher Education, pp. 156~192.
- Spandel, V. (1997). Dear parent : handbook of parent of 6-trait writing students. ED409588
- Spandel, V..(2002). Creating writers through 6-trait writing assessment and instruction, Pearson Education.
- Spivey, N. N.(1997). The constructivist metaphor : reading and writing the making of meaning, NY : Academic Press

- Stahl, S., & Nagy, W.(2006). Teaching word meanings, Mahwa, NJ : Erlbaum.
- Steffe, L. & Gale.(1995). Constructivism in Education, NJ : Lawrence Erlbaum Association, 조현주 · 조미헌 · 권현규 역(1997). 『구성주의와 교육』, 학지사.
- Taffy E. Raphael & Kathryn H. Au(1998). Literature-based instruction : reshaping the curriculum. Christopher-Gordon Publishers.
- Todd, R. T.(2000). Classroom teaching strategies, Prentice Hall.
- Todd, R. W.(1999). Classroom teaching strategies. Prentice Hall Europe.
- Todd, R. W.(2001). Classroom teaching strategies. Prentice Hall Europe.
- Tomlinson,C. A.(2000). Differentiation of instruction in the elementary grades, ERIC Digest, Washington.
- Tompkins, G. E.(2001). Literacy for the 21st century : a balanced approach. Merrill Prentice Hall.
- Tompkins, G. E.(2000). Teaching writing : balancing process and product, Prentice-hall.
- Vecca, Jo Anne., L., & Vecca, L, Gove, M. R.(2000). Reading to and learning to read, Addison-Wesley Education Publishers Inc.
- Vogot, M, E.(2005). Improving achievement for ELLs through sheltered instruction. Language Learner, 1(1), pp. 22~25.
- Vygotsky, L. S.(1978). Mind in society : the development of higher psychological process, (trans) Cole, M. et al, 조희숙 · 황해익 · 허정선 · 김선옥 역(1994). 사회속의 정신 : 고등 심리 과정의 발달, 성원사.
- Wertsch, J.(1986). Vygotsky and the social formation of mind, 한양대 사회 인지 발달연구 모임(신건호 · 이헌남 · 이혜경 · 김태준)역(1995). 비고츠키 : 마음의 사회적 형성, 정민사.
- Zemelman, S, Daniels, H., & Hyde A.(1998). Best practice new standard for teaching and learning in America's school(2nd edition), NH : Reed Elsevier, Inc.

- Zemelman, S, Daniels, H., & Hyde A.(1998). Best practice new standard for teaching and learning in America's school(2nd edition), NH : Reed Elsevier, Inc.

지은이 | **박태호** mykey1@chol.com
공주교육대학교 교수
한국교원대학교 박사
전 한국교육과정평가원 연구원
전 초등학교 교사(경기도교육청)

주요 저서

『효과적인 교실 수업 관찰 기법』

『구성주의 읽기와 쓰기』

『신나는 놀이 재미있는 읽기 수업』

『글쓰기가 술술 예쁜 책이 뚝딱』